YUHIKAKU

サービス・マーケティング

コンサル会社の
プロジェクト・ファイル
から学ぶ

SERVICES MARKETING

著 · 黒岩健一郎
　　浦野寛子

有斐閣 ストゥディア

はじめに

朝垣結衣からみなさんへ

みなさん，こんにちは。朝垣結衣です。

私は，マーケティング・コンサルティング会社「ストゥディア・コンサルティング・グループ（SCG）」のコンサルタントです。サービスに関するコンサルティングを担当しています。

この度は，このプロジェクト・ファイルを手に取っていただき，ありがとうございます。このファイルには，SCGに勤務する私と2年先輩の越野源さんが，この1年間に取り組んだコンサルティング・プロジェクトに関する資料が入っています。

これらの資料を読んでいただけると，私たちの業務を追体験することができ，その結果，サービス・マーケティングの知識と技能を体得することができます。また，クライアントからの依頼内容は，サービス・マーケティングのあらゆるトピックに及んでいるので，サービス・マーケティングを体系的に理解することもできます。

各プロジェクト・ファイルには，クライアントからの依頼内容と，その問題を解決するために私たちが調べた概念や知識を整理した資料が入っています。次に，最終提案に参考になりそうな具体的な事例があります。そして，市村リーダー（私の上司です）から受けたアドバイス，推薦された書籍リストも入れてあります。

みなさんは，まず，クライアントからの依頼内容を読んで，自分だったら，どのような提案をするかを考えてみてください。それから，概念や知識を吸収し，事例も読んでみてください。その時点で再度，提案内容を考えてみましょう。時間があれば，市村リーダーからのアドバイスに取り組み，推薦書籍を読むと理解がさらに深まるでしょう。

このファイルの資料をすべて読み終えたら，あなたはサービス・マーケティ

ングのコンサルタントになる基礎能力を獲得できたことになります。ぜひ，SCG を就職先の候補として考えてみてください。楽しい仕事ですよ。みなさんと一緒に働けることを楽しみにしています。

著者より本書を教科書としてご採用いただいた先生方へ

　有斐閣のウェブサイトにて，本書を用いた授業運営のための「ティーチングガイド」「パワーポイントのスライド素材」を提供しています。ご希望の方は以下の QR コード，もしくは URL からアクセスして下さい。

http://www.yuhikaku.co.jp/static/studia_ws/teacher/index.html#isbn_9784641150874

「朝垣さん，今日から独り立ちだな」

「ありがとうございます，市村リーダー。これまで以上にがんばります」

「明日，カメラ・メーカーのイチコンを訪問するんだけど，あのプロジェクトが受注できたら，君に頼むよ」

「わかりました。精一杯やってみます」

　マーケティング・コンサルティング会社のストゥディア・コンサルティング・グループ（SCG）に勤務する朝垣結衣は，入社3年目。サービス分野のコンサルタントとして働いている。アシスタントとして2年間下積み期間を過ごしてきたが，3年目を迎え，プロジェクトを担当することになった。

　朝垣が所属するサービス分野のチーム・リーダーは市村光良。この道16年のシニア・コンサルタントである。これまで100を超えるプロジェクトに携わり，さまざまな企業の経営者とのネットワークをもっている。

　市村のチーム運営は，担当者にかなりの部分を任せて成長を促すようにしていた。彼は，おもにプロジェクトの受注に専念し，提案内容については簡単なアドバイスをするだけだった。

「朝垣さあ，もうプロジェクトを担当できるんだってな」

「そうなんですよ，越野さん」

「普通，下積み期間は3年だぜ。俺もそうだし。ちょっと早いんじゃないの」

「はい，でも，がんばってみます」

「やるからには，責任もって全力を尽くせよな」

　朝垣の隣の席には，入社5年目の越野源がいる。すでにいくつかのプロジェクトを担当し，成果を出していた。朝垣は，この1年，越野の担当したプロジェクトのサポートをしてきたが，厳しい指導を受ける日々だった。やっと解放されたような気持ちと同時に，自分の担当プロジェクトへ取り組む意欲がみなぎってきていた。「理論に裏打ちされ，かつ実務的な提案ができるようにがんばろう」。そう決心していた。

目　　次

プロジェクト一覧

イチコン

サービスの重要性を示せ！

「朝垣さん，ちょっと来てくれ」

「市村リーダー，イチコンの案件，決まったんですか」

「そう，受注決定だ。君の最初のプロジェクトだな。がんばってくれ」

「はい，精一杯やってみます」

「では，まずクライアントの状況と依頼内容を説明しよう」

Project イチコン

　イチコンは，カメラを製造しているメーカーである。カメラマン向けの一眼レフから一般消費者向けのデジタルカメラまで，幅広い製品ラインナップをもっている。海外市場でも高いシェアを獲得しており，カメラのグローバル・メーカーとしての地位を確立している。

　ところが，10年前から，カメラの市場環境が急速に悪化してきた。カメラ機能をもつスマホの普及で，カメラそのものを買う人が大きく減少したからである。イチコンの売上の80％以上がカメラ事業で占められているため，会社全体の業績も悪化傾向が止まらなかった。

　そうした状況のなか，新規事業開発部の佐川照之部長は，経営陣からのプレッシャーを感じていた。「カメラ事業への依存体質から抜け出せるかどうかは，自分が新たな事業を生み出せるかどうかにかかっている」そう認識していた。

　新規事業開発部では，従来から，カメラ事業で蓄積した光学技術や精密技術を応用した顕微鏡，測定器，検査機器などの製造事業を推進してきた。しかし，そうした事業はあまり成長しておらず，限界を感じていた。佐川部長は，製造事業のみにこだわらず，サービス事業へも進出すべきと考え，カメラで撮影した映像データの管理サービスなど，事業アイデアをいくつか検討していた。

　しかし，経営陣は，サービス事業への進出に対して理解を示してくれなかった。「当社の強みは製造技術や開発技術にある」「サービスで金は稼げない」と，聞く耳をもたなかった。具体的な事業内容を説明しようとしても，それがサービスであるとわかると，途端に資料から目を離す経営陣が多かった。佐川部長は，経営陣に参入を検討しているサービス事業の内容を理解してもらうよりも，サービスそのものの重要性を理解してもらうことが先だと考えていた。しかし，そのために，どのような情報を伝えるべきか，悩んでいた。

「今回のクライアントは，イチコンの佐川部長だ。朝垣さん，君の仕事は，サービスの重要性を示す情報を提供することだ。佐川さんが経営陣へプレゼンすることをイメージして，資料作りをしてくれ」
「わかりました，市村リーダー。まずは，サービスに関係する情報を集めてみます」

1 サービス社会の到来

▮▶ サービスの定義と広がり

┃ サービス ┃

〔サービスの定義〕

　サービスは，英語の service から生まれた外来語である。service は serve の名詞形だが，serve の語源は「奴隷」を意味するラテン語の servus である。したがって，サービスには「奉仕」や「役務」という意味が含まれる。

　ビジネス上では，サービスには大きく3つの意味がある。第1の意味は，プロダクトとしてのサービスである。すなわち，企業などが提供するプロダクトのうち，無形のプロダクト，もしくは有形の部分もあるが，おおむね無形のプロダクトのことである。例としては，銀行のローンやホーム・セキュリティ，旅行，映画館のようなエンターテインメント・イベント，ヘルスケアなどである。

　完全に無形の場合は，輸送や保管ができず，ほとんど瞬時に消滅するので，生産者から使用者へ直接提供される。サービスは，出現すると同時に購入および消費されるので，認識することが難しい。また，サービスは，無形の要素で構成されており，それら要素を分けることができない。サービスは，通常，顧客の参加が何らかの方法で行われる。さらに，所有権の移転という意味で販売することはできず，権利証もない。

　しかし，今日，ほとんどのプロダクトは，有形の部分と無形の部分をもっていて，どちらが優勢かによって，財かサービスに分類されている。完全に無形のサービスや完全に有形の財は，ほとんど存在しない。こうした考え方を表しているのが，**図1.1**の「プロダクトの尺度」である。この図はあらゆるプロダクトを有形か無形かの度合いによって位置づけている。左へ行くほど有形の度合いが強く，右へ行くほど無形の度合いが強い。塩はほぼ完全に有形であり，教育はほぼ完全に無形であるが，その他の多くのプロダクトは両端の間にある。

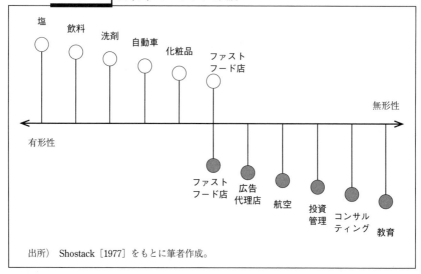

塩　飲料　洗剤　自動車　化粧品　ファスト
フード店

無形性

有形性

ファスト
フード店　広告
代理店　航空　投資
管理　コンサル
ティング　教育

出所）　Shostack［1977］をもとに筆者作成。

中央よりも右側に位置するプロダクトはサービスと呼ばれるが，完全に無形と
いうわけではない。たとえば，ファストフード店は，サービスに分類されるこ
とが多いが，そのプロダクトは無形の部分も有形の部分もある。こうした有形
と無形の両面をもつ種類のプロダクトは，財あるいはサービスと呼ばれていた
としても，完全に無形のサービスがもつ属性をもっている場合もあれば，もっ
ていない場合もある。

　第2の意味は，いわゆる「顧客サービス」である。すなわち，製品の販売に
付随し，その取引や使用を支援する，販売者およびその他の者が行う活動であ
る。例としては，靴のフィッティング，問い合わせのためのフリーダイヤル，
家電やコンピューターの修理契約などがある。

　このような意味でのサービスは，販売前，もしくは販売後のいずれかにプロ
ダクトを補完するものとして提供され，プロダクトを構成するものではない。
一般的には，無料で提供されることが多い。

　顧客サービスは，売り場で従業員によって行われることもあれば，電話やイ
ンターネットを使って行われることもある。近年は，多くの企業がコールセン
ターを，時には24時間体制で運営している。

　第2の意味の派生として，日本では「値引き」や「おまけ」という意味で使

われることもある。「10個買ってくれれば，1個サービスしておくよ」と言われれば，10個の値段で11個手にすることができる。

第3の意味は，サービス・ドミナント・ロジック（**PROJECT No. 03参照**）という考え方のなかで定義されている。この考え方では，あらゆる経済活動で取引されているものは，すべてサービスと捉える。それがたとえ有形の財であっても，取引されているものは財そのものではなく，財が生み出す便益であると考える。たとえば，エアコンを購入した場合，取引したのはエアコンそのものではなく，エアコンが提供する快適な空間と考え，それをサービスと呼ぶわけである。

第1の意味の「プロダクトとしてのサービス」では，財とサービスを並列の概念として捉えているが，第3の意味のサービスはサービスを財の上位概念として捉えている。また，この考え方では，第1の意味の「プロダクトとしてのサービス」を「サービシィーズ」と複数形で表現し，第3の意味と区別している。

〔サービス企業とサービス産業〕

サービス企業とは，主要なプロダクトがサービスである企業を意味する。たとえば，帝国ホテル，全日本空輸，みずほ銀行は，サービス企業である。トヨタ自動車，ソニー，キリンビールもサービスを提供しているが，主要な製品はそれぞれ自動車，家電やゲーム機，飲料なので，サービス企業とは呼ばない。

一方，似た業態のサービス企業のまとまりを**サービス産業**という。ホテル，航空，銀行は，それぞれサービス産業である。総務省は，日本標準産業分類として，全産業を大分類20，中分類99，小分類530，細分類1460に分類している。

大分類20産業のうち，主たる経済活動がサービスの提供である産業は，「情報通信業」「運輸業，郵便業」「卸売業，小売業」「金融業，保険業」「不動産業，物品賃貸業」「学術研究，専門・技術サービス業」「宿泊業，飲食サービス業」「生活関連サービス業，娯楽業」「教育，学習支援業」「医療，福祉」「複合サービス事業」「サービス業（他に分類されないもの）」「公務（他に分類されるものを除く）」の13種類である。ホテルは「宿泊業，飲食サービス業」に，航空は「運輸業，郵便業」に，銀行は「金融業，保険業」に区分される。

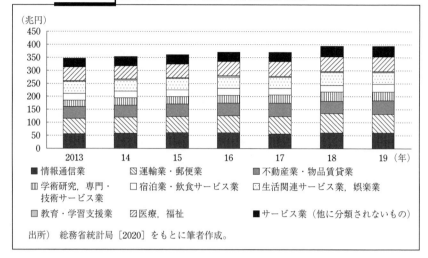

（兆円）

凡例
- ■ 情報通信業
- ◨ 運輸業・郵便業
- ■ 不動産業・物品賃貸業
- ▥ 学術研究，専門・技術サービス業
- ☐ 宿泊業・飲食サービス業
- ☐ 生活関連サービス業，娯楽業
- ▦ 教育・学習支援業
- ▨ 医療，福祉
- ■ サービス業（他に分類されないもの）

出所）　総務省統計局［2020］をもとに筆者作成。

　総務省は「サービス産業動向調査」において，大分類20産業のうち9種類の産業の年間売上高をまとめている。図1.2は，サービス産業の年間売上高の推移を示しているが，年々，増加していることがわかる。

ペティ゠クラークの法則

〔法則の意味〕

　ペティ゠クラークの法則とは，経済社会・産業社会の発展につれて，第1次産業から第2次産業へ，第2次産業から第3次産業へと就業人口の比率および国民所得に占める比率の重点がシフトしていくという法則である。

　経済学者ウィリアム・ペティは，1690年に出版された『政治算術』のなかで，農業，工業，商業の順に収益が高くなることが一般的な経験則であると述べた。ペティは，経済学に初めて経験的・統計的な研究法を取り入れた学者である。

　1940年，同じく経済学者コーリン・クラークは，産業を第1次産業（農業，林業，鉱業，水産業など），第2次産業（製造業，建設業，電気・ガス・水道業など），第3次産業（情報通信業，金融業，運輸業，販売業，対人サービス業など）の3つに分類する産業分類を考案した。さらに，各国の長期間にわたる膨大なデータから，経済発展につれて就業人口が第1次産業から第2次産業へ，そして第3次産業へ移ることを確認した。クラークは，ペティの記述を引用し，この現象を

「ペティの法則」と名づけたが，ペティ自身が明確に提示したものではないので，「ペティ゠クラークの法則」と呼ばれるようになった。

ペティ゠クラークの法則が生じる理由としては，第1に，エンゲルの法則が挙げられる。すなわち，所得が増加するにつれて，支出に占める食費の割合（エンゲル係数）が減少する現象であり，ドイツの社会統計学者エルンスト・エンゲルが，1857年にベルギーの家計調査に関する論文のなかで提示した。所得が増えたとしても，人間が食べる量はそう増えないため，その使い道は食費にはあまり向かわず，工業品やサービスに向かうわけである。したがって，経済発展し所得が増加すると，第1次産業よりも第2次産業や第3次産業のほうが成長すると考えられる。

第2の理由は，労働生産性の問題である。一定の労働が生む付加価値は，サービス業よりも工業のほうが大きい。工場では，技術進歩により大量生産ができたり，機械化で人員削減も進んだりするため，労働生産性が高い。一方，サービスは手作業で行うものも多いので，大量生産が難しい。多くの需要に応えるには，多くの労働者が必要になる。したがって，第2次産業の就業人口よりも第3次産業の就業人口のほうが増加するわけである。

第3の理由は，アウトソーシングである。たとえば，製造企業が工場の清掃業務を自社の社員で行わず，清掃専門の企業へ委託したとする。そうすると製造企業の人員（第2次産業の就労者）は減り，清掃業者の人員（第3次産業の就労者）は増える。また，清掃専門の子会社を設立して，清掃業務を担当していた社員をその会社へ転籍させ，その会社に清掃業務を委託したとする。そうした場合も，職務実態は変わらなくても，統計上は，第2次産業の就労者が減り，第3次産業の就労者が増えることになるのである。

アウトソーシングは，家庭でも発生する。親の介護を介護業者へ頼んだり，食事のデリバリー・サービスを使ったり，洗濯をクリーニングやコインランドリーで行ったり，昔は家庭でこなしていたものを専門業者に頼むようになっているので，サービスの需要が増え，第3次産業の就業者が増加するのである。

〔日本の産業構造の変化〕

日本の産業構造も，ペティ゠クラークの法則に則った変化を示している。図

図1.3　日本の産業構造の変化（15歳以上就労者割合）

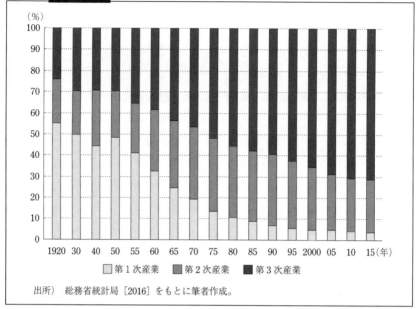

出所）　総務省統計局［2016］をもとに筆者作成。

1.3に示すように，第1次産業の就業者は，1920年に全体の半分以上（55％）もあったものが，その後，劇的に減少し，80年代に10％を切り，2015年はわずか4％となっている。第2次産業の就業者は，1920年の約20％から年々増加し，70年代から1990年までは全体の3分の1を維持していた。しかし，この時期をピークに減少し，2015年は25％となっている。第3次産業は，1920年に約24％であったものが一貫して増加を続け，70年代には50％を超え，2015年は70％超となっている。

　日本の戦後を振り返ると，図1.3の変化を説明する出来事が抽出できる。1950年代半ばから70年頃までの高度経済成長期において，都会には新しい工場が建設され，農村にいた若者たちが働き口を求めて都会へ大量に流入した。都会に定着した若者は，安定した給与を受け取り，テレビや洗濯機，冷蔵庫などを買い求めた。第1次産業から第2次産業への労働人口の移動を裏づける。

　1990年代になると，円高が進行し，安い人件費を求めて生産基地を海外に移す企業も増え，製造業での雇用が減少していった。また，家電製品など一通りのものが揃った家庭では，モノ消費からコト消費への移行という消費行動の

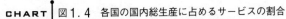

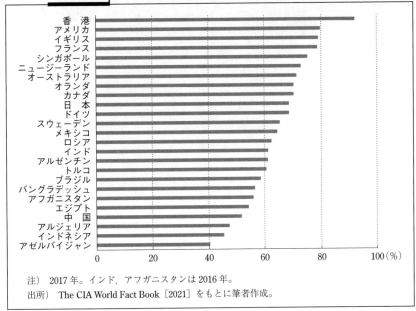

CHART 図1.4 各国の国内総生産に占めるサービスの割合

注) 2017年。インド，アフガニスタンは2016年。
出所) The CIA World Fact Book［2021］をもとに筆者作成。

変容が生じた。2000年以降は，高齢化がますます進み，医療や介護の需要が増加し，そうした産業で働く人も増加していった。これらは，第2次産業から第3次産業への流れをもたらしたであろう。

なお，現代の日本の産業分類は，クラークの産業分類から一部修正したものになっている。たとえば，鉱業は第2次産業に，電気・ガス・水道業は第3次産業に分類されている。

図1.4に示す世界各国の国内総生産（GDP）に占めるサービスの割合をみても，ペティ＝クラークの法則を裏づける傾向が読み取れる。世界で最もサービスの割合が多いのは90％を超える香港だが，次にアメリカ，イギリス，フランスと続く。上位には，先進国が並んでいる。一方，発展途上の国々は，60％以下に留まっている。経済発展している国ほど，国内総生産に占めるサービスの割合が高くなっている。

日本は，サービスの割合が約70％と，経済発展のわりにはそう高くない。ニュージーランドやオーストラリアよりも低い。自動車産業に象徴されるように，製造業に競争力をもつ企業が多いからであろう。同じく自動車産業が発達

しているドイツも，ほぼ日本と同じ約70％となっている。中国は，経済発展が目覚ましいが，サービスの割合は50％を超える程度であり，「世界の工場」と呼ばれるとおり，第2次産業の比重が大きい。

「朝垣さん，イチコンのプロジェクトは進んでいるかい？」

「市村リーダー，情報はかなり集めました。『サービスの定義』と『ペティ＝クラークの法則』については，かなり調べたつもりです」

「なるほど。でも，その2つで提案につながる？」

「まだ，不十分かなと思っています。今なぜサービスが重要なのかを示す情報が欲しいんですが」

「じゃあ，テクノロジーを活用したサービスについて考えてみてはどうかな」

「アドバイス，ありがとうございます。調べてみます」

テクノロジーとサービス

〔テクノロジーによる新しいサービス〕

テクノロジー，とくに情報技術（IT）の進展によって，「サービス革命」ともいえる現象が起きている。新しいサービス企業が誕生しているだけでなく，すべての産業において新しいサービスが登場している。

インターネットを基盤とした新しいサービス企業の例は，枚挙にいとまがない。アマゾン・ドット・コム，グーグル，フェイスブック，ネットフリックス，ウーバー，エアービーアンドビー，ズーム，ヤフー，エクスペディア，アリババなど，たちまち10社以上の社名が思い浮かぶ。日本生まれの企業でも，楽天，ディー・エヌ・エー，ぐるなび，カカクコム，クックパッド，一休，フリル，ミクシィ，ゾゾ，他にもたくさん挙げることができる。この瞬間にも，新しいサービス企業は誕生しているだろう。

一方，既存の産業においても，これまでになかったサービスが次々と付加されている。たとえば，自動車産業においては，インターネットとつながっている車，いわゆる「コネクティッド・カー」が誕生し，運転中に近くのお店の提案をしてくれたり，予約もしてくれたりするようになった。運転支援機能や部

分的な自動運転機能をもつ自動車は，すでに市販されており，完全自動運転車もいずれ販売されることだろう。

　建設機械やボイラーといった機械類もインターネットにつながっており，機械の運転状況のデータを入手できるので，故障する前に修理をしたり，効率的な使用方法を提案したりすることができる。このような，モノがインターネットにつながることをインターネット・オブ・シングス（IoT）と呼び，IoT により蓄積された大量のデータが，新しいサービスを生む機会となっている。

　家庭内でも，グーグルホームやアマゾン・アレクサに指示をすれば，音楽を聴いたり，ニュースや天気予報を聞いたり，エアコンや照明の制御もできるようになっている。

〔テクノロジーがサービスに与える影響〕

　こうしたテクノロジーは，サービスに対して，いくつかの大きな変化をもたらした。第 1 に，消費者間のコミュニケーションを容易，かつ安価にした。消費者同士が簡単に直接接触できることを利用して，エアービーアンドビーやウーバーのようなシェア・サービスも生まれている。「シェア・エコノミー」「ギグ・エコノミー」という新しい用語も登場している。住居や車のような有形物だけでなく，能力や時間といった無形物もシェアされている。

　消費者間で直接取引できるようになると，個々に取引するよりも，取引の場があると便利である。その取引の場をプラットフォームと呼び，新しいプラットフォームが次々と生まれている。テレビ局やクレジットカードなど，今までもプラットフォーム・ビジネスは存在していたが，SNS やグルメ・サイトのように最近生まれたものも多い。図 1.5 のように，2 者間のプラットフォームをツーサイド・プラットフォーム，3 者以上の利害関係者がいる場合はマルチサイド・プラットフォームと呼ぶ。たとえば，「ふるさとチョイス」は，自治体と市民を結び，ふるさと納税を実施させるためのプラットフォーム・ビジネスである。当初は，ツーサイド・プラットフォームだったが，最近は，地域のNPO も加わり，マルチサイド・プラットフォームになっている。

　第 2 に，テクノロジーは，消費者に新たな能力を与えてくれる。セルフサービスの技術で，消費者は自分自身で，より効果的，もしくは効率的なサービス

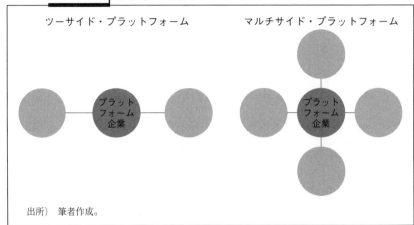

CHART 図1.5　プラットフォーム・ビジネス

ツーサイド・プラットフォーム　　　　　マルチサイド・プラットフォーム

プラット
フォーム
企業

プラット
フォーム
企業

出所）　筆者作成。

を受けることができる。たとえば，オンライン・バンキングでは，銀行に行かずとも，自宅で口座残高を確認できたり，振込をできたり，投資信託を買うこともできる。オンライン・ショッピングでは，多くの品揃えのなかから比較購買できるし，自分に似合うかどうかを自分の写真に重ねて吟味することもできる。

第3に，従業員の能力も増強する。CRM（Customer Relationship Management：顧客関係管理）やセールス・サポート・ソフトウェアは，特定の顧客に最適なサービスを提供することを可能にする。また，人工知能（AI）の搭載されたサポート・システムは，顧客の声の解析から，回答の手助けとなる情報を瞬時に提供してくれる。

また，ホテルの価格設定にも人工知能が使われ，近隣ホテルの価格データや過去の価格設定データ，周辺地域でのイベント・データなどを勘案して，各部屋の適正価格が提示される。従業員が1つひとつの部屋の毎日の価格を考える必要がなくなった。

第4に，グローバル化を後押しする。インターネットは国境を越えてつながっているので，世界中の消費者がアクセスすることができる。したがって，サービスが世界中に浸透するスピードも速まっている。数年前に創業したばかりのサービス企業が，あっという間にグローバル企業に成長することも珍しくない。

こうしたテクノロジーを駆使したサービス企業は，労働生産性が高い。伝統

	アメリカ（2021年4月現在）		日本（2021年4月現在）
1	アップル	1	トヨタ自動車
2	マイクロソフト	2	ソフトバンクグループ
3	アマゾン・ドット・コム	3	ソニーグループ
4	フェイスブック	4	キーエンス
5	アルファベット（議決権なし）	5	日本電信電話
6	アルファベット（議決権あり）	6	ファーストリテイリング
7	テスラ	7	リクルートホールディングス
8	アリババ・グループ・ホールディング	8	日本電産
9	台湾セミコンダクター・マニュファクチャリング	9	任天堂
10	JPモルガン・チェース＆カンパニー	10	三菱UFJフィナンシャルグループ

注）　太字がサービス企業。
出所）　Yahoo! ファイナンスのホームページをもとに筆者作成。

的なサービス業は労働集約的なものが多かったが，テクノロジー企業では，人が担っていた業務をテクノロジーが代替，もしくは補完するので，少人数で運営できる。少ない従業員で大きな売上を上げることができるのである。

　テクノロジーを駆使したサービス企業は，存在感を増している。表1.1は，企業の時価総額ランキングを示しているが，アメリカのトップ10社のうち，実に6社がサービス企業である。マイクロソフト，アマゾン・ドット・コム，フェイスブック，アルファベット（グーグルの持ち株会社），アリババ・グループ・ホールディングはともに，インターネットを活用したテクノロジー企業である。アリババ・グループ・ホールディングは，中国出身の小売プラットフォーム企業だが，ニューヨーク株式市場でも上場している。

　日本のランキングでも，5社がサービス企業である。そのうち2社が通信事業者で，アメリカのランキングと傾向が異なっているが，日本においても，サービス企業の存在感は大きい。

「朝垣，イチコンへの提案内容は固まったのか」
「はい，越野さん。でも，事例を加えて説明できるといいんですけれどね。サー

「ビスの重要性を伝えるのにいい事例ってありますか」

「サービスといえば，帝国ホテルとか，加賀屋とか」

「定番事例だと佐川部長もよくご存じなので，テクノロジーを使った新しいサービスの事例がいいんです」

「うーん。じゃあ，メルカリなんか，どう？　売上の伸びをみれば，佐川さんも驚くんじゃない」

「さすが越野さん。調べてみます」

 ## 事例：メルカリ

〔サービス概要〕

フリマアプリ「メルカリ」は，スマホを使って誰でも簡単に売り買いが楽しめるアプリである。洋服からチケット，家電，車に至るまで，さまざまなカテゴリーの商品が売り買いできる。

何か買いたいと思った場合は，メルカリのサイトから欲しいものを検索すると，出品商品がたくさん並んでいて，それらを比較しながら購入できる。たとえば，検索窓へ「腕時計」と入力して検索すると，1万件以上の商品が並ぶ。300円のものもあれば，700万円や800万円のものもある。ブランド名から検索することもできる。とくに何かを買いたいと思っていなくても，ウィンドウ・ショッピング感覚で，サイト上を行ったり来たりすることもできる。

気に入った商品のページに進むと，商品の写真を複数みることができ，商品の状態が詳しくわかる。配送料の負担や配送日の目安など，取引条件も記載されている。出品者の過去の取引について，買い手の満足度が3段階で示してあり，満足と評価した人が多ければ，その出品者のことを信用できるだろう。購入する場合は，「購入画面に進む」をクリックし，クレジットカードで決済できる。

逆に何か売りたいときは，「出品」のページで商品の写真をアップし，商品名や説明を加えればよい。たとえば，使わなくなったバッグを売りたいと思えば，そのバッグをスマホのカメラで撮影し，商品名や商品説明，配送情報，そ

して価格を設定すれば，すぐに商品が店頭に並ぶことになる。メルカリへの手数料は価格の 10 ％だけである。

　このようにメルカリは，一般の消費者が，買い手はもちろん，売り手にも簡単になれる，中古品の取引プラットフォームなのである。

〔沿革と業績〕

　株式会社メルカリ（設立当時の社名は「株式会社コウゾウ」）は，2013 年に山田進太郎氏が設立した会社である。

　山田氏は，早稲田大学教育学部在学中に楽天のインターンシップに参加し，楽天オークションの立ち上げを経験した。その後，会社を設立し，新作映画情報サイト「映画生活」，写真共有サービス「フォト蔵」，ソーシャル・ゲームにも携わった。そして，2013 年にメルカリが生まれるのである。

　翌年の 2014 年には，第三者割当増資で約 15 億円を調達し，アメリカに子会社を設立した。当初から，日本市場だけでなく，アメリカ市場への進出を考えていた。

　2018 年に東京証券取引所のベンチャー企業向け株式市場マザーズ（現グロース）へ上場した。上場直後は，公開価格をはるかに上回る株価がついた。2019 年には，非接触型の決済サービス「メルペイ」を開始，決済サービス事業にも参入した。また，2020 年にはサッカー J リーグの鹿島アントラーズの株式も取得し，子会社化した。同年に Origami Pay の運営会社 Origami を買収し，決済サービス事業も拡大させている。

　創業からわずか 7 年で，アメリカ市場への進出，株式上場，決済サービス事業への進出，他社の買収，スポーツ・チームのスポンサーと，急速な成長を遂げている。

　メルカリの 7 年間の急速な成長は，業績推移をみてもわかる。メルペイやアメリカ・メルカリなどを含めたメルカリ・グループ全体の連結売上高は，図1.6 のように，急激な右肩上がりの傾向を示している。2015 年に 42 億円だったものが，4 年後の 2019 年には 517 億円と 12 倍になっている。

　一方，利益はどうかといえば，連結経常利益は，一度も黒字化していない。2019 年には 122 億円の赤字を計上している。では，メルカリは儲かっていな

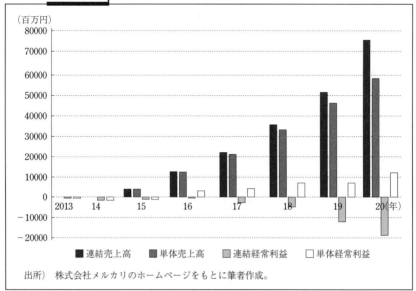

（百万円）

凡例：■ 連結売上高　■ 単体売上高　□ 連結経常利益　□ 単体経常利益

出所）　株式会社メルカリのホームページをもとに筆者作成。

いのか。実は，メルカリ事業単体の経常利益をみると，創業4年目の2016年には黒字化し，2020年は115億円の利益が出ているのである。つまり，メルカリ事業ではいち早く利益を出しており，そこで稼いだ利益をメルペイのような新規事業に投資しているのである。メルカリ事業の経常利益率は約20％もあり，今後も成長が見込まれる。

　労働生産性をみてみると，2020年の連結の従業員数が1792名なので，従業員1人当たり約4250万円の売上となる。これは，同時期のパナソニックの労働生産性を大きく上回っており，製造業以上の労働生産性を上げている。

〔メルカリの成功要因〕

　メルカリの成功の理由は，第1に，中古品を使うことへの抵抗感が薄くなったことである。古着屋さんで古着を買ったり，ブックオフで古本を買ったりすることが日常的になり，そのほかのカテゴリーでも中古品を購入することが一般的になった。一方，中古品の買取業者が増えてくると，使っていない中古品を売って，部屋を広く使いたいとか，別の商品を楽しみたいとか，そういう売り手側のニーズも顕在化した。

しかし，そうしたニーズは，従来からブックオフのような店舗で一部満たされていた。では，店舗を介した取引と，売り手と買い手との直接取引との違いは何か。店舗での買取価格は，再販売価格を想定して決められるので，多くの人が買ってもいいと感じる価格まで下がる。一方，直接取引の場合は，多くの人が高いと感じる価格であっても，1人の人が買いたいと思えばよい。モノに対する価値観は人それぞれ違うので，高値で売れる可能性が高いのである。売り手と買い手の直接取引ができるようになったのは，インターネットの普及が後押ししている。フリーマーケットもあるが，品揃えが圧倒的に違う。

　しかし，メルカリが登場する前にも，インターネットによる中古品の売買プラットフォームは存在していた。その最大手がヤフーの「ヤフオク」だった。そうした企業があるなかで，メルカリが成功したのは，スマホの普及に鍵がある。ヤフオクは PC（パソコン）での利用を前提にサービスが設計されていた。一方，メルカリはスマホでの利用を前提にサービスが設計されており，スマホの普及とともに，とくに PC を使わない消費者がひきつけられたのである。

　また，メルカリは中古市場特有の問題も克服している。新品に比べて中古品は，品質が買い手にわかりにくい。見た目はきれいでも，中身に問題があるかもしれない。買い手は，騙されないようにと用心するので，取引が成立しにくい。この問題を解消するために，いくつかの工夫がされている。第1に，出品者の過去の取引の評価である。過去に不正直な取引をしていれば，低い評価を受けるので，そうした行為をしないように抑止効果が働くし，興味をもった人は指標をみて出品者の信頼度を判断することができる。第2に，決済は，買い手が商品を受け取ってから行われることである。購入時はクレジットカード，キャリア決済，コンビニ，銀行 ATM で支払いでき，品物が届いてから出品者に入金される独自システムを構築しており，決済に関する不安を解消している。

「メルカリの事例は調べられたかな」
「はい，文献調査だけでなく，会員登録もして，実際に使ってみました。便利ですね。そういえば，越野さんが彼女にもらったって言っていた時計と同じものが売りに出てましたよ。最近，あの時計してませんね」
「あ，そう。俺じゃないよ」

「市村リーダー，プレゼン資料はみていただけました？」

「おー，みたよ。最後のページにアドバイスを書いておいたので，みておいて」

市村リーダーからのアドバイス

1. 最近生まれた新しいサービスを 1 つ取り上げ，そのサービスがいかなる価値を顧客へ提供し，その価値をどのように生み出しているか，調べておくこと。
2. 日本では，今後もサービス業に携わる人の割合は増えていくのか，考えておくこと。
3. 以下の 2 冊の本に目を通しておくこと。
   ●ルイス・V. ガースナー Jr.（山岡洋一・高遠裕子訳）［2002］『巨象も踊る』日本経済新聞社
   コンピューターを製造していた IBM がサービス業に進出したときの経緯が書いてあるよ。これ定番ね！　佐川さんもおそらく読んでいるはず。
   ●根来龍之［2017］『プラットフォームの教科書――超速成長ネットワーク効果の基本と応用――新しい基本戦略』日経 BP 社
   プラットフォーム・ビジネスについて，多角的かつ理論的に書いてあるよ。

「よし，あとはプレゼンの練習ね」

「私どもからのプレゼンテーションは以上です。佐川部長，ご依頼に対して十分応えられているでしょうか？」

「よく情報が整理されているね。この情報を使って，経営陣を説得してみるよ。ありがとう」

「朝垣さん，なかなかみごとな初仕事だったね」

「市村リーダー，アドバイス，ありがとうございました」

クリーン社

モノとは異なるサービスの特性を示せ！

「越野くん，きみはよく高知県のご両親の話をするよね。だから，今回のプロジェクトは家族を大切にしている越野くんに任せたいんだ」

「市村リーダー，『家族』が今回のプロジェクトのキーワードなんですか」

「そうなんだ。今回のプロジェクトに，俺は"家族の絆"を感じている。クライアントは家族思いの長男で，君との共通点も多い。よろしく頼むよ，越野くん！」

Project　クリーン社

　クリーン社は，洗濯機を製造する家族経営の小規模メーカーである。創業者の佐宮一徹は，いわゆる「頑固な昔ながらの男」だった。創業のきっかけは，きれい好きな妻の口癖が，「スッキリきれいな洋服を着るとすがすがしい気分になるわね」だった。笑顔が似合う妻のため，「俺が服をきれいにしてやる。最高の洗濯機を作ってやるぞ！」と，妻を喜ばせるため口走ったのが始まりであった。

　それから，一徹は苦労を重ねながらも，洗濯機を完成させた。たっぷり水を使って，その水流でもみ洗いするため洗浄力が高く，息子の祥太朗の野球のユニフォームの泥汚れもよく落ちた。もちろん妻のシャツも，きれいに洗えた。

　その後，さらに技術に磨きをかけた一徹の洗濯機は洗浄力が評判になり，成長した息子の祥太朗も手伝うようになった会社は黒字化することに成功し，途中，紆余曲折ありながらも，なんとか会社をたたむことなく 20 年の月日が過ぎた。

　しかし，現在では大手の洗濯機メーカーの勢いに押され，クリーン社の洗濯機はあまり売れなくなっていた。ここ 3 年は赤字も続いていたことから一徹はついに会社をたたむ決意をした。しかし，現在，会社の副社長となっていた息子の祥太朗は言った。「クリーン社は俺が続ける。服をきれいにするのが目的なら，洗濯機にかわってクリーニングでもいいじゃないか！」。社長である父一徹は驚いて目を見開いていた。

　力強く宣言したものの，祥太朗は，洗濯機というモノを作る会社がクリーニングというサービスを提供する会社に変わることに，内心，不安もあった。モノを提供することと，サービスを提供することの何が違うのか。自らが理解することに加え，モノづくり一筋だった父一徹にも，サービス業を理解してもらうため，サービスの特性とは一体何なのか示す必要があった。

「今回のクライアントは，クリーン社の佐宮祥太朗副社長。越野くん，君の仕事は，副社長の祥太朗さんと，社長である一徹さんに，モノとは異なるサービスの特性を理解してもらうための情報を提供することだ」
「わかりました。がんばります」

1 サービスの特性と分類
▶▶ モノとサービスの違いとサービスの分類法

サービスの特性

　サービスは，モノとは異なる特性をもっている。サービスとモノとの違いについては，さまざまな整理がなされているが，代表的なサービスの基本特性としては，「無形性」「同時性」「変動性」「消滅性」の4つがある（表2.1参照）。

〔無 形 性〕

　サービスの最も基本的な特性は「**無形性**」である。サービスそのものには物理的な形がなく，サービスは行為・活動である。そのため，「モノ」と同じように，実物をみたり，触ったり，手に取ってみることはできない。触れられないことから，「無形性」という特性は「不可触性」といわれることもある。「モノ」とは異なり，消費者は，購入前にサービスを実体として認識・確認することはできない。

　たとえば，病院で手術をするといった医療サービスを受ける場合，サービスは医師によって実行されるが，患者はサービスを把握することは難しい。本当に治るのかどうかは手術を受けた後でないとわからない。このため，患者は，何を基準に判断して，手術を受けるべきか迷ってしまうこともある。事前にみることができない手術というサービスを理解することは難しいし，手術が完了した後でも，患者は実施されたサービスを完全には理解できない場合もある。

　ゆえに，病院側としては，この無形性に対処する方法として，個々の患者の理解力に応じて，説明を加えていくことが重要である。たとえばパンフレットやタブレット等を用いて，手術の方法や，術後の経過，術後の痛みについてなど具体的に情報提供するなどの工夫が必要となる。つまり「サービスを可視化」し，本来みえないサービスの品質を目にみえる形にする取り組みである。

　消費者は曖昧なものに対して不安を抱きやすい。「このサービスはどのよう

サービス	モノ
無 形 性 • 物理的な形がない • 触ることができない • 手に取れない	**有 形 性** • 物理的な形がある • 触ることができる • 手に取れる
同 時 性 • 生産と消費が同時に起きる	**異 時 性** • 生産と消費には時間のズレ(隔たり)が ある
変 動 性 • 提供物にばらつきがある	**固 定 性** • 提供物が一定である
消 滅 性 • 在庫をもつことができない	**貯 蔵 性** • 蓄えることができる

出所) 筆者作成。

なものだろう?」と思わせてしまっては,購買に至りにくい。実体がある「モノ」とは異なり,実体がないため躊躇してしまうのである。そのため,「無形性」という特性をもつ「サービス」に関しては,可能な限り,サービスを可視化し,消費者の不安を解消することが必要な取り組みとなる。

〔同 時 性〕

「モノ」は最初に生産され,その後に消費されるが,多くの対人「サービス」は生産と消費が同時に起きる。たとえば,歯ブラシは前もって工場で生産され,小売店で販売され,自宅で消費される。これに対して,美容サービスは,美容師と顧客が同時に居あわせなければならない。美容師と顧客が揃って初めてカット・サービスの消費がなされるのである。

「同時性」とは,このように生産と消費が同時になされ,切り離せないという性質である。切り離せないということから,この性質は「不可分性」といわれることもある。

サービスの生産中に消費者がいるということは,見方を変えると,消費者をサービスの共同生産者と捉えることもできる。消費者は共同生産者として生産プロセスに参加することもある。同時性とは,サービスの生産プロセス中に生産者と消費者が頻繁に相互にやりとりし,サービスを提供する側とされる側,

双方に影響を与える可能性がある。美容室であれば，ヘアー・スタイルについて，分け目の位置，髪の長さ，髪の色など，美容師と話し合いながらでき上がりの形を決めていく。美容師と顧客のやりとりによって，サービス活動の具体的内容が決まっていくのである。これが消費者のサービス生産への参加である。このため，サービスは提供者と享受者の相互関係が重要になる。互いに信頼することで，スムーズに品質の高いサービスの受け渡しが可能となる。したがって，企業の側からすると，消費者の信頼を得ることができるように，消費者への印象をよくするように努める必要がある。

〔変 動 性〕

　サービスの「**変動性**」とは，主にサービスの生産側・消費側の人的要因により，提供されるサービスがいつでも同一のものになるとは限らないことをいう。そのため，「異質性」「多様性」「多義性」とも表現されることがある。

　たとえば，先の美容室の事例をとっても，その時々でヘアー・スタイルのでき上がりは異なるものとなる。学習塾の授業も，その日の教師と学生のあり方によって，内容も雰囲気も変わる。「サービス」は，同一のものを継続的に提供することが難しい。これに対し，「モノ」は，多くの場合，得られる機能や効能は一定であり，とりわけテレビのような工業製品であれば同一の品質が期待できる。生産プロセスが標準化され，同一の製品が継続的に供給されるからである。

　このように，サービスには，「変動性」という特性があるが，変動性をなるべく抑えたいと考える企業によっては，「提供サービスの品質管理の問題」に焦点を当て検討することもある。具体的にいえば，「サービスの変動性をなるべく排除し，標準化し反復に耐えることを目的とした品質管理をどのようになすべきか」といった問題である。こうした問題に関しては，「サービス提供のマニュアル化」や「サービス提供の機械化・IT 化」で人的要素によって変動する部分をなるべく排除する取り組みが有効である（PROJECT No. 11 参照）。

　一方，サービスの変動がもともと期待されている場合もある。たとえば，アーティストのライブやスポーツの試合は，毎回，同一の標準化内容が期待されているわけではない。「モノ」では，アウトプットの変動は一般に望まれない

が，サービスではむしろ変動こそが価値を生み出していることもある。このように，変動性をむしろ歓迎すべきものとして捉える企業にとっては，「どのようにして望ましい変動を継続的に生み出すか」が問題となり，それに対応した変動性を生起・促進するような品質管理が求められる。

〔消滅性〕

　サービスは，生産と消費を同時に行うため，物理的な意味での在庫がもてない。この性質をサービスの「消滅性」という。「モノ」はあらかじめ生産し備蓄できるし，今日売れ残っても明日売れるかもしれない。しかし，サービスは時間的・場所的な制約があり，前もって生産しておくことはできないし，次の機会までとっておくということができない。

　たとえば，飛行機の空席は翌日に持ち越すことはできない。席は，その日，その時限りのものである。離陸してしまった飛行機の空席は，顧客不在の状態であって，顧客がいれば提供できたはずのサービスと，得られたはずの収益は永遠に失われてしまったことを意味する。宿泊施設の部屋も同様である。部屋はその日，その時に必要とされるものである。したがって，逆に，もしホテルが満室だった場合には，新規予約を受け付けることはできず，断らなければならないのである。これらはいずれもサービスが在庫できず，消滅してしまうという特性から生じる問題である。

　ゆえに，企業としては，機会損失を減らすためにも，サービスの需給を調整する必要が生じる（PROJECT No. 13 参照）。

　たとえば，先の飛行機の場合であれば，売れ残りを減らすために，運賃の割引率を大きくするといった対応策があるし，逆に宿泊施設の場合は，宿泊料金を高くするといった対応策がある。企業としては，収益を最大限確保するために，過去の販売データや需要動向を細かくみながら販売単価や提供客室・座席数を決めていくといった工夫をする必要がある。

サービスの分類

　サービスは，その本質が行為・活動であるために，モノに比べると，基準の設定の仕方で多くの分類が可能である（サービスの分類）。しかし，たんに分類

サービス活動の対象

	人	所有物
有形の働きかけ	【人の身体へのサービス】 • 旅客輸送 • 医療 • 宿泊 • 飲食 • スポーツクラブ • 理美容	【物的所有物へのサービス】 • 貨物輸送 • 修理・メンテナンス • 清掃 • 衣類クリーニング • 樹木の剪定 • 獣医
無形の働きかけ	【人の心に向けられるサービス】 • 広告・宣伝 • 教育 • 放送 • コンサート • 心理カウンセリング • 宗教	【無形資産へのサービス】 • 会計 • 銀行サービス • 保険 • 証券 • 投資顧問 • 法的サービス

サービス活動の性質（左端ラベル）

出所) Lovelock［1983］をもとに筆者作成。

すること自体には，あまり意味がない。その分類枠組みが実務的価値をもつためには，ある共通のマーケティング特性を共有するグループにサービスを分類し，マーケティング戦略への示唆を含んだものであるべきである。その意味で，ここでは，マーケティング研究者のクリストファー・ラブロックの分類を取り上げる（図2.1参照）。

　ラブロックは，まず，「サービス活動の本質とは何か」という視点で，分類を試みている。サービス活動に関する2つの根本的な問題は，そのサービス活動が向けられる「対象」が何か，そして，そのサービス活動の「性質」はいかなるものかである。この2つの問いによって，「サービス活動の対象」と「サービス活動の性質」の2軸で，図2.1に示すように4つのカテゴリーに分類している。

　「サービス活動の対象」の軸においては，「人」を対象とするカテゴリーと，「所有物」を対象とするものの2つに分けている。一方，「サービス活動の性質」の軸に関しては，その活動が「有形の働きかけ」か，あるいは「無形の働きかけ」かによって2つに分けている。したがって，2軸によるマトリックス

が形成され，合計して4つのカテゴリーからなる分類枠組みとなっている。この分類の背景には，サービスとは人やその所有物への何らかの働きかけであり，対象に何らかの変化を生み出す活動だ，という発想がある。

　以下，4つのカテゴリーを順にみていく。

〔人の身体へのサービス〕

　このカテゴリーは，「人の身体」に対する「有形の働きかけ」のサービスである。たとえば，旅客輸送や医療，宿泊，飲食，理美容などのサービスである。この種のサービスでは，消費者はサービスを受けるために，消費者自身が，サービスが提供される場所に出向いて，サービス活動に参加する必要がある。

　また一定時間，そこで過ごす必要がある。消費者は，自身がサービス・プロセスの構成要素となるため，十分な「サービス・ベネフィット」（サービスからもたらされる恩恵）を享受したければ，積極的にサービスの提供者に関わって協力していかなければならない。

　企業視点でいうならば，このカテゴリーのサービスに対する消費者の関心は，サービスの結果だけではなくサービス活動に参加するためのプロセスにもあるということである。

　したがって企業は，サービス・プロセスを詳しく検証することにより，各段階での消費者に対するサービス・ベネフィットに加えて，消費者の金銭面以外の負担についても考慮しなければならない。消費者の支払うコストとしては，金銭的コスト（お金）だけではなく，時間的コスト（時間），肉体的コスト（労力・手間），心理的コスト（対人関係で気を遣うなど）もあるため，企業はそこまで配慮しなければならない。

〔物的所有物へのサービス〕

　このカテゴリーは，「物的所有物」に対する「有形の働きかけ」のサービスである。貨物輸送や修理・メンテナンス，清掃，衣類クリーニング，樹木の剪定などが挙げられる。

　このカテゴリーのサービスでは，「人」に作用するサービスに比べて，消費者自身がサービスの現場にいることは少ない。たとえば，旅客輸送と貨物輸送

を比べてみる。旅客輸送では消費者が旅客機に乗らなければ，場所を移動するというという目的は果たせないが，貨物輸送の場合，消費者は荷物をポストに入れたり，郵便局に預けたり，あるいは自宅やオフィスまで集荷を依頼するだけで相手に荷物を届けられる。

　また，「人」に作用するサービスに比べて，消費者のサービス・プロセスへの関与も限定的である。このカテゴリーでの消費者の主な役割は，注文と説明，そして支払いにとどまる。消費者がサービス生産に直接参加することは少ない。

〔人の心に向けられるサービス〕

　このカテゴリーは，「人」に対する「無形の働きかけ」のサービスである。広告・宣伝，教育，放送，コンサート，心理カウンセリングなどが挙げられる。消費者の心に作用することによって，態度や行動に影響を及ぼすため，このカテゴリーのサービス提供者には，一般的に強い倫理観が求められる。

　消費者がこのカテゴリーのサービス・ベネフィットを最大限に引き出すためには，消費者側が時間をかけて，ある程度の精神的努力をしなければならない。物理的には，必ずしも消費者自身が特定の場所にいる必要はなく，提供される情報などに接することができればよいが，サービスを消費するには，心理的に活性化している必要があり，感覚的にはサービスの提供の場に存在していなければならないのである。

　このカテゴリーの中核となるサービスは，音声や音楽，映像などの情報サービスであるため，容易にデジタルに変換して二次使用のために記録することができる。たとえば，音楽は，ライブ・コンサート，テレビ中継，テレビ録画で楽しむこともできるし，CD や DVD を購入して聴くこともできる。このように，時間が経過してからもサービスを受けられるように，保存することができ，何度も同じサービスを楽しむこともできる。

〔無形資産へのサービス〕

　このカテゴリーは，「所有物」に対する「無形の働きかけ」のサービスである。わかりやすく言い換えれば，「消費者の無形資産」に対する情報処理サービスである。銀行の預貯金や貸付，会計処理に伴うサービスは，消費者の資産

管理に関連する情報処理である。貨幣そのものは物質であるが，会計処理では主に情報が流通する。他に保険，証券，投資顧問などがこのカテゴリーに含まれる。

　このカテゴリーのサービスでは，サービス活動の主体は人間の脳とコンピューターであり，作業としては高度な情報収集とその処理が主たる内容となる。そうした観点から，たとえばマーケティング・リサーチや，データ処理などもこのカテゴリーに含まれる。

　以上のように4つのカテゴリーにはさまざまな違いがあることから，すべてのサービスを画一的に捉えるのは賢明でない。また逆に，サービス企業の経営者が，自分の企業は特別で独自性があるものだと思い込み，他の業界から学ぶものは何もない，と考えることがないように注意する必要もある。

　ラブロックによるサービスの分類は，カテゴリーごとの特性を明らかにしたうえで，各カテゴリーに存在するマーケティング上の課題や経営上のヒントを示す。たとえば，現代はITの発展が著しいが，とくに「人の心に向けられるサービス」と「無形資産へのサービス」のカテゴリーでは，サービス提供の具体的方法が，情報機器と通信手段の発展によって変化を遂げている。たとえば，オンライン授業は，従来，学生が教室に出向いていた状況を大きく変化させた。ホーム・バンキングも，消費者が銀行の窓口やATMに出向いていた状況を変化させた。ゆえに，これらのカテゴリーに入るような他のサービスに関しても，インターネットなどを用いることによって，消費者が必ずしも現場にいなくてもそのサービスが提供されうると考えられる。

サービスの構成要素

　商品としてのサービスは，一般に，コアとなるサービスと，それに付随するサブ・サービスから構成される。

〔コア・サービス〕

　コア・サービスは，そのサービスの中核となる要素であり，消費者ニーズに対応する主要ベネフィットである。たとえば，輸送サービスでは，人やモノの

場所から場所への移動，修理サービスでは，破損や故障している機器の正常な状態への修復がコア・サービスとなる。コア・サービスは，消費者が対価を支払って消費しようとする中核的サービスである。したがって，消費者が，どんな場合に支払いを拒否したり，払い戻しを請求できたりするかを考えるとコア・サービスの範囲が明らかになる。

〔サブ・サービス〕

　サブ・サービスとは，コア・サービスに付随するサービスであり，サービスの利用を促進し，サービスの魅力や価値を高めるものである。サブ・サービスはあくまで副次的なものであるため，重要性はコア・サービスより低いともいえるが，消費者にとっては，必ずしもそうではない。コア・サービスは，あくまでも，あって当たり前のサービスであって，サービス商品としての特徴は，実際にはサブ・サービスが主張していることが多い。

　とくに，競争が激しい業界においては，競合サービスと差別化するために，サブ・サービスに力を入れる企業も多い。航空業界では，機内エンターテインメント（映画，ビデオ，オーディオ，ゲームなど）の提供，手荷物の処理（適切かつ迅速な処理の仕方）などのサブ・サービスで特徴を出そうとしのぎを削っている。

　なお，サブ・サービスは，役割によって2種類に分類されることがある。コア・サービスの提供に不可欠であったり，コア・サービスを利用しやすくしたりする「促進型のサブ・サービス」と，コア・サービスの質を高めるような「向上型のサブ・サービス」である。

　たとえば，先の航空業界でいえば，手荷物の処理は，消費者が移動しやすくするものであるから促進型のサブ・サービスであり，一方，機内エンターテインメントは，存在しなくても移動するという目的の達成には直接には関係ないので，向上型サービスに分類される。

　コア・サービスとサブ・サービスとの関係については，競合他社のサービスとの差別化の度合いの議論も含めて，図2.2のように示される。

　サブ・サービスを拡充した場合，競合他社のサービス商品との差別化の度合

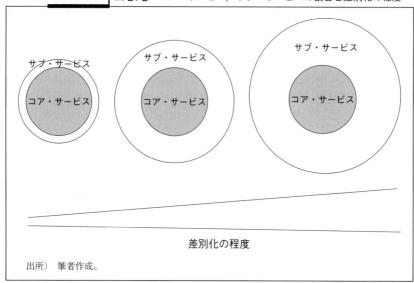

CHART | 図2.2 コア・サービス，サブ・サービスの割合と差別化の程度

サブ・サービス
コア・サービス

サブ・サービス
コア・サービス

サブ・サービス
コア・サービス

差別化の程度

出所）筆者作成。

いは高まる。企業の競争戦略のあり方としては，他の企業がもたない特徴を生かすことにより，自社の商品を差別化し，業界のなかでもユニークだとみられる取り組みをすることにより競争優位を築こうとする。

　サブ・サービスの拡充の仕方には2通り考えられる。1つ目は，「サブ・サービスを広範化する」方向性で，2つ目は，「どれかのサブ・サービスにポジションを定め突出させる」方向性である。

　高級宿泊施設を例にとると，前者のやり方は，宿泊施設において考えられうるサブ・サービスの数を増やしていき，充実させていくものである。モーニング・コール，コンシェルジュ・サービス，レストラン，ショップをはじめ，ランドリー，プール，ジム，エステ，はたまた衣装レンタル，ライブラリーなど，さまざまなサブ・サービスを揃え充実させていくことになる。一方，後者は，たとえば，和牛やお刺身など日本の厳選素材を使ったレストランであるとか，源泉かけ流しの温泉を売りにしたりするなど一部を突出させるやり方である。

　リーダー型企業のように十分な相対経営資源を有しているなら，広範にサブ・サービスの充実を図ることもよい。しかし，より小規模な企業は，1つの突出型サービス属性の充実化を図ることが現実的であり，効果的である。他の

サブ・サービスの属性が悪くても，あるいは欠如していたとしても，その1つの卓越性で，競合他社と比較した場合でも独自性が高いポジションを築くことができる。

　ここで，図2.2に関して，さらに注意するべきことが2点ある。

　1点目は，コア・サービスの重要性についてである。図2.2をみると，競合他社との差別化を図るために，サブ・サービスを拡充していかなければならないと考え，そこに経営資源を投入してしまいがちだ。しかし，コア・サービスが崩れると，いくらサブ・サービスが充実していようと，そのサービス商品はそもそも価値がないものと判断されてしまい，競合他社との競争にも負けてしまう。先の宿泊施設においても，安全な宿泊が確保されていなければ，どんなにレストランでの食事が充実していたとしても，どんなに泉質が良い温泉であったとしても，あるいはどんなに広範なサブ・サービスが用意されていたとしても，サービス商品全体としての価値は，根底から崩れ去ってしまう。よって，コア・サービスの充実化については，他社との競争のなかで，競争優位を築く直接的・即応的効果は少ないものの，サービス商品全体の価値を崩壊させないためにも最大限に留意しておく必要がある。

　2点目は，競合他社のサービス商品との競争の方法についてである。1点目でも述べたように，競合他社との競争に勝つには，サブ・サービスを拡充しなければならないと考えがちだが，サブ・サービスを拡充するという戦略は1つの戦略にすぎない。たとえば，サービス内容としては，サブ・サービスにおける差別化の程度が小さく，ほとんどコア・サービスに特化して提供しているにすぎなかったとしても，競争相手に打ち勝つ方法として，低コストを強みに競争優位性を獲得する方法もある。効率化や生産性を重視することで，競争相手より低いコストで，消費者に対しては価格が安いことを利点として訴求していくことで競合他社よりも優位をめざそうとするのである。宿泊業界においては，多くのビジネスホテルがこの戦略を採用している。ビジネスホテルは，その名のとおりビジネス・トリップ（出張）で使われることを前提につくられたホテルで，サブ・サービスを最小限に抑え，安全な宿泊というコア・サービスに特化しているため，宿泊料がリーズナブルなことが多い。このように，コア・サービスに集中するようなアプローチを「ノーフリル」と呼ぶこともある。フリ

ルとは，スカートやブラウスなどの衣服のひだ飾りのことだが，そうしたフリ
ルを取り去って，できるだけシンプルにしようとすることである。

「越野さん，クリーン社の件，どうですか？　進んでいますか」
「うん，なかなか難しいよな。一徹さん，クリーン社存続のために祥太朗さんの
　クリーニング店の構想に理解を示しつつある一方で，モノづくりを続けたい
　気持ちが残っているみたいで，何だか元気がないみたいなんだ」
「そうですね。同じ『洗濯』という目的でも，洗濯機づくりとクリーニング店の
　経営では違いますもんね」
「でも，一徹さん，祥太朗さんが『会社はたたまず，俺が続ける』と言ってくれ
　て，本当に嬉しかったと思う」
「そうですよね。祥太朗副社長，男気ありますよね。でも，本当に，一徹社長，
　洗濯機作るのやめちゃうんですかね？　なんだかもったいないなぁ」
「そうだよなぁ。洗濯機づくりは一徹さんの生きがいでもあるしなぁ……。一徹
　さんの作る洗濯機は本当に確かな技術力をもったすばらしい製品なんだよ」

 ## 事例：タニタ

〔会 社 概 要〕

　株式会社タニタは，現在，おもに体重計，体組成計などの健康計測機器の製
造・販売を中心に，飲食事業などへと事業領域を拡大している健康総合企業で
ある。

　1944 年に谷田無線電機製作所を設立。戦後は真鍮製シガレット・ケース，
トースターなどを製造・販売し，1959 年に家庭用体重計を製造した。1963 年
には，日本第 1 号となるターンオーバー式のオーブン・トースターを完成させ，
69 年には，磁石発電式卓上ライターを製造するなど，タニタはその独自の技
術力を生かして多種多様な製品の開発・生産に従事していた。

　ただ，独自の技術力でさまざまな製品を製造するが，他社の製品の製造を請
け負っていて，自社ブランドと呼べる製品は少なかった。

しかし，1959年の家庭用体重計の発売以降，自社ブランドを確立するため，タニタ・ブランドとしても着実に製品開発を展開していき，92年の「乗るだけで計測できる体脂肪計」や94年の「家庭用体脂肪計付ヘルスメーター」などのヒット商品を生み出したことで，「体脂肪計のタニタ」というイメージが定着していった。

　以降，タニタは健康計測機器メーカーとして成長していったが，2008年には，2020年現在3代目社長を務めている谷田千里氏が，父である2代目から経営を引き継いで，本格的に健康総合企業へとその事業領域を広げていった。

〔抱えていた課題〕

　3代目となる谷田千里氏は，佐賀大学理工学部を卒業後，経営コンサルティング会社勤務などを経て，2001年にタニタに入社した。しかし，当時の社内状況は千里氏に危機感を抱かせるものだった。千里氏は当時の状況を次のように話している。

　「私の目から見る限り，体脂肪計の成功体験に甘える雰囲気が社内にまん延していました」。

　千里氏は，会社全体が体脂肪計の成功にとらわれ，あらゆる思考がそこから抜け出せなくなっていると考え，変革する必要性を痛感した。その思いを胸に抱きながら米国法人の取締役などを経て，2008年に社長に就任した千里氏はさっそく自社革新に取り組んだ。

〔メーカーから健康総合企業へ〕

　自社改革の起点として目をつけたものの1つが，社員食堂だった。社員食堂は，1999年に，タニタ本社で運営していた減量指導施設「ベストウェイトセンター」の規模縮小に伴い，同施設のレストランスペースを転用して開設された。社員の健康の維持・増進を目的につくられたものであったが，減量指導用のメニューがベースということもあり，カロリーと塩分だけを重視する献立だったため，「マズい」「まるで病人食みたいだ」「お腹が減って仕事にならない」など評判が悪く，食べ残しが続出していた。しかし，歴代の栄養士が改良に改良を重ね，やがて「おいしく，満足感のある食事を食べていたら，知らないう

タニタ食堂の外観・定食（株式会社タニタ食堂提供）

ちにやせていた」という評判の良い社員食堂へと変化を遂げていった。

　そうしたなか，偶発的な連鎖が起こった。まず，オンライン情報誌から，社員食堂への取材があった。そして，その記事をたまたま目にしたテレビ局のスタッフが興味をもち，タニタの社員食堂が，番組の1コーナーで紹介されることとなった。すると今度は，それを見た出版社の編集者が興味をもって，社員食堂のレシピを本として出版しないかという運びになったのである。こうした偶発的な要素の重なりによって誕生したのが，書籍『体脂肪計タニタの社員食堂』であった。書籍は，社員食堂で実際に提供されていたヘルシーな日替わり定食（メイン，副菜2品，汁物，ごはんで約500kcal前後）のレシピ31日分をまとめたもので，これが大きな話題となった。書籍は，2010年1月に発売されて以降，2021年現在ではシリーズ累計543万部以上とベストセラーになっている。

　そこで，千里氏は，このレシピの有用性を確信することとなり，新たなビジネスを展開することに決めた。今まで体脂肪計・体組成計を中心としたメーカーであったタニタが，「タニタ食堂」として，レストラン・サービス業に参入していこうという計画だった。2012年1月には，第1号店「丸の内タニタ食堂」をオープンした（写真参照）。

　こうした偶発的な流れからのレストラン・サービス事業への展開に，当初は社内から戸惑いの声も多く上がっていた。店舗数を拡大していくという千里氏の方針に対し，「今までどおり，体脂肪計・体組成計を中心に製造・販売していけばよいのではないか」という声もあった。

　しかし，千里氏は，「創業以来の歩みをみても，1つの商品だけでずっとやってこれたことはない。体脂肪計や体組成計の事業が成功したからといって，

その成功体験に固執していてはダメだと思っている」といって，周囲を説得した。モノづくりをするメーカーとサービス業は相違点が多い。しかし，相違点ばかりに目を向けるのではなく，モノとサービスを結びつけることを考えたのである。

タニタ食堂のサービスの中核は，「1食500kcal前後で満腹になれる料理」である。しかし，健康的な食事の提供だけにとどまらず，付属的なサービスも付け加えた。具体的には，店内にプロフェッショナル仕様のマルチ周波数体組成計を設置したカウンセリング・ルームを設け，顧客が，常駐する管理栄養士から無料でアドバイスを受けることができるようにしたのである。つまり，体組成計メーカーとしてのタニタならではの技術・ブランドの強みを，レストラン・サービス業としてのタニタの差別化の要素として転化させたのである。

こうした取り組みが功を奏し，その後，タニタ食堂は，2020年時点で，全国7カ所にまで広がっている。

〔サービス業としてのさらなる展開〕

健康計測機器のメーカーでありながら，レストラン・サービス事業に乗り出したのは，まったく異なる分野へのビジネス展開であるとも捉えられる。

しかし，「毎回500kcal前後でおいしく，そして満腹感のある定食を食べていると，知らないうちに体重は減り，生活習慣病を予防することにもつながる」というタニタ食堂の思想は，「我々は『はかる』を通して世界の人々の健康づくりに貢献します」というタニタの経営理念と，実は合致している。

タニタのこれまでの歴史で「日本初」「世界初」となった商品があることからも，同社は，元来，イノベーティブな気風をもった企業であることがわかる。3代目の千里氏は，体脂肪計の成功以降の自社内の状況をみて，こうしたイノベーティブな気風が失われかけていることに危機感を抱き，このような気風を再確立すべく，大胆な自社革新をするためにも，サービス事業へと舵を切ったのである。

現在，タニタは「『健康をはかる』から『健康をつくる』へ」ということをうたっている。2018年には，たくさんの野菜を使用したフォーや，「噛むスムージー」など，カロリー控えめな食事やスイーツを提供する「タニタカフェ」

もオープンした。こちらもタニタ食堂に続き，全国に店舗拡大を図っている。

また，レストラン事業とは別に，2014年には企業や自治体向けの集団健康づくりパッケージ「タニタ健康プログラム」の提供も開始するなど，「健康をつくる」企業として，さらに事業内容を拡大している。

「越野さん，タニタの事例まとまりましたか」

「うん。クリーン社には興味深い事例じゃないかな。体組成計というモノをタニタ食堂の差別化要素の1つとして生かしているし」

「なるほどー。メーカーとして作り上げたモノとブランドを生かしながら，サービス業を展開しているんですね」

「そうなんだ。さすが，朝垣。勘がいいね。だから，クリーン社も完全にモノづくりをやめて，サービス業に転換する必要はないと思うんだ」

「そうですよね。一徹さんの洗濯機を祥太朗さんのクリーニング店で使えばいいんですよね！」

「そう！　大量生産できないからコスト高になる可能性はあるんだけど，洗濯機づくりは一徹さんの生きがいでもあるし。今すぐやめる必要はないと思うんだ」

「越野さん，意見が一致しましたね！　うまくコラボしていけるといいですね！」

「コラボ？　洗濯機とクリーニング？　俺と朝垣？」

「市村リーダー，プレゼン日が近づいてきました。もうひと頑張りして成功させます！」

「越野くん，気合が入っているようだね。プレゼン前に，アドバイスをメモしておいたので，みておけよ」

市村リーダーからのアドバイス

1. ラブロックによるサービスの分類以外のサービスの分類法について，調べておくこと。
2. サブ・サービスを拡充することによるメリットとデメリットは何か，考えておくこと。
3. 以下の2冊の本に目を通しておくこと。

●谷田大輔［2013］『タニタはこうして世界一になった──「タニタの社員食堂」誕生秘話を交えて』講談社
　タニタの2代目社長によって書かれている。タニタ独自の「コンセプト経営」と「健康への思い」が綴られている。
●C. コワルコウスキー＝W. ウラガ＝戸谷圭子＝持丸正明［2020］『B2Bのサービス化戦略──製造業のチャレンジ』東洋経済新報社
　欧米・日本企業の調査と事例から，製造業のサービス化戦略と戦術が体系的にまとめられている。

「今日はいよいよプレゼンだ！　気合い入れていこう！」

「私どもからのプレゼンテーションは以上です。いかがでしたか」

「モノとサービスの違いはわかった。サービスの特性もよくわかった。でも，やはりモノづくり一筋で年齢を重ねてしまった私にはサービス業の展開は難しいよ」

「ということは，クリーン社はどうなるんですか」

「社長は祥太朗に任せて，クリーニング店を展開してもらいたい。私は，一社員として残してもらえるならば，祥太朗のクリーニング店のための洗濯機をつくってみたいな……。私の技術を結集した洗濯機で，祥太朗のクリーニング店のお客さまの衣類を真っ白にできたら最高だな」

「父さん。俺，クリーニング店，大繁盛させて，いつかチェーン展開もしてみせるからな。そのために，俺の店のために，よい洗濯機作り続けてな！」

「越野くん，モノづくりとサービス業を両立しているタニタの事例が一徹さんに響き，意外な結末になったな。一徹さん，あきらめかけていた洗濯機づくり

を続ける決心をしたんだからな。でも，やっぱり嬉しそうだったな」

「はい。ただ，洗濯機づくりではしばらく赤字が続くはずですので，クリーニング店で相当に収益を上げていかなければなりません。祥太朗新社長にかかっています」

「祥太朗さんは覚悟ができているよ。一徹さんの洗濯機を"重荷"に感じるどころか，"誇り"に感じているからね。彼ならきっとモノづくりとサービス業を両立させた『キレイをつくる会社』としてクリーン社を再興・成長させるはずだ」

オールボイス

モノにサービスを組み込め！

「朝垣さん，またメーカーのプロジェクトだ。イチコンのプロジェクトで，メーカーにとってのサービスの重要性について，かなり学んだだろ。だから，このプロジェクトも君に任せるよ」

「わかりました，市村リーダー。それで，クライアントはどこですか」

「オールボイスだ」

「え，大企業じゃないですか。私の自宅にもオールボイスの家電はたくさんありますよ」

「オールボイスは，これまでメーカー・チームが担当していたんだが，今回はわれわれサービス・チームに担当してほしいといわれているんだ。どうやら，サービス化がうまくいっていないらしい。詳しく説明するので，ミーティング・スペースで待っていてくれ。資料をもってすぐ行くから」

Project　オールボイス

　オールボイスは，日本を代表する家電メーカーである。冷蔵庫，洗濯機，テレビ，エアコン，扇風機，ドライヤーなど，あらゆる家電を製造している。日本市場だけでなく，グローバル市場でも存在感を示している。

　しかし，近年，中国の家電メーカーの製品の品質が向上し，オールボイスは市場シェアを奪われ続けている。価格では対抗できないので，差別化を製品の機能に求めて，さまざまな機能を追加してきたが，シェアの減少を食い止められずにいた。

　半年前にマーケティング部長に就任した星田剛太郎氏は，差別化を機能に求めるのはやめようと考えていた。これまで追加した機能は，消費者にはほとんど使われず，生産コストが上がっただけだったからだ。それより，サービスを付加して競争しようと考えていた。競合企業は，修理サービスを行うサービス拠点が少なく，オールボイスは拠点数で圧倒的に上回っていた。

　全社員に対してサービスによる差別化の方針を伝え，とくに，製品開発部門の社員に向けては，サービスを前面に出したプロダクトを開発するように，くどいくらいに指示してきた。

　ところが，製品開発部門では，モノの開発とサービスの開発を切り離して行ったり，そもそもサービス開発は修理・メンテナンス部門の仕事と考えたりする者もいた。営業部門では販売数が達成目標とされ，何個売れるかに最も関心が寄せられているし，修理・メンテナンス部門は，修理・メンテナンス業務を効率的に処理することに意識を集中している。

　星田部長は，現在の状態を打開しなければならないと考えていたが，どこから手を付けるべきか悩んでいた。また，自分自身もメーカーでの業務経験が長いので，根本的に考え方を変える必要があるような気もしていた。

「今回のクライアントは，オールボイスの星田部長だ。朝垣さん，君の仕事は，同社のサービス化について，根本的な考え方から具体的な進め方までを示してあげることだ」

「わかりました。まずは，メーカーの論理とサービスの論理との違いについて理解してもらえるような資料をつくってみます」

1 モノからサービスへ

▶ モノとサービスの組み合わせ

サービス・ドミナント・ロジック

〔サービス・ドミナント・ロジックとグッズ・ドミナント・ロジック〕

　サービス・ドミナント・ロジック（SDL）とは，2004年に，マーケティング研究者であるスティーブン・バーゴとロバート・ラッシュによって提唱された，ビジネスに対する新しい見方である。彼らは，旧来の見方である**グッズ・ドミナント・ロジック（GDL）**と対比的に説明している（**表3.1**参照）。ドミナント・ロジックとは，直訳すると「支配的論理」となるが，多くの人たちが信じている見方という意味である。

　これまでも，また今でも，ビジネスに対する主流の見方は，バーゴらがGDLと呼ぶものである。GDLでは，企業と顧客が取引するとき，交換の基盤になるものは，「**有形の財（グッズ）**」と考える。有形の財以外のものをサービスと呼び，グッズとは異なる特性のものとして区別される。したがって，グッズの交換が基本となり，サービスの交換は特殊な場合として扱われる。

　また，グッズは最終製品とみなされ，そのグッズに価値が埋め込まれていると考える。つまり，企業が価値をつくり，顧客が価値を消費するという考え方である。企業と顧客は，価値物と貨幣を交換し，価値が移転される。ここでの価値とは，価値物と貨幣が交換される時点で決定される価値のことで，価格によって表されるものである。これを**交換価値**という。

　GDLでは，企業と顧客は，個々の取引で最善の判断をしようとすると考える。結果的に長期的な関係になることもあるが，それは個々の取引に両者が満足した結果であるとする。

　GDLは，古くから多くの人々に浸透しているビジネスの考え方であるため，経営学は基本的にGDLのもとに体系化されてきている。マーケティングも，グッズの交換を基本に考えられており，サービスのマーケティングは，マーケ

	グッズ・ドミナント・ロジック	サービス・ドミナント・ロジック
交換の基盤	グッズ	サービス
サービスの意味	グッズ以外	知識や技能を適用するプロセス
グッズの役割	最終製品	装置（手段）
価　値	交換価値。オファリング（グッズ）に埋め込まれる	使用価値。受益者によって判断される
企業と顧客のインタラクション	取引的	関係的

出所）　Lusch and Vargo［2014］をもとに筆者作成。

ティングの一分野として認識されている。実務上も，大多数の企業では，GDL を前提として，戦略が構築されたり，実行されたりしているのである。

　一方，SDL はビジネスに対して，GDL とは異なる見方をする。SDL では，交換の基盤は，グッズではなくサービスである。しかし，ここでのサービスの意味は，GDL でいうサービスとは異なり，企業や顧客が価値を生み出すために知識や技能といった資源を適用することである。たとえば，美容室でいえば，スタイリストがカットの技術という資源を使ってカットする行為であるし，顧客が自分に似合うヘア・スタイルに関する知識という資源を使って説明する行為も含まれる。SDL では，グッズを交換しているのではなく，資源の適用を交換していると考えるのである。グッズは最終製品とは考えず，サービスを交換するための装置とみなされる。たとえばカメラは，撮影をするための技術を適用するために使われる 1 つの道具と考える。グッズを介しても介さなくても，すべての経済はサービス経済で成り立っていると考えるのである。

　また，SDL では，交換価値ではなく，顧客が使用するときに生じる価値に焦点を当てる。これを使用価値という。レストランを例にすると，食事がいくらで提供されるか（交換価値）ではなく，食事する際の体験で得られる主観的な便益（使用価値）に焦点を当てるのである。使用価値は，顧客が価値物を使用することを通じてつくられるので，使用の前には存在しない。企業は，使用価値を提案し，財の提供を通じて使用価値を生み出すことに貢献はできるが，

企業だけで使用価値を生み出すことはできない。顧客が関わることが必須となる。顧客側も企業の協力があって使用価値が生み出せるので，使用価値は企業と顧客によってともにつくり出されるものと考えるのである。企業と顧客は，価値の提供者と受益者という関係ではなく，ともに資源を適用しあう共創者の関係とみなされる。そうなると，企業と顧客の関係は，単発の取引ではなく，長期の関係が前提となる。

　SDL が提唱されたのは，1980 年頃から，マーケティング研究においてマーケティングを社会的・経済的プロセスと捉える研究が増えてきたことに基づいている。マーケティング活動を，顧客とともに価値をつくるために資源を適用しあう動的なプロセスと捉えた研究が多くなされている。たとえば，関係性マーケティングという研究分野は，顧客との長期的な関係を結ぶことを目的としたマーケティング活動に関する研究である。

　こうした研究が行われるようになったのは，実務上でも，こうした考えが台頭してきたからであろう。たとえば，GDL の考えのもとでは，企業は，消費者が金を払ってでも買いたいと思うものを生産することになるが，そもそも消費者が欲しいものをあらかじめ知ることが難しくなっている。モノがあふれる現代では，消費者自身でさえ，自らのニーズがわからないでいる。したがって，企業と消費者がともに価値をつくる手法を実務家は模索してきたのである。

　バーゴとラッシュは，こうしたビジネスへの考え方の変化を GDL と SDL という対比で示したわけである。

〔SDL の用語〕

　SDL には，特殊な用語がいくつか登場する。第 1 は，「サービス」と「サービシィーズ」である。SDL におけるサービスは，使用価値を生み出すための資源の適用であるが，プロセスであることが強調される。アウトプットとして数えられる単位ではなく，一定の時間をかけるプロセスなので，単数形の「サービス」という用語を使う。一方，GDL でのサービスは，グッズ以外のものという意味だが，同じ「サービス」という言葉を使うと混乱が生じるため，アウトプットとして数えられるので，SDL の世界では GDL のサービスを「サービシィーズ」と複数形にして区別している（PROJECT No. 01 参照）。

言い換えると，GDLでは，プロダクトにはグッズとサービシィーズの2種類があり，グッズとサービシィーズは並列の関係にある。一方，SDLは，グッズはサービスを提供するための装置であるため，サービスとグッズは，目的と手段という関係にある。

　第2に「アクター」である。SDLでは，企業と顧客は，ともに価値をつくるパートナーと捉えられているので，それらを生産者や消費者といった区別をせず，両者ともに「アクター」という用語を使う。交換の際，2者のアクターが独自の資源を適用して価値を生み出すが，その他のアクターの資源を活用することも多い。部品を仕入れたり，生産設備を購入したりすることは，SDLでは，他のアクターの資源と自社の資源を統合していると考える。

　第3は「資源」である。アクターが価値創造のために適用するものはすべて資源であるが，2種類に分類される。材料や部品，工場，設備など，価値を生むためには何らかの行為を施す必要がある資源を「**オペランド資源**」と呼ぶ。一方，知識や技能のように，オペランド資源を価値に変える資源を「**オペラント資源**」と呼ぶ。つまり，オペランド資源にオペラント資源を加えて価値をつくるのである。オペランド資源の多くは有形で静的なものであるのに対し，オペラント資源は無形で動的なものである。

　アクターは，オペランド資源とオペラント資源を蓄積・保持するための主体となり，他のアクターのもつオペランド資源やオペラント資源を統合して価値を生みだす。希少なオペランド資源をもつことが競争優位になることもあるが，現代のビジネス環境では，オペラント資源が競争優位の源泉となることが多い。

▎価値共創

　価値共創とは，企業と顧客の関係に対する新たな視点である。これまでの伝統的な経営学では，企業が価値をつくって提供する役割を担い，顧客は価値を消費する役割とされてきた。一方，価値共創の視点では，企業と顧客がともに価値をつくる役割を担うと考える。

〔カスタマー・コンピタンス〕

　価値共創の考え方を最初に提唱したのは，経営学者のコインバトール・プラ

ハラードとベンカト・ラマスワミである。彼らは，規制緩和やグローバル化，技術の選択と集中，インターネットの進展など，経営環境が急速に変化するなかで，企業間取引における売り手と買い手の役割が曖昧になったと指摘した。たとえば，自動車メーカーに対するサプライヤー企業の役割は，原材料や部品を自動車メーカーにいわれたとおりに納入するだけでなく，新車開発に関与するパートナーへと変化している。また，インターネットの普及によって，顧客が財やサービスを提供する企業と積極的に対話するようになった。この対話を主導しているのは，企業側でなく顧客側である。

こうした市場では，顧客そのものが企業の新たな競争優位の源泉となる。これを「カスタマー・コンピタンス」と呼ぶ。コンピタンスとは，「能力」という意味である。顧客が所有する知識や技能，進んで学習し試そうとする姿勢，そして対話に積極的に参加する力が相互作用することでカスタマー・コンピタンスが生み出されるとしている。

それまでは，競争優位の源泉として，希少な資源や製品，自社に蓄積された能力（コア・コンピタンス）などが指摘されてきたが，新たな競争優位の源泉としてカスタマー・コンピタンスが提示されたのである。

企業がカスタマー・コンピタンスを活用するには，4つの課題に取り組む必要がある。それらは，顧客との積極的な対話，顧客コミュニティの活用，顧客の多様性の管理，そしてパーソナライズした経験の提供である。

第1に，顧客との積極的な対話に取り組むには，企業と顧客が対等な立場で対話することが重要である。従来の企業と顧客との関係では，企業側が圧倒的に多くの情報へアクセスできていたが，インターネットの普及によって，顧客も企業と同等か，それ以上の情報へアクセスすることができるようになった。したがって，企業は，これまで以上に豊富できめ細かな情報を顧客へ提供しようとするだけでなく，顧客から学ぼうとすることが重要となる。

第2に，インターネットの普及により，顧客のコミュニティを活用することは，企業にとっていっそう重要になった。顧客は，比較的容易にオンライン上にコミュニティを形成することができる。そして，これらのコミュニティは，相互に結びついており，かつ情報伝達のスピードも速いため，市場に大きなインパクトを与える場合がある。

従来のコミュニケーションでは，企業は自社のイメージを顧客へ伝えることで自社のポジションを確立していたが，新たな市場においては，顧客は自身の体験を積み重ねることで企業のイメージを形成し，その体験のなかで企業のポジションも変化していくことになる。

　第3に，企業が受ける顧客の多様性の影響が拡大する。とくに技術集約型の製品は，顧客の習熟度のばらつきの影響を受けやすい。たとえば，新しいソフトウェアについて，数分で理解する人もいれば，数時間を要する人もいる。このように習熟度がばらつくと，製品やサービスに対する顧客の評価もばらつく。また，市場のグローバル化も顧客の多様性を拡大する。たとえば，企業が新たな市場に進出する場合，知識がまったくない，または限られた知識しかもちえない顧客と遭遇する場合がある。高度なスキルをもつ大規模顧客との取引に慣れている企業は，習熟度の低い顧客に対して，どのように対応をすべきかという，新たな課題を抱える。

　第4に，カスタマー・コンピタンスを活用するには，たんに顧客との対話をするだけでは不十分であり，企業は顧客と協力してパーソナライズした経験を提供することが重要となる。顧客は，企業から提供される製品をたんに購買するだけでなく，自分自身で形作りたいと考えるようになっている。このような状況において，パーソナライズとカスタマイズを厳格に区別することが重要となる。カスタマイズは，企業が顧客ニーズに合わせて商品を設計することである。一方，パーソナライズは，顧客が自身の経験の内容について共創者になることである。たとえば，オンライン花屋において，顧客がサービス・メニューから選ぶのでなく，自身が希望する花や花瓶，色，種類，数量，アレンジメントを指定することがパーソナライズである。

〔価値の共創と共同生産〕

　SDLでは，価値共創（value co-creation）のなかに「価値の共創（co-creation of value）」と「共同生産（co-production）」という2つの概念がある。図3.1のように，価値の共創は包括的な概念で，そのなかに共同生産を含んでいる。

　価値の共創は，売り手と買い手の相互作用のなかで，アクターがオペラント資源を適用していることである。したがって，常に起こっていて，アクターが

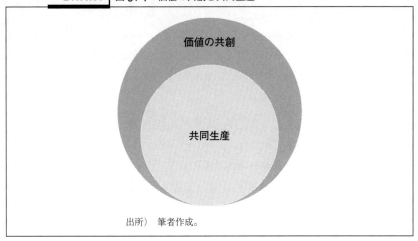

価値の共創

共同生産

出所）筆者作成。

実施しなかったり，アウトソーシングしたりすることができないものである。

　一方，共同生産は，価値提案の開発にサービス受益者としてのアクターや他のアクターが参加することである。たとえば，サービス受益者としてのアクターが，新しい有形のグッズのデザインをすることである。また，サービス受益者がヘア・スタイリストにヘア・スタイルについて助言したりすることも共同生産になる。こうした共同生産は，実施することもできるし，実施しなくてもよい。アクターが選択することができる。

　サービス受益者としてのアクターが，共同生産を実施するかどうかに影響を与える要因は，次の6つである。美容室でヘアカットをする場合を例に説明していこう。第1に，専門知識である。アクターは，生産に関する専門知識をもっていると，共同生産に参加する確率が高くなる。たとえば，美容や理容の専門知識をもっているアクターは，一般のアクターよりも詳しく，自分の望むヘア・スタイルやカットの方法について説明するだろう。

　第2に，コントロールである。アクターは，サービスのプロセスをコントロールしたいと考える場合は，共同生産をしたがる。カットする部位の順序，カラーリングの手順などにこだわりのある人は，事前に詳しく説明するだろう。

　第3は，有形の資本である。アクターが共同生産に必要な有形の資本を所有している場合は，共同生産の確率は高くなる。自分の気に入っているスタイリ

ング剤を持参している場合は，それを使うように願い出るだろう。

　第4に，危険負担である。共同生産は，物理的・心理的・社会的リスクを伴う。状況に応じて，危険負担を増加させることもあれば低減させることもある。たとえば，頭皮の一部分を怪我（けが）している場合は，その部分だけ，自分でシャンプーするかもしれない。

　第5に，精神的ベネフィットである。共同生産そのものを楽しいと感じている場合は，積極的に参加するだろう。固めのスタイリング剤で変わったスタイルを試せる場合は，自分で櫛（くし）を使ってスタイリングをするかもしれない。

　最後に，経済的ベネフィットである。共同生産することが，自分の利益になるのであれば，共同生産に携わるだろう。シャンプーをしなければ料金がかなり安くなる場合は，自分でシャンプーをするかもしれない。

┃ 製造業のサービス化 ┃

〔サービス化への注目〕

　製造業のサービス化とは，文字どおり，製造業がサービス事業を行うことである。昨今，製造業によるサービス事業への参入が顕著になり，製造業のサービス化という用語がよく使われるようになっているが，新しい現象というわけではない。古くは1800年代後半に，アメリカの鉄道会社や電話会社が，マーケティングや販売，修理，融資，購買といった機能を自社に取り込んだが，修理や融資などはサービス事業であり，当時から製造業のサービス化は実施されていた。

　また1990年代にも，企業収益の源泉が，モノからサービスへ移行していることが示され，川下戦略という用語が提示されている。川下とは，原料が製品となり販売されるまでを川の流れにたとえ，より消費者に近い部分をいう。図3.2のように，パーソナル・コンピューター（PC）産業でも自動車産業でも，産業全体のなかで物財の占める割合は約20％であり，鉄道産業では5％にも満たない。川下事業のほうが，川上事業より利益率も高く，かつ大規模な設備を必要としないこと，さらに収益の安定性も高く景気変動の影響を受けにくいことが指摘され，製造業のサービス化が促進された。

　昨今の製造業のサービス化は，「プロダクト・サービス・システム（PSS）」お

CHART 図3.2 産業規模における物財の割合

法人利用のパソコン（PC）	鉄 道	乗 用 車
PC1台当たりの年間支出：6259 ドル	鉄道会社の年間総費用：290億ドル	1世帯当たりの年間支出：6064 ドル

（％）

PC	鉄道	乗用車
ネットワーク管理		その　の　他
ネットワーク関連の テクニカル・サポート	点検・整備 線路や操車場の運営・管理	自動車ローン
ネットワーク機器		修理・整備
周辺作業にかかる人件費や PCの不稼働による機会損失 （ダウン・タイム、ファイル管理など）	列車の運行	自動車保険 ガソリン
管　　　理	鉄道インフラ	
テクニカル・サポート	貨物列車関連サービス	中古車の購入
PC（ハードウェア）	列車関連サービス 列車の購入	新車の購入

100 90 80 70 60 50 40 30 20 10 0

トータル・コスト　製品購入費の5倍　　製品購入費の21倍　　製品購入費の5倍

注）鉄道会社のデータは一級鉄道に関するものである。
出所）バウムガートナー＝ワイズ［2000］をもとに筆者作成。

よび「サービタイゼーション」という用語を使って語られることが多い。まず，PSSとは，財とサービスとの結合を通して，財のもつ機能性を拡張させ，「財の販売」ではなく，「使用の販売」に重点を置く価値提案である。つまり，「交換価値」から「使用価値」への転換を意味しており，サービス・ドミナント・ロジックの考え方に通ずる。これは，たんに製造業がサービス業に参入するということではなく，財とサービスを組み合わせて提供するという点で，これまでとは異なる考え方である。また，PSSでは，必ずしも財の所有権を顧客へ移転する必要はない。たとえば，ロールス・ロイスの飛行機用エンジンは，ロールス・ロイスが所有権をもったままで，顧客にエンジンを使用させている。飛行中のエンジンの稼働に関するデータは，すべてロールス・ロイスが蓄積・分析をしており，稼働の効率化やメンテナンス時期の判断，そして次のエンジン開発につなげている。

　次に「サービタイゼーション」とは，「財の販売からPSSの販売への転換を通して，顧客との互恵的価値を創造するための組織能力とプロセスのイノベーション」である。たんに財とサービスを組み合わせるだけでなく，それに伴って必要となる経営資源の再配置や企業ミッションの再定義などの変革までを含んだ概念である。

　企業がサービタイゼーションに取り組む理由は，いくつか挙げられる。第1に，有形財のコモディティ化（PROJECT No. 12参照）が進み，その財で利益を出すことが難しくなったことである。そのため，新たな収益源としてサービスに目を向けているのである。

　第2に，あらゆる有形財の普及率が高くなっており，かつその有形財の耐久性も高まっているため，新規需要が生まれにくい状況にあることである。したがって，有形財の販売に伴うサービスで収益を確保したいというインセンティブが生まれるのである。

　第3に，業績の安定化への期待である。有形財の販売は，景気の影響を受けやすい。一方，期間を定めたサービス契約は，景気の影響を受けにくいので，安定的な収益を確保できる。したがって，企業全体の業績の上下動を抑えることができるのである。

　第4に，有形財では差別化が難しくなったことである。グローバル経済の浸

透と技術の進化に伴い，先進国と発展途上国との間の製造能力と技術レベルの格差が小さくなり，有形財はコモディティ化している。したがって，競争優位の源泉をサービスに求めているのである。

　第5に，顧客のスイッチング障壁を構築するのに，サービスを活用できるからである。たとえば，複写機の値段を低価格にして納入を増やし，メンテナンス契約やドキュメント管理サービスで安定的な利益を確保するようなタイプの戦略を実行することができる。

　第6に，顧客の要求水準の高まりである。顧客は，たんに有形財の提供のみでは満足せず，保証やメンテナンス，サポート体制など，さまざまな要求に応えなくては満足しなくなっている。

　第7に，顧客との関係性を築くのにサービスが有用だからである。サービスは，企業と顧客が直接接点をもって交換されるので，顧客のニーズを深く理解したり，カスタマイズやパーソナライズして提供したりして，関係性を維持・強化がしやすい。顧客のロイヤルティが高まれば，再購買が期待できる。

〔サービス化の類型〕

　製造業のサービス化には，いくつかの類型がある。図3.3のように，顧客との取引形態（断続的か連続的か）と顧客との相互作用（なしかありか）で分類すると，一般的な製造業は，断続的取引で顧客との相互作用がないため市場型取引に当たる。この象限から3つのサービス化の方向性が考えられる。第1の方向性は，顧客との取引形態を連続的にする方向性で，システム化である。たとえば，コマツの建機にはセンサーと通信機器が標準装備されており，稼働具合を監視し顧客の業務が順調に実施されるようにしている。

　第2の方向性は，顧客との相互作用を行う問題解決型である。有形財の販売にとどまらず，問題解決することを目的とする。たとえば，顧客が工場で生産コストの削減を検討しているときに，機器の導入に加えて，生産プロセス全体の再設計をすることである。

　第3の方向性は，顧客との相互作用があり，かつ取引形態も連続的になるリレーションシップである。たとえば，顧客の工場に常駐し，継続的にコストダウンに従事するような取引である。長期的な関係が生まれ，顧客ニーズの深い

		顧客との取引形態	
		断続的	連続的
顧客との相互作用	なし	I 市場型取引	II システム化
	あり	III 問題解決型	IV リレーションシップ

出所) 三浦［2016］。

理解が可能になる。

「越野さん，去年のプロジェクトで，ブリヂストンのサービス化の事例を調べて
　　ませんでしたっけ」
「うん，調べたけど，何に使うの」
「オールボイスの案件で使えないかなと思って」
「俺の仕事を流用すんのかよ？」
「流用じゃなくて，業務効率化でしょ。社内でも推奨されてるじゃないですか」
「わかったよ。共有ファイルに入れてあるから，みてみなよ」
「ありがとうございます」

 ## 事例：ブリヂストン エコバリューパック

〔単品売りの限界〕

　ブリヂストンは，1931年に福岡県で設立されたタイヤ・メーカーである。
世界で約180カ所の生産拠点および開発拠点をもっており，売上高約3兆
5000億円のグローバル企業でもある。世界市場でのシェアは，フランスのミ
シュラン社よりも大きく，世界最大手に上りつめている。売上の約80％がタ
イヤだが，それ以外にもゴルフボールやベルト・コンベア用のベルト，ホース，

建築用免震ゴムなど，タイヤの原料でもあるゴムを使った製品を製造している。また，関係会社で，スポーツ用品や自転車の製造も行っている。

　創業以来，タイヤの製造販売を続け，世界のトップ・ブランドになったブリヂストンだが，2000年以降，市場の伸びの鈍化に直面していた。とくに，国内のトラック・タイヤ市場では，激しい価格競争が繰り広げられていた。景気低迷やガソリン価格上昇などが影響し，顧客のコスト意識が厳しくなり，新品タイヤの値崩れが起きていた。製品のコモディティ化が進んだ結果，価格以外で差別化できず，単品売りでは利益を確保するのが難しくなっていたのである。

〔サービス化〕

　そうした状況のなかで同社が注目したのが，リトレッド事業である。リトレッド・タイヤとは，一次寿命が終了したタイヤのトレッドゴム（路面と接する部分のゴム）の表面を決められたサイズに削り，その上に新しいゴムを貼り付けて再利用できるようにしたタイヤである。

　実は，リトレッド・タイヤの販売は，新品のタイヤの需要を奪う共食いの状態になる可能性があり，社内では慎重論が多かった。しかし，2007年にリトレッド事業のリーディング・カンパニー「バンダグ」社を買収，子会社化して，本格的に取り組んだのである。

　加えて，「エコバリューパック」というサービスも開始した。このサービスは，バス会社や輸送会社などの法人顧客の車両の運行状況や使用実態に合わせて，新品タイヤ，リトレッド・タイヤ，メンテナンスを組み合わせ，その顧客に最適なプランを提案し，支援するサービスである（図3.4参照）。

　サービスをスタートさせた当初は，メンテナンス業務だけを受注することが多く，新品タイヤやリトレッド・タイヤの購入は，別途，顧客が行っていた。しかし，徐々に，タイヤの購入からメンテナンスまですべてを行うトータル・サービスの受注も増えている。

　このサービスに関して，ブリヂストンの執行役員は，次のように述べている。「良いタイヤを効率よくつくり，それを高く売って利ざやでもうけるというビジネスモデルに限界を感じ始めた。そこで製造販売業からソリューション・プロバイダーへと大きく舵を切ることを決めた」。

出所) ブリヂストンタイヤソリューションジャパン株式会社提供。

〔顧客のメリットとブリヂストンのメリット〕

　このサービスは，顧客が自らタイヤの管理する場合に比べ，顧客に数多くのメリットを提供する。第1に，安全性の向上である。タイヤのプロがメンテナンスするので，パンクやバースト，車輪脱落事故の件数が減少する。そうした事故にまではならずとも，ヒヤリとするような状態も減少する。安全性が高まれば，そうした職場環境を評価し，ドライバーの求職者も増える。人手不足が著しい状況においては，採用面でのメリットも大きい。

　第2に，経費削減効果である。新品のタイヤではなく，リトレッド・タイヤを使うだけでもコストは減少するが，タイヤが故障した場合の修繕費用や事故対応費用なども減少する。スムーズな走行ができるので，燃費が向上し，燃料コストも減少する。また，タイヤ管理者の人件費も減少するし，ドライバーにタイヤ管理をさせないので，その時間の人件費も減少することになる。さらに，事故が少なければ，車両やドライバーの稼働時間が増えるため，結果的にコストダウンにつながる。もちろん，業務委託費を支払うことになるが，その金額に比しても，コストダウン効果がある。

第3に，業務効率化である。まず経営管理者が，タイヤに関して心配する必要がなくなる。冬タイヤへの履き替え時期をどうするか，業務に影響が出ないように履き替え作業をするにはどうするかなど，タイヤに関連する悩みは多い。そうしたことに意識を向けなくてよいので，他の業務に意識を集中することができる。次に，ドライバーも，タイヤの煩わしい作業から解放され，運転に集中することができる。また，タイヤの購入のたびに決裁を取ったり，経費処理したりする必要がなくなり，最初の契約時の決裁と毎月の支払い伝票のみで済む。

　第4に，予算が平準化される。自社でタイヤを管理している場合は，タイヤの取り換え月には，大きな出費が出るし，そのための資金繰りを計画しておかなければならない，しかし，エコバリューパックを頼めば，毎月定額の支払いをすればよい。資金計画も立てやすい。

　第5に，環境への貢献ができる。低燃費で業務が行われ，リトレッド・タイヤを用いることで資源の有効活用もできる。環境対応は，直接収益につながるわけではないが，企業の社会的責任を果たしていることになるので，顧客の支持や従業員のモチベーションにつながる効果がある。

　最後に，顧客満足度も向上する。たとえば，運送会社であれば，事故の減少や，パンクしても素早い対応を享受できるので，運行遅延が起きにくい。したがって，荷主の満足を向上させることができる。

　ブリヂストン側にも大きなメリットがある。第1に，価格競争から脱却することができたことである。第2に，新品タイヤの売上も伸びたことである。エコバリューパックに価値を感じた顧客は，その効果を最大限享受するために，ブリヂストン製のタイヤを購入するようになった。第3に，顧客との関係性が強化され，囲い込めたことである。顧客の稼働情報はすべて蓄積されているので，契約の更新時も継続される可能性が高くなった。第4に，顧客のニーズを深く理解することができ，新製品開発にも活かされていることである。最後に，環境への貢献もできることである。

〔導入への取り組み〕

　導入にあたって同社は，販売会社や販売店を巻き込み，この事業に対する理

解を促進する活動をしていった。単品販売からソリューションへの意識転換が不可欠だったからである。また，組織構造上も，リトレッド事業を別会社で運営していたが，「新品，リトレッド，メンテナンスの一体運営」を全社として推進するにあたり，本体に統合した。2012 年，ブリヂストンは国内タイヤ事業を 100 ％子会社のブリヂストンタイヤソリューションジャパンに移管したが，リトレッド事業はブリヂストンと一体で実施している。

　このサービスを支えているのは，Toolbox と Tirematics というテクノロジーである。Toolbox とは，顧客の車両や装着タイヤ，点検結果などのタイヤに関する情報を管理するためのプラットフォームである。顧客のタイヤ関連情報をクラウドで管理することで，迅速かつ高精度で最適なタイヤやその使用方法を提案することができる。Tirematics は，センサーを用いてタイヤの空気圧や温度を計測し，リアルタイムで遠隔モニタリングするシステムである。タイヤの異常を検知した場合は，車両管理者やドライバーに自動通知を行うことができる。また，タイヤ不具合による運行トラブルの未然防止もできる。

　こうしたテクノロジーを駆使していくには，使いこなせる人材も必要になる。同社では，データ・サイエンティストを社内で育てる研修プログラムがある。社内にはタイヤ設計などでデータ解析のノウハウをもつ人材が多く，データ・サイエンティストとしての素質がある人材がいる。そうした人材を育成し，人的な面でもタイヤ・ソリューションを支えている。

「ブリヂストンの事例は，使えそう？」
「はい，ばっちりですよ，越野さん。助かっちゃいました」
「今度，なんか，おいしいものを奢れよな」
「そんなことしたら，彼女さんに誤解されますよ」
「いや，そんな気遣いいらなくなったから」
「え？」

「市村リーダー，資料の出来栄えはどうだったでしょうか」
「資料は OK。あと，準備してほしいことを書いておいたんで，みておいて」

1. 顧客との価値共創を上手に実施している企業を1社取り上げ，どのように共創を行っているのか，調べておくこと。
2. 製造業のサービス化は今後も進むかどうか，考えておくこと。
3. 以下の2冊の本に目を通しておくこと。
   ● ロバート・F.ラッシュ＝スティーブン・L.バーゴ（井上崇通監訳，庄司真人・田口尚史訳）［2016］『サービス・ドミナント・ロジックの発想と応用』同文舘出版
   サービス・ドミナント・ロジックについて深く理解するには，この本。
   ● 西岡健一・南知惠子［2017］『「製造業のサービス化」戦略』中央経済社
   この本には，事例と広範な質問紙調査の結果からサービス化の現状と課題が書いてある。

■ 「さすが大企業，すごいビルですね」

「私どもからのプレゼンテーションは以上です。星田部長，お時間いただき，ありがとうございました」
「こちらこそ，ありがとう。まずは，私の意識を変えないといけないね。君のアドバイスに沿って，今後の計画を立ててみるよ」

「朝垣さん，事例の選択がよかったね。同じ大企業のブリヂストンの事例は，星田部長には響いたようだね。自分で選んだの？」
「はい，選んだのは私です」

ヘアサロン SAYA

マーケティングをリニューアルせよ！

「越野さん，髪切りました？」
「わかった？　ヘアサロン SAYA に行ってきたんだよ」
「へー，おしゃれな美容室に行ってるんですね」
「仕事を兼ねてね」
「え，どういうことですか」
「次のクライアントが SAYA なんだよ。これから市村リーダーとミーティング
　なんだ。じゃあな」

Project　ヘアサロン SAYA

　株式会社佐屋は，ヘアサロン SAYA のブランドで全国展開をしている美容室のチェーンである。青山，広尾，銀座などのファッション性の高い地域に店舗をもつが，地方都市にも店舗拡大している。今年開店した大阪・泉佐野店でちょうど 100 店舗目となった。従業員は 1000 人を超え，東証スタンダードにも上場している大企業である。

　店舗には，カットやカラーリング，パーマなどに幅広い技術をもつスタイリストを揃え，顧客が思い描いているヘア・スタイルを実現している。スタイリストをめざしているスタッフたちも，シャンプーなどの補助業務をテキパキとこなしている。価格帯は店舗によって多少異なるが，特別高いわけではなく，若い女性でも少し奮発すれば手が届く範囲に抑えている。したがって，顧客層は若い女性が多いが，ミドル世代も少なくない。また，男性客もかなりいる。いずれもヘア・スタイルに気を配っている人たちである。

　どの店舗も洗練された空間になっているが，なかでも第 1 号店である東京・青山店は，先進的なデザインかつ最新の機器を導入して，モデル店舗としての役割を担ってきた。女性雑誌で実施される「行ってみたい美容室ランキング」で，常に上位に位置してきた。

　しかし，その青山店は，建物の老朽化や近隣環境の変化もあり，現在はやや先進性を失っていた。そこで，末野樹里社長は，来年の創業 50 周年を機に，青山店のリニューアルを決断した。モデル店舗であった青山店のリニューアルは，会社全体に変革の意識を植えつけることができると考えており，たんに店舗を改装するのではなく，サービス内容や価格などもすべて見直すつもりでいた。自らプロジェクト・リーダーとなり，プロジェクト・チームを立ち上げた。外部コンサルタントもチーム・メンバーに加え，1 年半後のリニューアル・オープンに向かって，キックオフ・ミーティングを 2 週間後に控えていた。

「今回のクライアントは，佐屋の末野社長だ。越野くん，君の仕事は，店舗リニューアルをサポートするというより，マーケティングすべてをリニューアルするサポートだと考えてくれ」
「わかりました。マーケティングのリニューアルですね」

1 サービス・マーケティング・ミックス

▶ 4P から 7P へ

サービス・マーケティング・ミックス

〔マーケティング・ミックス〕

　企業は，ターゲット顧客を満足させるために，さまざまな活動をしている。ネット広告をしたり，値下げをしたり，製品に新しい機能を加えたりする場合もある。また，顧客の目には触れないが，在庫をもったり，流通業者へ向けた製品説明会を行ったりしている企業もある。そうした活動は多岐にわたり，相互に関係している。

　このように，マーケティングに関わるさまざまな手段を組み合わせることを**マーケティング・ミックス**と呼ぶ。この言葉は，ハーバード大学で広告の研究をしていたニール・ボーデンが，1940年代から使い始め，徐々に普及したとされている。「ミックス」という言葉を使っているのは，1つの手段だけを実施するのではなく，複数の手段を一貫した考えのもとに組み合わせるからである。たとえば，品質の高い製品を販売している場合は，広告では高品質を訴求するだろうし，価格も高めにするだろう。

　マーケティング・ミックスに一貫性をもたせるには，ターゲット顧客を特定する**ターゲティング**，そして他社の製品との違いを示す**ポジショニング**を実施する必要がある。それらが明確に定まっていれば，おのずと実施すべきマーケティング活動，すなわちマーケティング・ミックスは決まってくる。ターゲット顧客の求める活動や他社製品との違いを示す活動をすればよい。

　ターゲティングとポジショニング，そしてターゲティングの前に行う顧客の分類（**セグメンテーション**）をまとめて，STP（Segmentation, Targeting, Positioning）と呼ぶ。STPとマーケティング・ミックスが決まれば，マーケティングの骨格が固まったことになる。

〔4 P〕

　マーケティング・ミックスは，マーケティングに関わるあらゆる活動が含まれるので広範囲にわたる。したがって，そのなかで重要な活動を特定する必要がある。マーケティング・ミックスという言葉を提示したボーデンは，次のような活動を重視している。製品計画，パッケージング，価格，ブランディング，流通経路，物的流通，人的販売の量と質，サービス，販売促進の他の手段の量と質，市場調査情報の種類と質，陳列を含めた広告の量と質，である。他の研究者も，重要なマーケティング活動をリスト化する試みをしている。

　一方で，そうしたマーケティング活動の長いリストを整理する試みも行われた。1950年代，マーケティング研究者のリチャード・クルウェットは，マーケティング活動を Product, Price, Promotion, Distribution の4つに分類した。その後1960年代に，同じくマーケティング研究者のジェローム・マッカーシーは，Distribution を Place という単語に置き換え，頭文字をすべて P で揃えて覚えやすくした。この 4P は，広く普及し，マーケティング・ミックスは4つの P の組み合わせと考えられるようになっている。

　まず，プロダクト（Product）に分類されているのは，製品やサービス，それらの特徴，品質レベル，付属品，パッケージ，保証，製品ライン，ブランドなどである。プライス（Price）に含まれるのは，価格のほかに，支払期限，値引き，流通への割引，アローワンスなどである。プロモーション（Promotion）に含まれるのは，セールス・プロモーション，広告，広報，セールス・パーソンなどである。最後に，プレイス（Place）に含まれるのは，販路，立地，配送，在庫，流通業者の管理などである。

〔7 P〕

　マーケティング・ミックスの4P は，マーケターにとって有用な概念であるが，サービスのマーケターからは問題点や限界も指摘されていた。サービスのマーケティングには，4P では明確に示されていない重要なマーケティング活動があるからである。

　第1に，サービスは一般に生産と消費が同時に発生するため，顧客はサービスを生産する場にいて，サービス提供者と相互作用し，生産プロセスにも関与

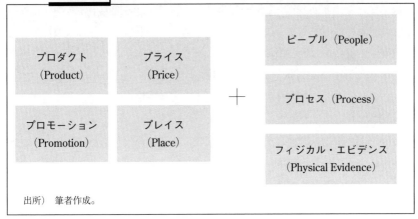

プロダクト
(Product)

プライス
(Price)

プロモーション
(Promotion)

プレイス
(Place)

＋

ピープル（People）

プロセス（Process）

フィジカル・エビデンス
（Physical Evidence）

出所）　筆者作成。

する。したがって，サービス提供者といった人的な側面やサービスが提供される
プロセスも重要なマーケティング活動となる。第2に，サービスは無形であ
るため事前に品質の判断が難しく，顧客は有形のものからサービスの品質を類
推しようとする。したがって，形のある要素も重要になってくる。

　そこで，1980年代に，サービスに適したマーケティング・ミックスを提示
しようと，4Pの修正や拡張が試みられた。そのなかで，最も支持されたのが
サービス研究者のバーナード・ブームスとメアリー・ビットナーによって提示
された7Pである。4Pに加えて，ピープル（People），プロセス（Process），フィ
ジカル・エビデンス（Physical Evidence）の3つを加えたのである（図4.1参照）。

　ピープルとは，サービスの提供に参加するすべての人の行動を指す。サービ
スを提供する環境には，3種類の人が関係している。

　第1に，サービスを提供する企業の従業員である。従業員の態度や行動は，
顧客の知覚に強い影響を与える。また，コンサルティングのようなプロフェッ
ショナル・サービスでは，従業員がサービスそのものでもある。第2に，顧客
である。顧客も，サービス生産に参加するので，サービス品質や自身の満足に
大きな影響を与える。たとえば，医療サービスであれば，患者が自身の症状を
的確に医師に伝えることが，適切な医療措置の選択につながるだろう。そして
第3は，他の顧客である。たとえば，野球観戦をする際，他の観客の応援が楽
しみを増してくれることもあるし，妨げることもあるだろう。

次にプロセスとは，サービスが提供され，消費される間の手続きや仕組み，活動の流れのことである。こうしたプロセスも，消費者がサービスの良し悪しを判断する鍵になる。どのような顧客に対しても標準化されたサービスを提供する場合は，プロセスは定型的かつ単純化される傾向にあるだろう。一方，個々の顧客に合わせたカスタマイズしたサービスを提供する場合は，個別的かつ複雑なプロセスになるだろう。

　最後のフィジカル・エビデンスとは，サービスが提供されたり，企業と顧客とが触れ合ったりする環境，およびサービスに付属するあらゆる有形物のことである。前者の例としては，銀行の店舗のインテリアやフィットネス・クラブのスタジオ設備などがある。また，後者の例としては，パンフレットや従業員のユニフォーム，ウェブページなどが含まれる。

　新しい3つのPは，これまでの4つのPと同様に，顧客のサービス購入の意思決定や顧客満足，そして再購買の意思決定にも強く影響を及ぼす。したがって，サービスのマーケティングでは，これら7つのPをうまく組み合わせることが重要である。以下，新しい3つのPに関して詳しくみていこう。

ピープル

〔従業員〕

　サービス・マーケティング・ミックスのピープルは，サービスの生産および消費プロセスにおける従業員，顧客，他の顧客の活動である。

　とくに従業員の活動は，サービス品質を左右する。したがって，人的資源管理は，人事担当に任せきりにするのではなく，マーケターも深く関与するべきことである。

　まず，従業員の採用である。サービスの提供に求められる技能をもち，かつサービス業務に興味をもつ従業員を採用する必要がある。しかし，他社も有能な人材を採用しようとして，人材獲得競争が起きている。したがって，有能な人材が入社したいと思うような企業文化や雇用条件を整えておく必要がある。

　次に，従業員の能力の開発である。サービス提供に必要な技能の研修を実施したり，顧客の要望に即時に対応できるように従業員に権限を委譲するといったルールを整備したり，従業員間のチームワークを促進するための文化や仕組

みづくりも必要だろう。

　第3に，従業員の活動を効果的かつ効率的にするために，支援システムを整える必要がある。社内の従業員からの人的な支援だけでなく，テクノロジーによる支援も有用である。

　第4に，優秀な人材の維持である。従業員の活動の測定と報酬の仕組みを整えることや，従業員をあたかも顧客のように扱うことも効果的だろう。

〔顧　　客〕

　ピープルには，従業員だけでなく，顧客の活動も含まれる。顧客はサービス生産の共創者であるため，顧客の活動もサービスの品質や価値に直結する。ブライダル・サービスや減量プログラムのように，顧客の活動が高いレベルで求められるサービスもあれば，ファストフード・レストランや航空サービスのように，あまり顧客の活動を必要としないサービスもある。程度の差はあるものの，顧客はサービス生産に参加している。

　顧客参加の究極の形がセルフサービスである。銀行のATMや自動販売機，オンライン・バンキングやインターネット・ショッピングなどは，テクノロジーを駆使して，従業員の活動を極力減らし，顧客の活動を最大限活用している。

　顧客をサービス生産の資源と捉えると，顧客の活動を促進する政策は，サービスの品質や価値の向上に資することになる。顧客の参加を促すには，第1に，どのように顧客に参加してもらうのか，顧客の役割を明確にしておく必要がある。サービス提供中に顧客自身のために活動してもらう場合もあれば，他の顧客を支援する役割を担ってもらうこともある。また，企業のプロモーション活動を実施してもらう場合もある。

　第2に，そうした役割を担うのに適した顧客を引きつけ，教育し，報酬を与えることである。まず適切な顧客を引きつけるには，広告や人的コミュニケーションにより，顧客に求められる役割を明示する必要がある。顧客は自らの判断で，そのサービスを選択するか否かを決め，自発的に求められる役割をまっとうするだろう。

　次に，顧客を教育する場合は，オリエンテーションを実施したり，ハンドブックを配布したり，サービス環境でのサインなどで示す方法もある。たとえば，

病院の入院の際は，患者に対して入院前のオリエンテーションを実施したり，「ご入院のご準備やご入院中のご注意」といったハンドブックを渡したりする。

望ましい活動を実施した顧客には，表彰などのメリットを与えると，次回も同様の活動をするようになるだろう。

〔他 の 顧 客〕

ピープルには，他の顧客の活動も含まれる。同じサービスを同時に消費する他の顧客の存在は，顧客の体験に影響を与える。レストランで喫煙する顧客が近くにいる場合，たばこを吸わない顧客にとっては不快に感じられるだろう。多様な顧客層を管理するには，異なる顧客層の交流を極力減らすために，空間を区切ったり，時間帯を変えたりする方法もある。価格に差をつけて，こうした分離をしやすくする方法もある。また，ドレスコードを明示するなど，サービス消費中の顧客の行動をコントロールする方法もある。

プロセス

〔プロセスの重要性と設計〕

サービス・マーケティング・ミックスの1要素であるプロセスは，前述のように，サービスが提供され，消費される間の手続きや仕組み，活動の流れのことである。

モノのマーケターは，生産プロセスの詳細を知っている必要はないが，サービスのマーケターは，どのようなプロセスなのかを知っていなければならない。なぜなら，サービスでは生産プロセスが消費プロセスでもあるので，そのプロセスの良し悪しが，消費者のサービスへの評価に強い影響を与えるからである。

サービス・プロセスを設計するときには，いくつかの点を考慮する必要がある。第1に，設備重視のサービスか人材重視のサービスかである。サービス提供プロセスに設備が不可欠なサービスもあれば，顧客に接触する従業員が重要な役割を担うサービスもある。第2に，接触時間の長さである。数カ月にわたって接触するサービスもあれば，数分間しか接触しないサービスもある。第3に，カスタマイズの度合いである。標準化したサービスなのか，顧客ごとにカスタマイズしたサービスなのかである。第4に，従業員の判断の自由度である。

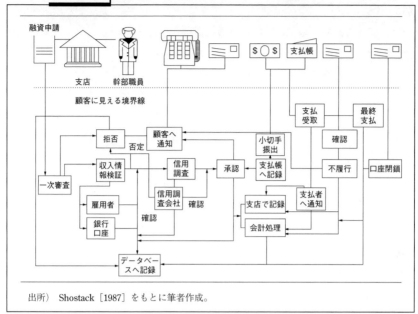

CHART 図4.2 サービス・ブループリント（銀行のローン・サービス）

融資申請

支店　幹部職員

顧客に見える境界線

拒否　否定　顧客へ通知

収入情報検証　信用調査　承認

一次審査

雇用者　信用調査会社　確認

銀行口座　確認

データベースへ記録

支払受取　最終支払

小切手振出　確認

支払帳へ記録　不履行　口座閉鎖

支店で記録　支払者へ通知

会計処理

$○$　支払帳

出所）　Shostack［1987］をもとに筆者作成。

マニュアルどおりのサービスか，状況に応じて従業員がサービス内容を上司の承認なく変更することができるのかである。第5は，顧客にみえる場所（表舞台）主体か顧客にみえない場所（舞台裏）主体かである。顧客と接する従業員が多く必要なサービスと，直接は接しない従業員数のほうが多いサービスがある。最後は，顧客が，サービスがもたらす結果を重視するかプロセスを重視するかである。

　これら6つの要素は，互いに関係している。たとえば，経営コンサルティングのようなプロフェッショナル・サービスは，人材重視で接触時間が長く，カスタマイズの度合いも従業員の判断の自由度も高く，表舞台主体でプロセス重視となる場合が多い。一方，運輸サービスのような多くの顧客へ向けたマス・サービスでは，設備重視で接触時間が短く，標準化したサービスをマニュアルどおりに提供し，舞台裏主体で顧客はサービスの結果を重視する傾向が強い。

〔サービス・ブループリント〕
　具体的にサービス・プロセスを計画や分析，改善するためによく使われるの

がサービス・ブループリントである。ブループリント（青写真）という用語は，一般に建物の設計・施工に用いられる設計図を意味するので，サービスの設計図と理解してよい。図4.2は，銀行のローン・サービスの例であるが，サービスの本質的な構成要素を図式的に表現している。

　サービス・ブループリントには，顧客，サービス提供者，そして両者の相互作用がある点，サービス提供者間の相互作用がある点，表舞台の環境，舞台裏での活動などを明確に記述しておくとよい。サービス提供者がサービス全体像を俯瞰（ふかん）して理解することができるし，サービス提供全体における各サービス提供者の役割がわかる。さらに，改善すべき点も明確になるだろう。

フィジカル・エビデンス

〔フィジカル・エビデンスの役割〕

　サービス・マーケティング・ミックスの最後の要素であるフィジカル・エビデンスとは，サービスが提供されたり，顧客と触れ合ったりする環境，およびサービスに付属するあらゆる有形物のことである。

　サービスは無形のため，購入前に品質を評価するのが難しい。したがって，顧客は，目にみえるもの，すなわちフィジカル・エビデンスを手掛かりとして品質の判断をする傾向がある。たとえば，初めて訪れた旅行先で昼食を食べようといくつかのレストランの前にいる場合，それらの外観からおいしそうかどうかを判断するだろう。また，サービス体験中は，フィジカル・エビデンスは，サービスの一部になっている。雰囲気の良い内装のレストランで食事をするのと，汚れていて雑然としたレストランで食事をするのとでは，同じものを食べたとしても体験は異なるだろう。したがって，購入後の顧客満足にも影響を与える。さらに，企業に対する印象や感情を形成するときの手掛かりにもなる。

　フィジカル・エビデンスは，サービスの種類によって，大きな役割を担う場合と限られた役割にとどまる場合がある。たとえば，スポーツ・イベントであれば，スタジアムや席，スコアボード，スタッフのユニフォーム，チケットやプログラムなどは，サービス体験に大きな影響を与える。きれいなスタジアムや座り心地のよい席，親しみがもてるユニフォームは，顧客のサービス体験を楽しいものにするだろう。応援したチームがゲームに負けたとしても，よい思

い出として残る可能性が高い。一方，生命保険では，定期的な契約内容の確認レターやウェブページなどはあるものの，フィジカル・エビデンスの役割は，それほど大きくない。したがって，とくにフィジカル・エビデンスが大きな役割を担うサービスでは，その設計に時間や資金などの資源を確保する必要があるだろう。

〔サービス・スケープ〕

　フィジカル・エビデンスは，サービス・スケープとその他有形物に分類できる（表4.1参照）。サービス・スケープとは，店舗やスタジアムなどの企業の物的な施設のことである。その他有形物には，名刺やレターヘッド，パンフレット，従業員のユニフォーム，ウェブページなどが含まれる。今日，ウェブページをサービス体験について説明する手段として活用していない企業はないだろう。

　サービス・スケープは，それを利用する人が誰かによって，3つに分類できる。第1に，顧客のみが利用するセルフサービス施設である。銀行のATMや機械洗車，インターネット・サービスは，顧客だけが利用するサービス・スケープである。アマゾンが展開するアマゾン・ゴーといった無人コンビニも，これに含まれる。こうしたサービス・スケープでは，顧客が迷うことなく簡単に使えるように設計する必要がある。

　第2に，従業員のみが利用するリモート・サービスもある。コールセンターやプロフェッショナル・サービスのオフィスなどは，顧客はほとんど利用せず，主に従業員が利用するサービス・スケープである。こうしたサービス・スケープは，顧客から離れた場所にあってもよい。たとえば，コールセンターは，北海道や九州に設置されていることも多い。こうしたサービス・スケープは，従業員の動機づけや生産性，そして運用の効率性などが重視されて設計される。

　第3は，顧客と従業員がともに利用するサービス・スケープである。ホテルやレストラン，病院，学校，ヘアサロンなど，ほとんどのサービスでは，このタイプのサービス・スケープをもっている。こうしたサービス・スケープでは，顧客と従業員のインタラクションの質が高まるように注意を払う必要がある。両者を同時に満足させるためには，相対的に複雑なサービス・スケープになりがちである。

サービス・スケープ	その他有形物
〔施設の外観〕	• 名刺
• 外観デザイン	• 文房具
• サイン	• レターヘッド
• 駐車場	• パンフレット
• 景観	• 従業員のユニフォーム
• 周辺環境	• ウェブページ
〔施設の内装〕	
• インテリア・デザイン	
• 設備，備品，機材	
• サイン	
• レイアウト	
• 空調，室温	
• 音楽，におい，採光	

出所）　Zeithaml et al.［2017］をもとに筆者作成。

　サービス・スケープを戦略的に設計するには，サービス・スケープの4つの役割を理解しておく必要がある。第1に，パッケージとしてのサービス・スケープである。モノのパッケージと同じように，サービス・スケープは無形のサービスのパッケージの役割を担う。顧客の感覚にさまざまな刺激を与え，顧客の第一印象や期待を形成する。この役割は，新規顧客の期待を形成する場面や新しいサービスを提供するときのイメージ形成の場面で，とくに重要である。一般的に，サービス企業は，お菓子や洗剤などの消費財のメーカーほど，パッケージに注意を払ったり，資源を投入したりしていないが，アップルやスターバックスなどは，サービス・スケープの設計に時間やお金をかけている。スターバックスは，世界中に店舗をもっているが，すべてが統一されたデザインのもとに設計されていて，店舗の外観や緑と黒のロゴをみれば，サービス体験を想起できる。一方で，標準化された味気ない店舗にはならないように，どの店舗にも個性が出るように工夫している。

　第2の役割は，ファシリテーター（進行役）としてのサービス・スケープである。サービス・スケープは，顧客や従業員の活動を，簡単かつスムーズにできるようにし，それぞれの目的の達成を促進する役割を担っている。たとえば，飛行機の座席は，限られたスペースという条件のもと，快適に過ごせるように

工夫されている。食事や仕事もしやすく，睡眠もとりやすくなるように，各社が競争している。うまく設計されたサービス・スケープでは，顧客の体験を楽しいものにすると同時に，従業員の作業も楽しくなるようになっている。逆に，うまく設計されていないと，顧客にも従業員にもストレスを感じさせてしまうだろう。

　第3の役割は，ソーシャライザー（社会に適合させる役）としてのサービス・スケープである。サービス・スケープは，顧客や従業員を社会規範や企業の設定したルールに順応させることができる。たとえば，経営コンサルティング会社に入社したばかりの新入社員は，自分のデスクの家具の質や場所などを，上司などのそれと比較することにより，企業内での自分の位置づけや役割を理解する。顧客向けの例としては，顧客に対して入っていい場所や入ってはいけない場所を示したり，顧客が担うべき役割（顧客が食後に食器などを配膳口まで持って行くなど）を示したりもする。スターバックスの椅子や雰囲気は，店舗に長い時間いることを許しているが，ドトールの椅子やスペースの狭さは短時間での利用を促しているようにみえる。

　そして第4の役割は，差別化要因としてのサービス・スケープである。店舗などの施設のデザインは，競合に対する差別化要因になりうるし，対象とするターゲット顧客を示す効果もある。したがって，店舗のリニューアルは，企業のリ・ポジショニングや新しいターゲット設定を可能にする。ショッピング・センター内にある各店舗をみると，それぞれの店舗が個性を出して，他の店舗との違いを示していることがよくわかる。

　サービス・マーケティング・ミックスの要素として，フィジカル・エビデンスは欠かせない。フィジカル・エビデンスを設計するガイドラインを示すとすれば，以下のようになる。まず，フィジカル・エビデンスの戦略的インパクトを認識することから始める。次に，現状の姿を理解するために，サービス・ブループリントにフィジカル・エビデンスを位置づける。さらに，サービス・スケープの戦略的役割を明確にして，サービス・ブループリントをみながら，どこで戦略的役割を担えるか，その機会を探る。そして，それを実施するためには，機能横断的に従業員が働けるような組織づくりが必要である。

「朝垣さあ，美容室に行くときって，どんな気持ちなの」

「ワクワクしますよ。ちょっとした変身ですし。自分が変わっていくプロセスを
　みるのは楽しいですよ」

「そうなんだ。美容師さんとの会話も楽しみ？」

「もちろんですよ。今の美容師さんは，もう5年近くになるかな。もう，お友
　だちに会いに行く感覚ですね」

「遊びに行ってるみたいだな」

「そういわれてみれば，そうですね」

「じゃあ，やっぱりディズニーリゾートかな？」

「え，何ですか」

「いや，こっちの話」

 ## 事例：オリエンタルランド

〔東京ディズニーリゾート〕

　JR舞浜駅を降りると，強めの海風が出迎えてくれる。右には東京ディズニ
ーランド，左奥には東京ディズニーシーがみえる。ペデストリアン・デッキを
ワクワクしながら歩き，メイン・エントランスへ着くと，キャスト（従業員）
が笑顔で迎えてくれる。ミッキーやミニーも手招きしてくれていて，もうそこ
は日常とは切り離された世界だ。

　子どもも大人も楽しめる「ファミリー・エンターテイメント」の基本理念の
もと，スプラッシュ・マウンテンやジャングルクルーズなどのアトラクション，
パレードやショー，ミッキーやドナルドダックなどのキャラクター，お姫様へ
変身するブティック，レストラン，グッズ・ショップなど，パーク全体がステ
ージとなっていて，ゲスト（顧客）とキャストが一緒に参加し体験する場であ
る。

　このディズニーリゾートを運営しているのは，京成グループの株式会社オリ
エンタルランドである。アメリカのディズニー・エンタープライゼズ・インク
社とライセンス契約を結んで，テーマパークの運営・経営やアンバサダーホテ

ルなどのホテルの運営，イクスピアリといった商業施設の運営も行っている。

　オリエンタルランドの創業は1960年である。浦安地域の埋め立て工事やディズニー社との契約交渉などの長い準備期間を経て，1983年に東京ディズニーランドを開園した。2000年にイクスピアリ，アンバサダーホテルを開業し，翌年にはディズニーリゾートライン，東京ディズニーシー，ホテルミラコスタも開業した。その後もいくつかのホテルを開業させ，2020年には創立60周年を迎えている。

　この間，東京ディズニーリゾートへの来園ゲスト数は年々増加している。初年度の1983年は年間1000万人弱だったが，2000年には1700万人まで増えている。東京ディズニーシーが開園した2001年には，2200万人に跳ね上がり，その後も増え続けている。近年では，約3000万人前後のゲストが訪れている。

〔サービス・マーケティング・ミックス〕

　多くの人たちに親しまれ，熱烈なファンも多い東京ディズニーリゾートであるが，そこではどのようなマーケティング活動がなされているのだろうか。7Pのフレームワークでみていこう。

　まず第1にプロダクトだが，東京ディズニーリゾートには，東京ディズニーランドや東京ディズニーシー，ホテルといった施設，東京ディズニーランドのなかにもさまざまなアトラクションなどが整備されている。しかし，そうした建築物や施設がプロダクトではない。それらとキャスト，そしてゲスト自身も参加して作り出すホスピタリティやエンターテイメントに満ち溢れた体験こそが，提供しているサービスである。そして，その体験は，思い出としてゲストの心のなかに残る。

　第2にプライスについては，2021年3月から大人のワンデーパスポートが，8200〜8700円と他のテーマパークよりもかなり高くなっている。この10年で2000円以上の値上げをしているが，それは来園者数を管理する目的もある。あまり来園者が増えるとアトラクションの待ち時間が長くなるなど不満も出やすい。したがって，価格を上げて需要をある程度抑えて，適正な来園者数を維持しようとしている。また，11時以降や14時以降に入園できるチケットがあり，1日のなかでの需要の平準化もしている。

第3は，プレイスである。チケットはオンラインや現地，ディズニーストアでの直販のほかに，旅行代理店やコンビニエンス・ストアを通じた販売ルートをもっており，開放的なチャネル政策になっている。また，立地は千葉県浦安市で，電車なら東京駅から約15分，車でも浦安インターチェンジからすぐと好立地にある。

　第4のプロモーションについては，さまざまな活動をしている。テレビ，雑誌，インターネットなど，あらゆるメディアを使って宣伝広告をしている。新しいアトラクションができたときなどは，集中的なプロモーションが行われている。ツイッターなどのSNSを使ったプロモーションやキャンペーンも実施している。

　ここまで4Pについてみてきたが，これだけでは，東京ディズニーリゾートのマーケティングの上手さは語り尽くせない。むしろ，このあとの3つのPにこそ強さがある。

　ピープルについては，まずキャストについてみていこう。東京ディズニーリゾートでは，正社員もアルバイトも区別なく「キャスト」と呼ばれる。東京ディズニーリゾートで起こっていることは，すべてがショーと捉えられていて，そこでゲストを迎えるスタッフはショーのなかの役者に当たるからである。よって，キャストはただ与えられた仕事をこなすのではなく，役者として，その状況に合わせた動きをするのである。

　キャストの採用については，募集をすると採用予定人数の5倍以上の応募がある。それだけの選択肢があれば，よい人材を選ぶことができるだろう。東京ディズニーリゾートは，働きたい場所として認められているのである。

　キャストの能力開発については，はじめにオリエンテーションがある。ウォルト・ディズニーの歴史から，基本理念，各テーマパークの説明，キャストの心構えなどについて学ぶ。オリエンテーションが終わると，各部に配属され，実地教育が行われる。その他にも研修制度は充実していて，ロジカル・シンキングやリーダーシップのワークショップにも参加できる。

　キャストの報酬は基本的には時給だが，昇進制度があり，スキルの向上につれて，5つの段階を登っていく。もちろん，時給も加算される。また，すばらしい行動をしたキャストは，上司から「ファイブスターカード」が与えられる。

さらに，キャストには特典もいくつかあり，年に一度，閉園後のパークを貸し切り，上司がキャストをもてなすサンクス・デーがある。

このようにキャストの満足を重視した政策が，キャストの生き生きとした働きを支えているのである。

ゲストの参加についても，工夫がされている。ディズニーシーの「タートル・トーク」というアトラクションでは，ゲストとキャラクターとの会話そのものがエンターテインメントになっている。その他のアトラクションもゲストの参加が不可欠になっている。

また，アトラクションの待ち時間／運営情報をインターネットやアプリで示すことで，ゲストが自発的に空いているアトラクションに向かい，混雑が緩和されている。

次にプロセスについては，たとえば，「ジャングルクルーズ」というアトラクションでは，ジャングルでのワニやゾウの動きに合わせて船長であるキャストが話をするのだが，参加者の反応をみながら，話す内容を変えている。標準的なプロセスを基本としながら，船長の話でカスタマイズし，一期一会のような感覚をもたらす。パーク内のいたるところで，オペレーションに関する緻密な計画がありながら，キャストの即興的な動きによって，ゲストは唯一無二の経験をする。

最後に，フィジカル・エビデンスであるが，JR舞浜駅を降りたところから，ディズニーの世界観に浸れるようにサインや建物のデザインが統一されている。ゲストからみえるところはすべて，その世界観から外れないようになっている。また，各アトラクションも，それぞれのテーマに沿い，かつパーク全体の世界観にも反しないような外観・内装になっている。

キャストのユニフォームは，清掃担当のキャストでも，いかにも清掃員というものではなく，蝶ネクタイにベレー帽で洗練されたものになっている。

人気のアトラクションは，どうしても行列ができてしまうが，待ち時間を長く感じさせないように，他のアトラクションの動きがみえたり，スクリーンを設置して，アトラクションへの期待を高めたりして，ファシリテーターとしての役割を担ったサービス・スケープもある。

東京ディズニーリゾートは，「夢がかなう場所」というコンセプトのもとに，

統合されたサービス・マーケティング・ミックスで，多くのゲストにエンターテインメント体験を提供しているのである。

「市村リーダー，プレゼン資料のフィードバックお願いします」
「もう目を通して，昨日の夜にメールしておいたぞ」

市村リーダーからのアドバイス

1. 優れたサービスを1つ取り上げ，7Pで分析しておくこと。
2. 身近なサービスを取り上げ，そのサービス・プロセスをどのように改善すると満足度が上がるか，考えておくこと。
3. 以下の2冊の本に目を通しておくこと。
   ●ロバート・マッカーター（百合田香織訳）[2018]『名建築は体験が9割』エクスナレッジ
   この本には，建築の本質は，体験づくりにあるということが書かれているんだ。建築家たちは，体験を意識していたことがわかる。
   ●小田真弓[2015]『加賀屋 笑顔で気働き──女将が育んだ「おもてなし」の真髄』日本経済新聞出版社
   この本には，おもてなしで名高い加賀屋のサービスがいかに生まれたのかが書かれている。

「よし，資料はできた。あとはプレゼンの練習だ」

「私からのプレゼンテーションは以上です」
「越野さん，私が考えていたことを具体化してくれてありがとう。今日の提案をベースにして社内の関係者と詰めてみるわ」

「越野くん，末野社長の信頼を得たようだね。何よりヘア・スタイルが決まってるよ」
「市村リーダー，それ褒めてます？」

ワールド・トップ・ランド

顧客接点を見直せ！

「朝垣さん，今回は世界レベルのアトラクションがある遊園地の案件だ」

「世界レベルのアトラクションといえば，ワールド・トップ・ランドですね！
　最近，仕事が忙しくて，行けてなかったな。なんか久しぶりでワクワクします」

「では，クライアントの状況と依頼内容を説明しよう」

Project　ワールド・トップ・ランド

　ワールド・トップ・ランドは，「世界最大級」のエンターテインメントを擁する遊園地である。1970年にオープンして，現在，園内には，30種類のアトラクションがある。そのなかでも，人気なのは，落差の激しいコースを駆け抜ける迫力満点の絶叫コースター「エベレスト」，世界最大級の大きさを誇る観覧車「天空ギャラクシー」である。

　「世界最大級」のこの2つのアトラクションが目玉となって，オープン以来，日本国内のレジャー施設の入場者数ランキングでは，常に3位以内に入り続けていたが，ここ5年，ランキングで3位以内に入れないことが続いていた。

　そうした状況のなか，マーケティング部の中多大吉部長は危機感を強めていた。レジャー施設を評価する比較サイトの最新ランキングをみると，競合のレインボー・ドリーム・ランドは，顧客からのクチコミ評価は5つ星で満点に近い4.8点だったのに対し，ワールド・トップ・ランドは3.5点だった。オープンの時期がほぼ同じで，昔は人気を二分していたにもかかわらず，今はもはや「競合」ともいえないほど，差が開いてしまっていたのである。

　理由を探るために，顧客からのクチコミ内容を改めてじっくり見直してみると，「暑いなかアトラクションに並ぶ誘導スタッフは，疲れているのか笑顔もなく機械的な対応。日差しを避けるものもない。いろいろな意味でしんどい」とか，「世界トップ・レベルなのは，アトラクションだけ。スタッフの対応は，日本でも最低レベル」といったような手厳しいクチコミが多くみられた。

　現在，30億円以上投資する新規アトラクションの投入も検討されているが，中多部長は賛成すべきか悩んでいた。顧客からのクチコミを読むにつけ，今は顧客接点を改善することのほうが先決であり，それを早急に経営陣に伝える必要があると考え始めていたからであった。

「今回のクライアントは，ワールド・トップ・ランドの中多部長だ。朝垣さん，君の仕事は，顧客接点の重要性を示すとともに，この接点を，サービス提供者側が，いかにマネジメントするかを考える手助けをすることだ」
「私自身は，ワールド・トップ・ランドには何度か行って，楽しませてもらいました。そういう意味では恩返ししたいですね。がんばります！」

1 サービス・エンカウンター

▶ 消費者とサービス提供者の接点

サービス・エンカウンター

〔サービス・エンカウンターとは〕

　消費者は，サービスの購入や消費のために，サービス組織と何らかのコンタクトをもつ。消費者がサービス提供者と直接コンタクトをもつ，つまり消費者がサービス組織と出会う（エンカウンター），それぞれの場面を「**サービス・エンカウンター**」と呼ぶ。

　サービス・エンカウンターでは，消費者とサービス組織が相互作用し，消費者はサービス品質の良し悪しを知覚し，満足や不満足を感じる。つまり，サービス・エンカウンターは，サービス組織にとっては，消費者によって総体的なサービス品質を知覚される一定の時間的な区切りを意味している。

〔コンタクトのレベル〕

　サービス・エンカウンターには，インターネット・バンキングや郵送による修理サービスなど，消費者とサービス組織のコンタクトが少ないものもあれば，数時間食事を楽しむ高級レストランや，朝から晩まで滞在するテーマパークなど，コンタクトが多いものもある。

　サービス組織と消費者のコンタクトのレベルは多様であるが，密接なコンタクトをもつ場合と，ほとんどコンタクトをもたない場合とを比較して，ここでは表5.1のように，コンタクトのレベルを3つに分けて整理する。

［ハイ・コンタクト・サービス］

　ハイ・コンタクト・サービスでは，消費者がサービス従業員，サービス施設・設備との間に緊密な関わり合いをもつ。消費者は，サービス施設・設備を訪問・利用し，サービス提供側から直接具体的なサービスを受けることが多い。

コンタクト・レベル	内　容
ハイ・コンタクト・サービス	消費者とサービス従業員，サービス施設・設備との間で緊密な関わり合いがもたれるサービス。
ミディアム・コンタクト・サービス	消費者とサービス・オペレーションの各要素との間で，限定的な関わり合いがもたれるサービス。
ロー・コンタクト・サービス	消費者とサービス・オペレーションとの間で，実際の関わり合いがまったくもたれないか，もたれるとしても最小限の関わり合いしかもたれないサービス。

出所）　Wirtz and Lovelock［2016］をもとに筆者作成。

高級ホテル，高級レストラン，飛行機，美容室，病院などがここに属する。

[ミディアム・コンタクト・サービス]

　ミディアム・コンタクト・サービスでは，消費者とサービス・オペレーションの各要素との間で，限定的な関わり合いがもたれる。ハイ・コンタクト・サービスとロー・コンタクト・サービスとの中間ぐらいのレベルで，鉄道，映画館，車の修理，ドライ・クリーニングなどがここに属する。

[ロー・コンタクト・サービス]

　ロー・コンタクト・サービスでは，消費者とサービス・オペレーションとの間で，実際の関わり合いがまったくもたれないか，もたれるとしても最小限の関わり合いがもたれる。関わり合いがもたれるとしても，物的チャネルやオンライン・チャネルを介して直接コンタクトをもつことなく，サービスが提供される。

　さまざまなコンタクト・レベルのサービス提供システムのなかから，自由に選択できるものもある。たとえば，多くの消費者は，銀行取引ではコンタクト・レベルの違うサービスを併用している。ハイ・コンタクト・サービスのレベルには，伝統的な形態の銀行取引（実店舗を利用した取引）があり，ミディアム・コンタクト・サービスのレベルには，電話による銀行取引（テレホン・バ

ンキング）があり，ロー・コンタクト・サービスのレベルには在宅での銀行取引（インターネット・バンキング）がある。当然，どのようなサービス・レベルのサービスを利用するかによって，サービス・エンカウンターも異なってくる。

　このように，コンタクトのレベルは多様であるが，いずれのレベルにせよ，サービス・エンカウンターは，「消費者とサービスとの接点」で，重要なものである。消費者はその場面でサービスを消費し，その内容について決定的な印象を抱き，個人的評価を下す。そのサービス商品全体についての満足感や不満足感がそこで決定されてしまう可能性が高い。サービスは，ホテル，レストラン，飛行機，病院のように，組織が全体として消費者へのサービスの生産を支えるシステム商品である場合が多い。サービス・エンカウンターは，消費者とサービス組織との接点であり，サービス組織のシステム面における特徴は，サービス・エンカウンターにおいて集約的に現れる。その意味で，サービス・エンカウンターは，サービス提供プロセスの決定的瞬間であるともいえる。

〔サービス・エンカウンター要素の重要性〕

　サービス・エンカウンターが重要であることは先に述べたとおりであるが，細かくみれば，各々のサービス・エンカウンターがもつ重要性には，ある程度「差」が存在する。たとえば，プロ野球の試合を見に行った場合，球場のチケット販売窓口の店員の態度が多少悪くても，売店に欲しい飲み物や食べ物がなかったとしても，試合の観戦というサービスの質の評価にはそれほど大きな影響を与えないかもしれない。病院に入院する場合には，病院の受付の手際が多少悪くても，病室の清掃員の掃除の仕方が多少雑だったとしても，消費者の印象にはそれほど強く残らないが，看護師とのサービス・エンカウンターは，他のエンカウンターに比べてとくに印象が強くなる。

　時間的側面でみれば，アメリカのホテル・チェーンのマリオット・インターナショナルが，広範な顧客調査を通じて，サービス・エンカウンターのなかでも，初期段階で発生する要素がとくに重要であることを報告している。マリオットに対して感じている信頼や愛着がどこから生じているか調査した結果，上位5つのうち4つが，ゲストの滞在の最初の10分間に関係する項目だった。これは，消費者が初めてサービス組織に対峙する場合，初期の頃の出会いが，

その組織の印象を大きく形成するということである。

　このように各々のサービス・エンカウンターがもつ重要性には差が存在しているため，とくに重要だと考えられる要素については，企業もその要素の充実に力を注いでいかなければならない。しかし，だからといって，一見それほど重要だとは思われない要素に関して手を抜くことは許されない。たとえば，技術的品質がどんなに優れている修理サービスがあったとしても，最初の電話の応対が悪かった場合，消費者は修理を頼むことなく，会社はそのすばらしい技術を実証する機会を逸してしまう可能性がある。レストランにおいても，どんなに食事がおいしく店もオシャレで雰囲気が良かったとしても，最後の会計の際に，一言も発せずお釣りを投げるように渡してくる店員がいたとすれば，2度と行きたくないと思われてしまう可能性がある。英語のことわざで，"One bad apple spoils the barrel"（「1つの腐ったリンゴが樽全体をダメにする」）というものがあるが，1つの腐ったリンゴ，すなわち1つのサービス・エンカウンターの要素が，全体に大きな悪いインパクトをもたらしてしまうこともある。

　つまり，ここでいいたいことは，連続するサービス・エンカウンターすべてに対して，最上の品質を求める必要はないが，消費者が経験する複数のサービス・エンカウンターのうちの1つでも，平均的水準を下回れば，サービス提供プロセスの全体を台無しにしてしまうこともあるということだ。したがって，重要なサービス・エンカウンターの要素に関しては最高のサービスを提供し，その他のエンカウンターについても平均以上の質を確保するということが，基本的な考え方となるであろう。

真実の瞬間

〔闘牛における「真実の瞬間」〕

　「真実の瞬間」という言葉は，サービス・エンカウンターの重要性を表した言葉であるが，もともとは次頁の写真にあるように闘牛において闘牛士が牛を仕留める一瞬を指すものであった。

　死をかけて，闘牛士と闘牛がぶつかり合うスペインの闘牛場で，赤い布で闘牛を挑発する闘牛士の最後の狙いは，牛への苦痛を最小限に抑えて，一瞬にして美しい死を迎えられるように，牛の首の後ろの急所に剣を突き刺すことであ

る。剣を突き刺すと，闘牛場が一気に歓喜の渦に包まれ，観客席から白いハンカチが舞う，この「とどめの一撃」の決定的な瞬間こそが，スペイン語で "La hora de la verdad" であり，それを直訳した英語表現が，"Moment of Truth"，すなわち「真実の瞬間」であった。

闘牛の「真実の瞬間」（iStock 提供）

〔スカンジナビア航空の「真実の瞬間」〕

　1978 年に，スウェーデンの経営コンサルタントであるリチャード・ノーマンが，スカンジナビア航空の改革プロジェクトに参加したときに，闘牛において使われていた「真実の瞬間」という言葉を引用し，そこから，この言葉が，英語圏のビジネス・シーンで一般的に使われるようになったのである。

　1980 年代にスカンジナビア航空は，同コンセプトを取り入れて経営再建に取り組み，赤字にあえぐ同社の業績を V 字回復させた。その改革物語を，当時のスカンジナビア航空の社長であったヤン・カールソンが著書『真実の瞬間』に著し，この言葉が広く世界に知られるものとなった。

　カールソンは同書で，「当時，年間 1000 万人の旅客が，それぞれほぼ 5 人のスカンジナビア航空の従業員に接した。1 回の応接時間が平均 15 秒だった。したがって，1 回 15 秒で，1 年間に 5000 万回，顧客の脳裏にスカンジナビア航空の印象が刻みつけられたことになる。その 5000 万回の『真実の瞬間』が，結局スカンジナビア航空の成功を左右する。その瞬間こそ私たちが，スカンジナビア航空が最良の選択だったと顧客を納得させなければならないときなのだ」と述べている。

　改革前のスカンジナビア航空では，何か例外的な行動をするためには必ず上層部の許可が必要だった。しかし，カールソンは，顧客の脳裏に刻まれるサービスは，マニュアルでがちがちに縛られたものから生まれることはなく，1 人ひとりの事情や感情を配慮した現場の社員の柔軟な接客態度から生まれるものだと考えた。つまり，航空券販売係や客室乗務員といった最前線の社員による

15秒間の接客態度が，スカンジナビア航空全体の印象を決めると考えたのである。そこで，その15秒を重視し，15秒を最大限に生かすため，現場スタッフを適正に訓練し，意思決定に必要な情報が得られるような環境を整備したうえで，顧客1人ひとりのさまざまな要望・問い合わせに対して，迅速かつ適切な対策を講じる責任と権限を委譲した。規則や規定に基づいた画一的サービスや上層部の判断を仰ぐようでは，せっかくの「真実の瞬間」を無駄にしてしまうと考えたのである。

　なお，いうまでもないが，このような現場の社員への権限委譲は，必ずしも，上層部，つまり管理職が不要だという議論にはつながらない。管理職は，現場社員の「監督者」ではなく，現場社員の「支援者」として，再定義されたのである。指導，動機づけ，後方支援，そしてチームの目標設定と達成のための経営資源の調整，それらが管理職の新たな役割となった。

　これにより，スカンジナビア航空の組織構造は変化し，真に顧客本位なサービスを提供できる企業へと進化したのである。結果として，1981年にスカンジナビア航空はわずか1年で黒字化した。翌年の82年には『フォーチュン誌』から「ビジネス旅行者にとって世界最高の航空会社」と格付けされ，83年には『エア・トランスポート・ワールド誌』から「年間最優秀航空会社」の名誉を授けられた。まさに「真実の瞬間」が生んだ奇跡のV字回復だった。

〔P&Gの「真実の瞬間」〕

　カールソンの「真実の瞬間」をさらに広めるきっかけとなったのは，P&G（Procter & Gamble）の2つのMoment of Truthである。2005年当時に，P&GのCEOであったアラン・ラフリーは，2つのMoment of Truthを提唱した。

　P&Gは1837年創業の老舗企業であり，パンパースやアリエール，ファブリーズなどの数多くのブランドをもつ世界最大の生活用品メーカーだが，2000年代当時は深刻な経営不振に陥っていた。原因はさまざまであるが，大きな要因の1つが，当時のP&Gの技術偏重の雰囲気だったという。新製品開発を最優先させ，製品開発とその製品に対するマーケティング・コストを大きくかけていったが，満を持して発表した新製品は，期待に反して次々と失敗していった。結果，同社の業績は悪化し，わずか4カ月間で3度の業績下方修正を行い，

株価も下がっていった。

　このとき，新たにCEOとして抜擢されたのがラフリーだった。彼は，技術重視から顧客重視へと経営の舵取りを大きく変え，"Consumer is Boss"（消費者こそがわれわれのボスだ）というスローガンを掲げ，顧客を理解することを経営の原点にすると宣言した。同時に，各国のトップ・マネジメントに，必ず四半期に一度は自宅訪問や売り場でのインタビューを通して，消費者という自分たちのボスの意見を，定期的に聞くことを義務づけた。

　この徹底した調査により，ラフリーは「真実の瞬間」は2つあることに気づいたのである。それが，消費者が店頭で商品と出会う「**第1の真実の瞬間**」（FMOT: First Moment of Truth）と，消費者が実際に商品を購入し，購入時に期待したことを体験する「**第2の真実の瞬間**」（SMOT: Second Moment of Truth）であった。

　なかでも，ラフリーが重視したのは，ブランド選択の大半を左右する店頭でのブランド接触，つまり「第1の真実の瞬間」であった。当時の調査によると，「第1の真実の瞬間」は，カールソンの15秒よりもさらに短い，わずか3〜7秒の一瞬であった。ラフリーは，その一瞬の間に，消費者は，買うか買わないかを判断し，ブランドの生死が決まってしまうことに気づいたのだ。そこで，P&Gは，世界最大の小売チェーンであるウォルマートをはじめ，さまざまな小売パートナーとの連携を強化し，マーチャンダイジング（MD：商品化計画）や売り場づくりの提案などを通じて，仮説と検証を繰り返すことで，「第1の真実の瞬間」で選ばれるためのノウハウを追求し続けた。これらの取り組みが功を奏して，ラフリーは任期中にP&Gの売上を倍増させることに成功した。

　以上のように，消費者は，その企業に接するほんの短い時間で，その企業のサービス全体に対する良し悪しを評価してしまい，それが顧客満足，ひいては企業の業績に大きな影響を及ぼしていく。したがって，スカンジナビア航空やP&Gのように，企業は自社における真実の瞬間は，どんな場面で生じているのか，どのような場面がとくに重要であるのかをしっかり見極めたうえで，適切なマネジメントを行っていくことが重要である。

サーバクション・フレームワーク

〔サーバクション・フレームワークとは〕

　サーバクション・フレームワークは，サービスを構造的に捉え，サービス・エンカウンターをいかにマネジメントするかについて，示唆を与えるモデルの1つである（図5.1参照）。なおサーバクション（servuction）とは，サービス（service）とプロダクション（production）をあわせた造語である。

　この枠組みによると，サービス・エンカウンターにおいて，ある顧客（顧客A）が受け取るサービスの便益の束は，以下に挙げる各要素間の相互作用によってもたらされる。

(1)　顧客接点の従業員と顧客A

(2)　物的な環境と顧客A

(3)　顧客接点の従業員と組織やシステム

(4)　物的な環境と組織やシステム

(5)　顧客Aと顧客B（他の顧客）

　まず，基本となる「顧客接点の従業員と顧客A」からみていこう。この相互作用は，接客をする従業員とそれを受ける顧客などが例となる。従業員との関わりは顧客に与える影響も大きいと考えられるため，この相互作用が最も注目されがちである。なお，「顧客接点の従業員」は，顧客にとって目にみえる「可視的」要素である。

　可視的要素といえば，施設・設備などの「物的な環境」も顧客が目にすることができる要素である。たとえば，オシャレで清潔な店舗，高級感のある装飾品などといったものがある。飲食店であれば店内の内装に加え，椅子の座り心地などが例に挙げられる。

　次に「組織やシステム」であるが，たとえば在庫の管理や商品の発送システムといったサービスの提供を支えるためのシステムや，組織そのものがこれに当たる。これは前述した2つと違い，顧客からみえない不可視的サービス要素である。この不可視的サービス要素である「組織やシステム」が，可視的要素である「顧客接点の従業員」や「物的な環境」と相互に影響を及ぼす。

　最後に「他の顧客」とは，顧客同士が与える影響を指している。サービス提

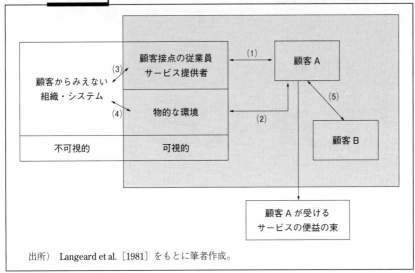

CHART 図5.1 サーバクション・フレームワーク

顧客からみえない
組織・システム

顧客接点の従業員
サービス提供者

(1) 顧客 A

(3)

(4)

物的な環境

(2)

(5)

顧客 B

不可視的

可視的

顧客 A が受ける
サービスの便益の束

出所) Langeard et al.［1981］をもとに筆者作成。

供者とそれを受ける顧客，さらにその場に居合わせた他の顧客による相互の影響である。たとえばサービスを受けている顧客の横で，他の顧客が騒ぎを起こすなどの迷惑行為をしている場合，満足度が低下したりする。

　このように，サーバクション・フレームワークは，顧客にとって可視的な，顧客接点の従業員や，設備・施設などの物的な環境にとどまらず，不可視的な組織やシステム，さらには直接企業がコントロールすることはできない他の顧客という要素にまで範囲を広げたうえで，各要素間の相互作用に着目し，いかにサービス・エンカウンターをマネジメントするかを包括的に捉えている点が特徴である。

　このフレームワークは，サービスの成果が，顧客接点の従業員や物的な環境だけからもたらされるわけではなく，多数の要素がつむぎあわされた結果，「便益の束」としてもたらされるものだということを，改めて気づかせてくれる。

　ゆえに，サービス提供組織は，従業員の接客レベルの向上にばかり目を奪われることなく，その活動を支える内部の仕組みや組織のあり方，その場に居合わせる他の顧客の行動までを視野に入れて，全体的なサービスの設計を考えていかなければならないといえよう。

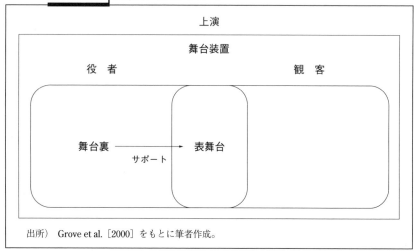

CHART 図5.2 劇場アプローチ

上演

舞台装置

役者　　　　　　　　　　　　　観客

舞台裏　——→　表舞台
　　　サポート

出所）　Grove et al.［2000］をもとに筆者作成。

〔サービスの劇場アプローチ〕

　サーバクション・フレームワークと類似した概念として，サービスを包括的に捉える「サービスの劇場アプローチ」というものがある。図5.2に示されているように，サービスの劇場アプローチとは，サービスの提供を劇場の上演にたとえたものであり，「役者」「観客」「舞台装置」「上演」「表舞台」「舞台裏」という要素で構成される。

　劇場の舞台で演劇作品が上演されるとき，その舞台には「役者」が存在する。役者は演劇の表舞台の主要な構成要素である。役者は，基本的には台本に従って演技するが，その場の状況や観客の反応などで即興で振る舞うこともある。その意味から，「観客」はその場に参加し，役者と演劇を共創している存在であるともいえる。「舞台装置」は，設備環境などサービスの上演が行われる場である。「上演」全体は，役者と顧客と舞台装置の相互作用の結果である。つまり，上演は，顧客が役者の演技をみたり反応したり，ときには舞台装置をみたりするなど，顧客が経験する一連の過程のなかで，さまざまな要素が組み合わされる結果である。ほとんどのサービスは，「表舞台」と「舞台裏」の間に密接な相互作用があり，表舞台の上演は，基本的には顧客の目から離れた舞台裏で準備がなされ，上演が成功するには舞台裏からのサポートが欠かせない。

　たとえば，プロ野球観戦を劇場アプローチで分析してみると，役者は選手で

あり，顧客は観客である。選手は顧客の声援しだいで，パフォーマンスが変わることもある。舞台装置は球場であり，上演は試合である。表舞台が，選手がプレイするフィールドだとすれば，舞台裏は，チームを支える球団職員，照明設備，ロッカールーム，練習場などである。

〔サーバクション・フレームワークとサービスの劇場アプローチの対比〕

サーバクション・フレームワークと劇場アプローチを対比してみてみよう。サーバクション・フレームワークにおける「顧客」は，劇場アプローチでいう「観客」である。「顧客接点の従業員」は「役者」であり，「物的な環境」は「舞台装置」である。顧客接点の従業員と物的な環境から作り上げられる可視的な部分は，「表舞台」と表現される。不可視的な「組織やシステム」は「舞台裏」になり，最終的な「便益の束」が「上演」ということになる。

このように，2つの枠組みは，言葉の使い方は異なるものの，その本質は似たものとなっている。劇場アプローチは，サーバクション・フレームワーク同様，人や物という個別の要素やその組み合わせだけでなく，サービス・エンカウンターを生み出す組織やシステムにまでさかのぼって検討している。つまり，サービスを提供する従業員や設備・備品という表舞台の可視的な要素にとどまらず，より大きなレベルあるいはその背後にある仕組み，舞台裏に目を向けているということである。

違いを指摘するならば，劇場アプローチは，顧客が提供されたサービスがよいかどうか判断するのは，経験に依存すると考える。サービスは便益を獲得するだけでなく，経験している最中に価値が生まれてくるという考え方である。つまり，劇場アプローチは，サーバクション・フレームワークより，現場での興奮や臨場感という「経験」を重視する。

劇場アプローチは，比較的新しい考え方で，このアプローチによく適応するサービスとしては，いわゆる劇場型ともいえる，芝居やスポーツ観戦，テーマパークや高級ホテル，高級レストランなどがある。よって，サービスの性質によって，サーバクション・フレームワークと劇場アプローチをうまく使い分けるとよいだろう。

「朝垣，ワールド・トップ・ランドの案件はどうなってる？」

「はい，越野さん。理論的な部分は固まってきて，あとは事例を加える段階まで
　進んでいます」

「順調そうだね。事例は，もう決まっているの？」

「はい，星野リゾートにしようと思っています」

「星野リゾートか。前，当時の彼女と夏休みに行ったけれど良かったぞ！」

「それって"元"彼女ですか？　"元元"彼女ですか？　"それとも元元元
　……"？」

「おい！　俺はそんなに遊び人じゃないぞ。知ってのとおり，仕事もできる真面
　目で誠実な男だ！」

「確かに。仕事はできますね～」

 ## 事例：星野リゾート

〔会 社 概 要〕

　星野リゾートは，長野県に本社を置く総合リゾート運営会社で，1914年に
軽井沢にて創業した。

　運営施設としては，ラグジュアリー・ホテル「星のや」，温泉旅館「界」，リ
ゾート・ホテル「リゾナーレ」，都市観光ホテル「OMO」，ルーズなホテル
「BEB」といったブランドを国内外に展開している。

　2020年時点，星野リゾート代表は星野佳路氏が務める。星野氏は，老舗旅
館「星野温泉」の4代目として生まれ，慶應義塾大学経済学部卒業後，コーネ
ル大学ホテル経営大学院修士課程を修了し，1991年に家業である星野温泉
（現・星野リゾート）の社長（現・代表）に就任している。

　星野温泉は，星野氏が社長就任当時，軽井沢だけで事業を営む中小企業だっ
たが，その後，ビジネス書で得た知見を経営に生かし，事業拡大を成し遂げて
いる。そのため，星野氏は，経営学の教科書を実際の経営に活用する「教科書
経営」を実践していることでも知られるようになっている。

〔抱えていた課題〕

星野氏が社長に就任して間もない1991年，軽井沢の星野温泉は老舗として一定の評価は得ていたものの，一方では経営上の課題も多く，将来がみえづらくなっていた。星野氏はこうした状況を打破するために改革を進めようと考えていた。

そんなとき，何気なく手に取ったビジネス書が，スカンジナビア航空の社長を務めたカールソンが1980年代に書いた『真実の瞬間』だった。読み始めてすぐに，「サービス業がどうあるべきかについて，強い説得力をもって書かれている」と感じ，衝撃を受けた。「現場のスタッフの判断の質こそが，会社全体に対するお客様の評価を決める」。星野氏はそう確信した。

旅館・ホテルのスタッフがお客様対応にかける時間は，航空業界同様1回当たり平均十数秒程度である。あっという間の短い時間でスタッフは最適な判断をして，顧客の要望に応える必要がある。

スタッフの対応が的確ならば，顧客は満足し，そのスタッフだけでなく，施設全体を高く評価し，繰り返し訪れてくれる。しかしスタッフの対応が不十分なとき，顧客は失望する。スタッフのミスが積み重なれば，顧客はクレームの声を上げ施設を非難する。つまり，1人の一瞬の判断が施設全体の評価を左右してしまう可能性があるのである。

そこで，星野氏は現場スタッフの判断の質を高めるために，瞬間的な判断力の大切さをスタッフに理解してもらい，それを背後で支えるための内部のシステムや組織づくりを進めていくことを決意した。

〔具体的な取り組み〕

星野氏は，「スタッフが的確な判断をするためには，判断の根拠となる情報をもつべきだ」と考えた。そこで，さまざまな経営情報をスタッフに対して積極的に公開した。「売上高，利益などの情報を共有することで，スタッフは星野リゾートの意思決定の理由，プロセスを深く理解するようになる。それはスタッフの的確な判断につながる」と発想したのである。

また，同時に，組織の柔軟性を高めることを目的に，社内の階層をほとんどなくし，フラットな組織に切り換えた。星野リゾートにおける「フラットな組

織」とは，組織の文化としてのフラットさを意味する。自由なコミュニケーションを大切にして，スタッフがポジションにかかわらず自分の意見を述べることを推奨した。

「スタッフは当時，『自分ならばこういうサービスをしたいのに』という不満をもっていた。対応を任せたことで，スタッフは生き生きと働き始めた」。星野氏はこう振り返っている。

〔他施設への取り組み拡大〕

星野リゾートはやがて他社からリゾートの運営を引き受けるようになったが，そこでも軽井沢の施設と同じように，スタッフへの情報開示を行い，フラットな組織づくりを進め，「真実の瞬間」の質を高めようと動いた。

奥入瀬渓流ホテルは，2005年から星野リゾートが運営を手がけている。同ホテルにあるバイキング形式のレストラン「紅山」では，顧客への対応力を磨くために，スタッフの配置や行動を徹底的に見直した。

そのとき，当時の総支配人がとくに意識したのは，レストランに来店した顧客の出迎えである。

同レストランでは，それまでお客様が集中する時間帯になると，出迎えのスタッフが不足することがあった。総支配人は「お客様に心地よく過ごしてもらうためには，まず，しっかりした出迎えが重要」と判断した。

出迎えのスタッフが不足しないようにするには，人員を増やす必要があった。しかし，経営再生中のホテルにスタッフを増やす余裕はない。そこで，支配人はフロントや客室清掃など，他分野の業務や人員配置を見直し，レストランでの出迎え要員に充てた。顧客を少しでも早く出迎えられるように，入り口付近でスタッフの立つ位置や，立つ角度も微妙に調整・変更した。

スタッフ1人ひとりの「真実の瞬間」の対応力の底上げも図った。約4カ月かけて，ロール・プレイング形式で，お客様対応のトレーニングを繰り返した。さまざまな工夫を積み重ねた結果，顧客満足度は急上昇し，星野リゾートのバイキング施設のなかで，トップの評価を得ることができた。

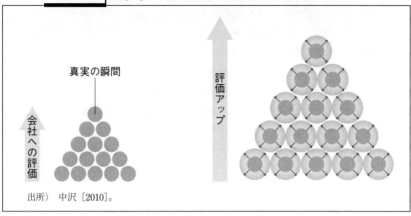

CHART 図5.3 「真実の瞬間」の対応力向上で評価をアップ

真実の瞬間

会社への評価

評価アップ

出所) 中沢 [2010]。

〔星野リゾートの成功要因〕

　顧客は，サービス提供組織のスタッフと接する短い時間のなかで，企業を評価する。スタッフが顧客と接する時間は十数秒程度にすぎない。だがその対応力によって，企業に対する顧客の評価は決まっていくのである。

　星野氏は，カールソンの『真実の瞬間』を読み，それを自社に置き換え，愚直に実践していった。「現場のスタッフの質こそが，会社全体に対するお客様の評価を決める」。こう確信した星野氏は，スタッフの対応力向上に本格的に取り組んだのである。

　1人ひとりのスタッフによる「真実の瞬間」の対応力が向上すれば，それが積もり積もって，企業全体の評価を高める（図5.3参照）。

　そこで，星野氏は，スタッフの対応力を上げるために，わかりやすいビジョンを示し，必要な情報を共有した。また，顧客のニーズに迅速に対応するために，階層の少ない組織をつくり，最前線のスタッフには，顧客1人ひとりのニーズと問題に対応する権限をもたせた。

　このように，顧客接点の重要性を強く認識するとともに，この接点を組織やシステムの改革も含め，マネジメントしていったことが成功の秘訣といえるだろう。

「星野リゾートの事例，うまくまとめられたか」

「はい。星野リゾートでは，自由なコミュニケーションを大切にして，スタッフがポジションにかかわらず自分の意見を述べることを推奨しているらしいです。というわけで，私もどんどん越野さんに意見をいっていこうと思います」

「おい。なんか，ちょっと本題から逸れたところ，強調してないか」

「そういうわけで早速意見します。越野さん，新しい彼女できたら，今度こそ簡単に別れず，大切にしなきゃダメですよ！」

「だから，俺は一途な人間だっていってるだろう！　……っていうか俺のプライベートにまで意見をするな！」

「市村リーダー，ここまでまとめた資料，いかがでしたか」

「朝垣さん，星野リゾートの事例もまとめて，順調に進捗しているようだな。アドバイスをメモしておいたのでプレゼン前にみておいて」

市村リーダーからのアドバイス

1. 「真実の瞬間」を向上させる取り組みをしていると考えられる企業を1社取り上げ，どのような施策を行っているのか，調べておくこと。
2. サーバクション・フレームワークでは「他の顧客」による影響が指摘されているが，他の顧客による良い影響・悪い影響として，具体的にどのようなものがあるか，考えておくこと。
3. 以下の2冊の本に目を通しておくこと。
   ● ヤン・カールソン（堤猶二訳）［1990］『真実の瞬間──SAS（スカンジナビア航空）のサービス戦略はなぜ成功したか』ダイヤモンド社
   30年以上前の本になるが，接客の基本的な考え方が学べる名著といえる。
   ● 中沢康彦［2010］『星野リゾートの教科書──サービスと利益　両立の法則』日経BP社
   星野リゾートの星野佳路代表が影響を受けた本が紹介されている。経営学の名著の内容を，具体的に自社の実践に結びつけて考えている点が興味深い。

「今日はいよいよプレゼンだ！　気合い入れていこう！」

「私どもからのプレゼンテーションは以上です。中多部長，ワールド・トップ・
　ランドは，アトラクションだけでなく，接客においても，世界でトップをめ
　ざすべきだと思います」
「そのとおりだね，朝垣さん。接客でもトップをめざす心意気が必要だね。早速，
　経営陣を説得してみるよ。いろいろ，ありがとう」

「朝垣さん，ワールド・トップ・ランドに恩返しができたようだね。これからは
　接客も世界トップ・レベルの遊園地になっていくと思うぞ」
「そうですね。きっとそうなると思います。市村リーダーもしばらくしたら，お
　子さんを連れていってくださいね。すばらしい『真実の瞬間』を何度も体感
　できて，家族のすてきな思い出がたくさんできるはずです！」

ラックスインホテル

サービスの品質を高め，お客様に満足を！

「越野くん，今回は君にうってつけのビジネスホテルの案件だ」

「確かに。出張でビジネスホテルよく泊まっていますからね。出張って，疲れる
　から嫌だっていう人多いけれど，俺は会社の外で，おいしい物食べたり，"の
　びのび"できるから，好きなんですよね！」

「おいおい。上司がいない出張は，ずいぶん楽しそうだが，ちゃんと仕事してる
　んだろうな。では，クライアントの状況と依頼内容を説明しよう」

Project　ラックスインホテル

　ラックスインホテルは，関東エリアで10店舗展開する中堅ビジネスホテル・チェーンである。宿泊料金は，ビジネスホテルとしては平均的な価格水準に設定している。一番の売りは，10店舗すべてが，「駅から徒歩3分以内」という立地の良さにある。メイン・ターゲットであるビジネスパーソンにとっては，立地の良さというのは重要なポイントとなるため，5年ほど前までは，売上高・利益はともに順調に推移していた。しかし，近年では大手ホテル・チェーンに加え，格安を売りにしたビジネスホテルなどの各エリアへの参入もあり，新規顧客の獲得に苦戦し，既存顧客の離反も進み，経営状態は悪化していた。

　そうした状況のなか，運営推進部の安藤憲一マネジャーは，チーム・ミーティングを開き，チーム・メンバーに今後の対策について意見を求めた。チーム・メンバーからは，弱気発言が相次いだ。

　「ビジネスホテルって，シティホテルやレジャーホテルと違って，特徴出しづらいですよね。お客様は駅からの近さとか施設や設備の新しさ以外に，一体どんな基準でビジネスホテルを評価しているのかなぁ？」

　「やっぱり，お客様からの支持を得るには，寝具とかデスクとか設備を一新するしかないのでは。あっ，でも今は設備投資する余裕はないですよね」

　「値下げしかないのかなぁ」

　これらの発言を受けて，安藤マネジャーは言った。「おい，お客様はビジネスホテルを施設や設備だけで評価しているわけではないんだぞ。もっと，スタッフ一丸となってサービス品質を高めて，お客様に満足していただくことを考えなきゃダメだ。値下げは最後の手段だから，今は考えるな！」

　チームのメンバーに発破をかけたものの，安藤マネジャー自身も，ビジネスホテルのサービスにおいて，お客様は何をどう評価しているのか，どうしたらお客様に満足していただけるのかが曖昧だった。自分自身改めて考えを整理し，チーム・メンバーはじめ，スタッフの皆に説明する必要があると感じていた。

「今回のクライアントは，ラックスインホテルの安藤マネジャーだ。越野くん，君の仕事は，サービスの品質とは何かを示すとともに，顧客満足はいかにしてもたらされるかを考える手助けをすることだ」

「わかりました。ラックスインホテルは何度も泊まっています。がんばります」

1 サービスの品質と顧客満足
⫸ サービスに対する品質の評価と顧客の満足感

品質分類

〔探索品質・経験品質・信用品質〕

　モノであれサービスであれ，その品質を顧客がどのようにして判断するかを基準にすると，次の3種の品質に分類することができる。「探索品質」「経験品質」「信用品質」である。

　まず，「**探索品質**」とは，消費者がサービスの提供を受けたり，購入する前に，評価できるような品質である。たとえば，洋服，宝石，家具などがある。これらは，実際に触ったり，商品の規格書を検討したりすることができる。つまり，事前情報が豊富で，評価基準がある程度明確にわかるものである。多くのモノの選択は，この探索品質をもとに，品質の評価がなされているが，この種の品質を評価するのは，比較的簡単である。

　次に，「**経験品質**」とは，商品の購入後，あるいは消費中にのみ，評価できるような品質である。たとえば，レストランでの食事，理容・美容，旅行や，子育て支援サービスなどがある。これらは，実際にそれらのサービスを経験してみなければ，その良し悪しを判断することができないもので，多くのサービスの選択は，この経験品質をもとに品質評価がなされる。

　最後に，「**信用品質**」とは，実際にそのサービスを経験した後であっても，そのサービスが期待された効果を生じるかどうか不明な場合の品質を指す。消費者は，確信をもって評価できず，評価は非常に困難である。たとえば，医療診断や法律相談，自動車の修理などがある。これらは，サービスを経験してもなお，その良し悪しを判断することが難しいため，サービス提供者の専門能力を信用して購入を決めざるをえない。

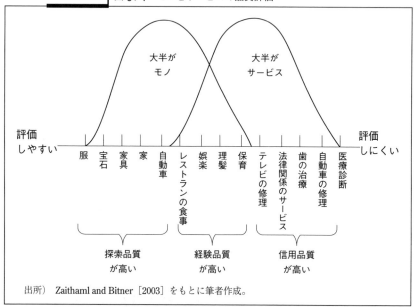

CHART 図6.1 モノとサービスの品質評価

大半が
モノ

大半が
サービス

評価
しやすい

評価
しにくい

服　宝石　家具　家　自動車　レストランの食事　娯楽　理髪　保育　テレビの修理　法律関係のサービス　歯の治療　自動車の修理　医療診断

探索品質
が高い

経験品質
が高い

信用品質
が高い

出所）　Zaithaml and Bitner〔2003〕をもとに筆者作成。

〔モノとサービスの品質評価〕

　モノの品質は，探索品質が主であるため，比較的品質の評価がしやすいが，サービスの品質は，経験品質や信用品質が主であるので，評価がしにくい。物理的要素を有するモノに比べて，無形要素が多くを占めるサービスの品質評価には困難さが伴うのである（図6.1参照）。

　なお，サービスの品質に関して，補足として，1点注意すべきことがある。それは，結果とプロセスに関することである。モノと比べて，サービスは，結果のみならず，「プロセス」が重視される。顧客は価格などコストを払ってサービスを利用するわけだから，そのサービスについて必ず何らかの評価を行う。そこで信用品質のように，結果が後にならなければわからないようなサービスでは，人々はとりあえず評価することのできるプロセスについてサービスの質を判断しようとするのである。

　つまり，サービスの場合には，結果品質とプロセス品質の2つが問題になり，結果について直ちに評価できないときには，全体的品質の判断をプロセス品質に求める傾向があるということである。

たとえば，本当は腕が良いのだが無愛想な医師よりも，患者やその家族の話をよく聞き，説明がわかりやすく，礼儀正しい医師のほうが「プロセス品質」としては評価が高く，短期的には多くの患者の支持を集める可能性が高いということである。

　この点に関しては，信用品質が求められる他の専門的サービス（たとえば，弁護士や会計士など）でも，顧客の評判が良いのは，クライアントの抱える問題に共感してくれて，期限を守り，自分から連絡をくれる担当者だという調査がある。

サービス品質

　サービスを評価しようという多くの試みのなかでも，最も多くの研究者たちに影響を与えたのは，「SERVQUAL」という測定方法である。SERVQUAL とは，サービス（Service）と品質（Quality）を組み合わせた造語で，サービスの品質を測定するための尺度の１つである。

〔SERVQUAL によるサービス品質の測定〕

　SERVQUAL は，サービス品質は客観的に数値化することは困難であろうという前提のもとに，消費者の観点からの主観的な品質を測定するために開発された測定手法である。

　サービスを評価する基準としては，初期の研究では，表6.1 に示した 10 の評価基準（信頼性，安全性，アクセス，コミュニケーション，顧客理解，有形要素，安心性，対応性，能力，丁寧な対応）があった。

　しかし，その後，これら 10 の評価基準は必ずしもお互いに独立的ではなく，重複するものがあるということから，最終的には，5 つの次元に集約された。①信頼性（約束されたサービスが確実に提供されているか），②対応性（顧客を積極的に助け，迅速にサービスしているか），③確実性（従業員が専門知識をもち，信頼できるか），④共感性（顧客個人への関心や配慮が行き届いているか），⑤有形性（設備・施設・従業員の外見など見た目がよいか）である。

　また，それに伴いサービスを評価する具体的な質問項目も，この 5 つの次元に沿った 21 項目に絞り込まれている（表6.2 参照）。

項　　目	内　　容	評　価　事　例
信 頼 性	信頼して利用でき，サービス提供者が誠実である	• 病院の評判はよいか • 株のブローカーは購入を強制しないか • 修理業者は保証期間を設けているか
安 全 性	危険やリスクおよび不信感がない	• 夜間にATMを安心して利用できるか • クレジット・カードが不正使用されないか • 保険の適用条項が保証されているか
アクセス	利用しやすい	• トラブル発生時に責任者と話ができるか • 航空会社が24時間フリーダイヤルで対応しているか • ホテルの立地が便利か
コミュニケーション	顧客の意見を十分聞き，顧客が理解できるように説明する	• サービスに対する不満がある場合，マネジャーが積極的に意見を聞いてくれるか • 担当医が専門用語を使わないようにしているか • 電気修理業者が予定の日時を守れない場合，電話をかけてくるか
顧 客 理 解	顧客属性および顧客ニーズの理解に努めている	• ホテルのスタッフの誰かに固定客として認識されているか • 株のブローカーが顧客に合わせた資産運用目標を設定しているか • 引越し業者が顧客のスケジュールに配慮してくれるか
有 形 要 素	サービス施設，サービス機器，スタッフ，コミュニケーション・ツールの外観が魅力的である	• ホテルの施設が魅力的か • 担当者の服装が適切か • 銀行からの書面がわかりやすいか
安 心 性	サービス内容が正確で信用できる	• 弁護士が約束の時間に電話をかけ直してくれるか • 電話料金の請求に間違いがないか • テレビの修理がきちんとできているか
対 応 性	主体的に迅速なサービスを提供する	• 問題発生時の対応が迅速か • 株のブローカーが顧客からの問い合わせに快く対応してくれるか • ケーブル・テレビ会社が設置作業の明確な日時を知らせてくれるか
能　　力	サービスに関する技術や知識がある	• 銀行窓口で手際よく対応できるか • 旅行代理店が電話での問い合わせに的確に対応できるか • 歯科医の技術が優れているか
丁寧な対応	サービス・スタッフが礼儀正しく，親切丁寧で，親しみが感じられる	• 客室乗務員の対応が的確か • コール・センターのスタッフの対応が常に丁寧であるか • 室内に上がる前に，配管作業員が汚れた靴を脱いでいるか

出所）Zaithaml et al.［1990］をもとに筆者作成。

---

(1) 信 頼 性
1. XYZ企業は，実行を約束した時間にサービスを提供する
2. XYZ企業は，最初から正しくサービスの提供を行う
3. XYZ企業は，約束したことを実行する
4. 問題が起こったとき，XYZ企業は解決に対して真摯な態度で応じる

(2) 対 応 性
1. XYZ企業は，サービスが提供される時間をきちんと顧客に知らせる
2. XYZ企業の従業員は，あなたに素早くサービスを提供している
3. XYZ企業の従業員は，いつもあなたを助ける
4. XYZ企業の従業員は，忙しすぎてあなたの要求に対応できないことはない

(3) 確 実 性
1. XYZ企業の従業員の行動は，あなたに信頼感を与える
2. あなたはXYZ企業との取引を安心だと感じる
3. XYZ企業の従業員は，いつも丁寧だ
4. XYZ企業の従業員は，あなたの疑問に答える知識をもっている

(4) 共 感 性
1. XYZ企業は，あなたに個人的に注意を払ってくれた
2. XYZ企業は，あなたに個人的に注意を払ってくれる従業員を雇っている
3. XYZ企業には，心から興味をもっている
4. XYZ企業は，あなたの特定のニーズを理解している
5. XYZ企業は，便利な時間にサービスを提供している

(5) 有 形 性
1. XYZ企業は，近代的な機器を装備している
2. XYZ企業の設備は，見た目がとてもよい
3. XYZ企業の従業員の外見は，とても清潔だ
4. XYZ企業のサービスと関連した資材（パンフレットや書類など）は，外見が
　とてもよい

出所）　Zaithaml et al.［1990］をもとに筆者作成。

　SERVQUALでは，サービスの品質を，消費者が抱いている「各種サービ
ス特性に対する期待（「E」＝Expectation)」と，実際の経験，つまり「実績
（「P」＝Performance)」のギャップから捉えている。

　消費者は，まず特定の業界の「各種サービス特性に対する期待」度を評価す
る。そしてサービス利用後，実際に体験したサービス内容に対する「実績」を
評価する。その数値が事前の数値より小さければ低品質のサービス，大きけれ
ば高品質のサービスと判断される。

〔SERVQUAL の問題点〕

SERVQUAL は品質評価モデルの草分けとして，多くの研究者や実務家に認知され利用された。

しかし，一方で SERVQUAL に対しては，多くの問題点が指摘されている。ここでは主なものを3つ挙げておく。

(1) 次元数の問題

多くの研究者は，SERVQUAL の5次元が，包括的でないということを指摘している。つまり，5次元だけでサービス品質を評価するのは不可能なのではないかという疑問が呈されたのである。たとえば，運送サービス，小売業，オフィス設備ビジネスにおいては SERVQUAL をうまく適用することが難しいことが見出されている。

(2) 実用上の問題

SERVQUAL を用いて品質評価をする場合，被験者は21の項目の各々に対して，特定のサービスに対する自分の期待と実績を，7点尺度（1：まったくそう思わない，7：非常にそう思う，が両端にくる）で評価しなければならない。実際には，ホテルに泊まる前に，「各種サービス特性に対する期待」を評価するためにインタビュー（あるいは質問紙調査）を受けて，実際サービスを経験した後でまた，「実績」を評価するために再びインタビューを受けるというようなことになる。しかし，このような作業は非常に手間がかかるため実用的とはいえない。そのため，被験者は，サービスの経験の後で1度だけインタビューを受けて，その1度の機会で期待と実績の両方を評価するよう求められることが多い。しかし，こうしてインタビューを行った場合，「サービス消費の後に消費者の期待を測定することは消費者の経験によってバイアスがかかる」ということが指摘されている。

(3) 期待と実績のギャップの問題

もし「実績（P）」と「各種サービス特性に対する期待（E）」のギャップが文字どおりに用いられるならば（P−E），「高い P−E は，必ずしも高い品質を意味していない」という意見もある。たとえば，理想的なレベルが7の得点に相当しており，E と P を各々7で評価する消費者がいる状況を考えてみると，P−E の得点は0である。しかし，もし，同種のサービスに対して，E に1の評

価を与え，Ｐに２の評価を与えるといった消費者がいたとすれば，P－Eの得点は１になる。はたして後者は前者よりも高いサービス品質である，といってよいのであろうか，というのが指摘される問題点である。

SERVQUALは，サービスの品質評価測定に関する基礎的枠組みを提供し，研究者だけではなく実務家にも広く支持されてきた。しかし一方，現在では，前述したような問題点も指摘されている。

▎顧客満足▎

〔顧客満足とは〕

「顧客満足」とは，顧客がサービスや製品の購買・使用経験を経た後の，「感じ方の判断」と定義される。

ポイントは３つある。第１に，満足あるいは不満足が，サービス・製品に対する顧客の「主観的な評価」であるという点である。満足や不満足は，顧客が決めるものである。脳波や心拍数といった生理的反応を客観的な計測値で表す試みもあるが，多くの場合，顧客の主観的な評価に基づいて測定される。したがって，企業が，いくら製品の客観的な性能を高めたり，価格を安くしても，高い顧客満足を得られるとは限らない。

第２に，顧客満足は購買・消費経験後の評価であるという点である。実際にサービスや製品の使用経験を経た顧客しか，満足か不満足かの評価をすることはできない。

第３に，顧客満足は「感情を伴った心理状態」である点である。満足・不満足という感情は，人間の認知的評価と，一見すると非合理的な情緒的評価が組み合わさった結果である。したがって，合理的には説明できないメカニズムが働くこともある。現代では，顧客の「感動」「失望」といった，際立った感情を表す顧客満足の概念も注目されている。

〔満足度の測定〕

多くの研究では，顧客の認識するサービスがサービス利用前の顧客の期待と一致するか否かが，顧客満足を決める重要な要素であるということを前提としている。つまり，顧客はサービス利用前に一定のサービス基準をもっており

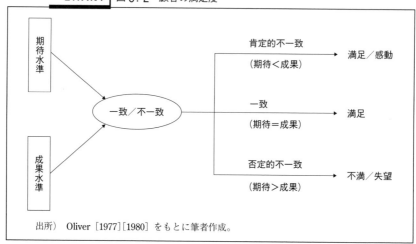

CHART 図6.2 顧客の満足度

肯定的不一致
（期待＜成果） → 満足／感動

一致
（期待＝成果） → 満足

否定的不一致
（期待＞成果） → 不満／失望

期待水準

成果水準

一致／不一致

出所）　Oliver［1977］［1980］をもとに筆者作成。

（顧客の期待），サービス・パフォーマンス（成果）を検証して自らのサービス基準と比較した後，その結果に基づいて満足度を判定する。

　図6.2に示すように，成果が期待を下回れば「否定的不一致」で「不満」を抱く。成果が期待をはるかに下回るものであれば，顧客は「失望」する。

　一方，成果が期待を上回れば「肯定的不一致」，期待どおりであれば「一致」と判定し，「満足」する。さらに，成果が期待をはるかに超えるもので，喜びや驚きを感じられれば顧客は「感動」する。

　たとえば，あるビジネスパーソンが，ワイシャツの黄ばみを落とし白くきれいにするという看板広告をみて，近所のクリーニング店を利用したとする。帰宅して，襟元をみた後，考えられるケースは次の3つである。

（1）　予想した以上に，黄ばみや汚れが落ちていて，白くきれいになっていた。

（2）　真っ白ではないがほぼ予想どおり黄ばみや汚れが落ちていた。

（3）　黄ばみ，汚れが結構残っていた。

　この場合，(1)(2)は，事前の**期待水準**を満たしていることから，ビジネスパーソンはクリーニングに満足する。逆に(3)は期待外れで，不満を抱く。

　このように，顧客満足は期待水準と**成果水準**との比較を通じて形成される。

〔サービスの品質と顧客満足の違い〕

　サービスの品質も顧客満足も消費者の主観的な評価であるため，現実場面でこの2つを別々に把握し，測定することは困難な課題である。しかし，サービス品質と顧客満足はサービス企業にとって，異なる意味をもち，経営に関する示唆も異なるため，概念的な違いを認識しておくことは大切である。

　サービス品質と顧客満足の違いは3点にまとめられる。

　第1に，サービス品質はサービス商品の特定の側面，とくにサービスの5つの次元に重点を置いた個別的な評価であるのに対し，顧客満足は複数の要因が関係して形成される総合的な単一の感覚である。したがって，理論的には，サービス品質を測定する際には，あくまで顧客の「各種サービス特性に関する期待」と「成果」の評価が用いられる。つまり，"特定の側面"に関する個別具体的な評価である。一方，顧客満足は，そのサービスを利用する際の状況的な要因，個人的要因，サービスの価格などの要因が関係して形成される包括的な評価であるといえる。顧客の満足度を測定する際には，"総合的な単一の感覚"としての「期待」と「成果」の評価が用いられることとなる。

　第2に，サービス品質が顧客の主観的な評価ではあっても，なるべく"客観的"な基準を利用しようとする知的な認知プロセスであるのに対し，顧客満足はその取引に特定的な"感情的"で直接的な感覚である。

　第3に，サービス品質の評価が"長期的"な評価であるのに対して，満足感は，サービスを体験した後の"短期的"な感覚であるといえる。

　なお，一般にサービス品質の評価は，満足感より先に起きて満足感に影響すると考えられている。しかし，後から考えて，「満足したのだから品質もよかったはずだ」と認識することもありうる。人は細かい内容は忘れても，そのときの感情はよく記憶していることが多いからである。つまり，普通は品質の評価が満足感の先に来るのだが，満足感が時間の経過とともに結果としてそのサービスについての品質の評価になることもある，ということである。

　サービス品質と顧客満足は，このようにサービスの異なった側面についての評価であり，各々に影響する先行要因も違っている。したがって，この2つは，密接した概念ではあるものの，区別して検討することが望ましい。

「越野さん，ラックスインホテルの案件は進んでますか」

「おう，理論は大分固まってきて，あとは事例を加えるところまで進んでるよ」

「事例は，スターフライヤーですよね。出張つながりの事例で良いですね。中堅 ビジネスホテルの案件で，ビジネスパーソンが多く利用する中堅航空会社の 事例は参考になる点も多いでしょうし」

「そうなんだよ。スターフライヤーは北九州に出張行ったときに，何回か利用し たことがあって，印象が良かったから」

「越野さんって，本当に出張が好きですよね。とくに，宿泊を伴う出張の案件に は，いつも進んで手を挙げているし」

「出張は楽しいぞ〜。今度，一緒に行くか」

「はい，ぜひ」

「えっ!?」

 ## 事例：スターフライヤー

〔会 社 概 要〕

　スターフライヤーは，福岡県北九州市に拠点を置く日本の航空会社である。 社名はライト兄弟の飛行機「フライヤー号」にちなみ，フライヤー号初飛行か ら100年目にあたる2002年に「神戸航空株式会社」として設立。2006年3月 に北九州空港の移転と同時に東京国際空港（羽田空港）との間の路線運航を開 始した。2020年時点，日本国内では，羽田—北九州・福岡を中心に，羽田— 関西／山口宇部，福岡—名古屋，北九州—沖縄を含む全国7都市6路線の便を 運航している。

　スターフライヤーは，まだ歴史は浅いものの，創業から業績の浮き沈みがあ り，2013年度決算では約30億円の営業赤字も出した。しかし，再建を図り， 旅客数は2015年を底に復調し，2014年以降は営業利益を上げている。

　一方，業績の浮き沈みに反して，顧客満足度は安定して高く，JCSI（日本版 顧客満足度指数調査）の国内航空部門では，調査開始以降，2019年度までに11 年連続の1位を獲得している。

【企業理念】
私たちは，安全運航のもと，
人とその心を大切に，
個性，創造性，ホスピタリティを持って，
『感動のあるエアライン』
であり続けます。

【行動指針】
安全運航に徹します。
コンプライアンスを徹底します。
自らの仕事に責任と誇りを持ちます。
お客様の視点から発想し，創造します。
仲間とともに輝き，ともに挑戦します。
感謝の気持ちと謙虚さをもって人と社会
に接します。

出所）　株式会社スターフライヤー　ホームページ。

　表6.3は，スターフライヤーの企業理念と行動指針を示している。

〔顧客視点でのサービス向上の取り組み〕

　スターフライヤーは，顧客満足度の高さで評価されているが，ここでは，具体的なサービス向上の取り組みとして，4点挙げておく。

　まず，第1に，機体や設備に関する取り組みについてである。スターフライヤーの特徴は，黒の機体カラーで，インテリアも黒で統一されている。「プライベート・オフィスのように快適に」「ホテルのラウンジのような寛ぎ」をコンセプトに，ゆったりと過ごせるレザー・シートは，他社の同型機が最大180席のところを150席に設定。快適なフライトのため，あえて座席数を減らしている。座席数を減らすことによって，足下のスペースを広く取り，前後シートの間隔に余裕をもたせているのである。

　また全席に，ノートPCやスマホの充電に使用できるUSBポートやコンセント，ジャケット用のフックも完備している。スターフライヤーのメイン・ターゲットとなっているビジネスパーソンから，「飛行機内でも快適に仕事がしたい」「ジャケットにしわが付く」などの要望・不満が挙がっていたため，機内設備に配慮した。

　第2に，機内の飲み物，とくにコーヒー提供に関する取り組みについてである。「機内でもおいしいコーヒーが飲みたい」というビジネスパーソンを中心とした要望に応えるべく，タリーズコーヒージャパンと，「スターフライヤーオリジナルブレンド」を共同開発して提供している。コーヒーは，「温かいも

のを冷める前に飲み終える」ことを意識し，ちょうど良いサイズと想定された150ml（5オンス）のカップを用い，"余韻の残るコーヒー"を提供するように努めている。おかわりも可能である。

またコーヒーを注文すると「ビターチョコレート」も一緒にサービスされる。これは，コーヒーとチョコレートで，機内でちょっとした癒しの時間を過ごしてほしいと考えて，同時に提供している。

第3に，スタッフの接客に関する取り組みについてである。スターフライヤーでは，「さりげなく気の利いたおもてなし」を提供することをめざし，実践するよう努めてきたが，2018年には，組織として「おもてなしセンター」を設置した。おもてなしセンターでは，社員の「おもてなし」意識を高め，おもてなしスキルを向上させる取り組みをしている。直接，顧客と接する客室乗務員や空港窓口のスタッフだけでなく，パイロットや保安部門のスタッフにも，思いやり研修やダイバーシティ（多様性）研修に参加を促すことによって，おもてなし意識を，社内全体で今まで以上にしっかりと共有することにした。「顧客」を「個客」と捉え，一対一のサービスとして，それぞれの客に寄り添うことを心がけるよう指導している。

最後に，運航に関する取り組みについてである。航空会社の大前提ではあるが，とくにメイン・ターゲットとなっているビジネスパーソンは，トラブルなく安全に"時間どおり"に到着することを望んでいる。そこで，スターフライヤーは2018年に本社を改修するなどし，運航オペレーションの責任者を客室担当者らに近い席に配置。機体整備や天候不順などのトラブルにすぐ対応できる体制を構築した。各部門が「作業時間の10秒短縮」を目標に掲げ，搭乗時は窓側席の乗客から案内するといった細かい工夫を重ねた。定時到着は，次の出発に向けた整備時間の確保など安全面のメリットもある。このように，サービスの基盤ともなる定時運行をきっちりと実行できるよう改善を重ねている。

〔スターフライヤーに対する顧客の期待と実際の評価〕

以上，述べてきたように，スターフライヤーのサービス向上の取り組みは，きらびやかなものがあるわけではないが，顧客の立場にたったうえでの，実直な配慮をもったものである点が特徴である。

スターフライヤーはどのような乗り物なのかという点について，2013 年当時に社長であった米原愼一氏は次のように語っている。

　「スターフライヤーは，（北九州を拠点とした新興の中堅航空会社で）『お客様の期待値はさほど高くはないけれども，評価が高い』乗り物といえると思います。期待値が低いことについては，もっと改善すべき課題だと捉えています。しかし，だからこそ，企業理念やそれに基づく行動の結果が，お客様にとって，とても満足度が高いものとなっているのかもしれません。『さりげなく気を配ること』これが，私どもの基本となっています。ホスピタリティは予約を頂いた時点から搭乗して飛行機を降りられるまで一貫して提供するものとしています。まずは清掃・整理・整頓・身だしなみは当たり前のことです。それから，問合せについては，どんなスタッフに聞かれても同様に答えられるようにしています。また助けが必要となるお客様に対しては，搭乗手続きのカウンターに来られた時点から，到着空港での移動に至るまで，すぐに必要なモノ・コトを提供できるよう，支援する準備を整えております。これは見えないところ・表現されない要望への配慮ですが，一方で表現されない要望へどう近づくかが大切だと考えております。お客様の表情・しぐさなどから察し，五感を研ぎ澄ましてご要望を知覚できるよう，教育を行っています」。

　このように，スターフライヤーは，「さりげない気配り」をすることを強調している。

　実際，スターフライヤーに搭乗経験があるビジネスパーソンの声として，次のようなものがあった。

　「搭乗中，無駄のない動作で乗客をサポートしてくれるキャビン・アテンダントの存在を，いい意味であまり意識することがなかった。コーヒーのおかわりをリクエストしたときに素早く駆けつけて，飲み終えたカップが手持ち無沙汰になる前に片付けてくれる。『黒子』のようだった」。

　つまり，スターフライヤーの顧客満足度が高い理由の 1 つとして，とくに，メイン・ターゲットとなっているビジネスパーソンのニーズを満たし，さりげないなかにも配慮が行き届いたサービスが，きっちりと高水準で展開され，顧客の心をつかんでいることが挙げられる。

「スターフライヤーの事例，まとまりましたか」

「おう。ほぼ完成だな。でも，改めてサービスを実感するために，ラックスイン
　　ホテルへのプレゼン前に，もう１度スターフライヤー乗っておきたいな。自
　　分の目で，現場で確認しておきたいこともあるし」

「そういうところ，越野さん，まじめで，すごいと思います。『現場主義』って
　　よくいってますもんね」

「そうだぞ。実際に，現場で現物を現実にみることは大切なことなんだ。机上の
　　アドバイスだけでは，クライアントへの説得力も低いと俺は思う。だから，
　　俺は出張に行くんだ！」

「出張に行く目的は，現地のおいしい食べ物のためだけではなかったんですね」

「ふざけんなよ！　今度，俺の出張での雄姿をみせてやる。一緒に行くか」

「う～ん。やめときます」

「市村リーダー，ようやくプレゼンに向けて資料がまとまってきました！」

「越野くん，プレゼンもうすぐだな。楽しみにしてるよ。プレゼン前にアドバイ
　　スをメモしておいたので，みておけよ」

市村リーダーからのアドバイス

1. SERVQUAL の５つの次元において，サービスの品質を高める具体策として
　　どのようなものがあるか，１社取り上げ考察しておくこと。

2. もし顧客の期待が高すぎる場合，企業としてはどのように対応すべきか，考
　　えておくこと。

3. 以下の２冊の本に目を通しておくこと。
　●諏訪良武（北城恪太郎監修）[2009]『顧客はサービスを買っている──顧客
　　満足向上の鍵を握る事前期待のマネジメント』ダイヤモンド社
　　顧客満足の鍵を握る事前期待のマネジメントについて書かれている。
　●松井拓己・樋口陽平（サービス産業生産性協議会協力）[2017]『日本の優れ
　　たサービス──選ばれ続ける６つのポイント』生産性出版
　　日本サービス大賞の受賞企業のサービスが例として取り上げてられていて，事
　　例も興味深い。

「よし，最後の追い込みだ！　プレゼンに向けて資料を完成しよう！」

「私どもからのプレゼンテーションは以上です。安藤マネジャー，サービスの品
　質向上や顧客満足の向上には，必ずしも，多額の投資がかかるわけではあり
　ません。お客様はさまざまな観点から，サービスを評価しています」

「越野くん，ありがとう。もう一度ラックインホテルならではのサービスのあり
　方を考えてみるよ。そして，お客様の期待以上のサービスを提供するように，
　スタッフ一同，サービスのスキルアップに努めていくよ！」

「越野くん，ラックスインホテルの案件，今後の展開が楽しみだな」

「はい，市村リーダー。ホテルでサービスの品質や顧客満足向上の話になると，
　まるで五つ星の高級ホテルでなきゃできないように誤解されている方もいる
　んですけれど，そうではないんですよね。ビジネスホテルでも，ビジネスホ
　テルなりの取り組み方があり，お客様もそれをきちんと評価してくださるは
　ずです」

「そのとおりだな。よし今度，一緒にラックスインホテルに泊まる出張に行く
　か」

「う～ん。やめときます」

絆カフェ

リピーターを確保せよ！

「朝垣さん，今回はオシャレなカフェの案件だ。がんばってくれ」
「えっ！ 私，仕事帰りに毎日立ち寄るほどカフェ好きです。がんばります」
「では，クライアントの状況と依頼内容を説明しよう」

Project 絆カフェ

　倉石麻衣は，2年前に念願のカフェをオープンさせた。カフェを経営することは，10年前に亡くなった母の夢でもあった。だから，店名は母と自分の結びつきの意味から「絆カフェ」にした。

　店は明るく開放的で，メニューは，コーヒーを中心に，ソフトドリンクとスイーツを提供した。開店から1年位は，インテリア好きな麻衣がこだわったソファやチェア・テーブルのデザイン，レイアウト，照明の使い方などオシャレな内装が評判を呼び，店はいつも満席となっていた。

　しかし，オシャレな内装の目新しさがなくなってきてしまったのか，ここ最近は空席も目立つようになっていた。そんな状況のなかで，麻衣は危機感を抱き始めていた。「家賃も払わなくちゃいけないし，一生懸命働いてくれているスタッフみんなの人件費も払わなくちゃいけない。最近は食材の材料費も高くなっているし，水道光熱費も結構かかるし……」。

　暗い顔をして悩んでいた麻衣だったが，母との絆をつむぐ大事なカフェである。思い直して，どうすればお店がまたお客様で満席になるか考える糸口とするために，まずは，お店にアンケート用紙をおいて，お客様の声を聞いてみることにした。

　その結果，アンケートを通して大きく2つのことがわかった。第1に，お客様は初めて来店する方が多くリピーターは少なかったこと，第2に来店してくれたお客様は，とくに不満は見当たらず，おおむね満足度は高かったこと。とくに，店内の内装に関する評価は高かった。

　これらの結果をみて，麻衣は疑問をもった。「お店の満足度はおおむね高いのに，なぜリピーターのお客様は少ないのかな？」。

　この答えが見出せず，麻衣の胸の内はもやもやしていた。

「今回のクライアントは，絆カフェ・オーナーの倉石麻衣さん。朝垣さん，君の仕事は，倉石さんの疑問を解決するとともに，リピーターのお客様の重要性を示し，どうすればリピーターのお客様を増やせるかを考える手助けをすることだ」

「絆カフェ，店名の由来もジーンとくるし，倉石さんもお店の雰囲気も素敵ですよね。私，絶対，絆カフェ続けてほしいです！　精一杯がんばります！」

1 顧客ロイヤルティ

▶ 企業に対する信頼や愛着

顧客ロイヤルティ

「**ロイヤルティ**」は，もともと，国家や信条，個人に対する「忠誠心」を表す「Loyalty」から派生している。ビジネスの世界では，顧客があるサービスや製品のリピーターとなり，長期間取引を続け，友人や知人にも推奨することを意味する。企業に対する**顧客ロイヤルティ**とは，実際にその企業のサービスや製品を利用するだけではなく，その企業に「信頼」や「愛着」を抱き，将来的にも取引を続けたいという意志をもつようになることである。

企業側からみると，顧客ロイヤルティが高まることにより，製品・サービスが継続して購入され，収益が向上していく。また，ロイヤルティが高い顧客は，その製品・サービスを友人や知人に推奨してくれるだけでなく，企業の集客やマーケティングなどにも積極的に協力してくれるケースもある。

なお，顧客ロイヤルティが高い顧客は「**ロイヤル・カスタマー**」と呼ばれる。

〔顧客ロイヤルティの概念が生まれた背景〕

顧客ロイヤルティとよく似た言葉に「顧客満足」(CS: Customer Satisfaction) がある (PROJECT No. 06 参照)。1970 年代，欧米諸国では製品・サービスを作り販売する企業主体のマーケティングが主流だったが，80 年代には企業主体のこの考えが行き詰まり，消費者・顧客志向のマーケティングが重視されるようになっていた。そうしたなかで，顧客満足の概念は，欧米を中心に 1980 年代から普及し始めた。企業の都合やライバルとの競争を主眼としたものではなく，顧客の満足感を重視する考え方である。顧客の満足度は，製品・サービスに対する期待値に対して，品質が一定レベルの水準を満たしているときに感じるもので，一般的に，お客様アンケートや顧客満足度調査によって測定された。

しかし，アンケートや顧客満足度調査が普及するにつれ，必ずしも「顧客満

足度」が高い顧客が，商品を継続的に購入する顧客とは限らないことがわかってきた。たとえば，製品・サービスには満足しているのに，売上に寄与していない顧客を調べたところ，実は競合他社のほうがいいと思っていてもとくに不満がないので「満足」と回答したため，継続的に商品を購入するには至っていない，という人が一定数いるという調査結果が得られた。

　また，購入金額が大きく，継続購入期間が長い顧客が，必ずしも「顧客満足度が高いロイヤル・カスタマー」とは一致しないことも判明した。こういった顧客は，ほかに選択肢がないといったような理由で漫然と買い続けていただけでしかなかった。

　このような背景から，1990年代頃から，顧客が信頼や愛着をもって継続購入してくれる状態になっているのかを判断する「顧客ロイヤルティ」という概念が浸透し，注目されるようになっていった。

〔顧客ロイヤルティの分類〕

　顧客ロイヤルティという概念は，細かくいうと，実は2つの異なる意味を含んでいるので，注意が必要である。1つは，ある製品やサービスにプラスの感情を抱き，将来も再購買ないしは継続購買しようとすることで，「**態度的ロイヤルティ**」という。もう1つは，ある製品やサービスを実際に再購買ないしは継続購買していることで，「**行動的ロイヤルティ**」という（図7.1参照）。

　態度的ロイヤルティと行動的ロイヤルティの双方が高い状態は，「**真のロイヤルティ**」といえる。企業にとっては理想的な状態である。しかし，態度的ロイヤルティと行動的ロイヤルティは，常に一致するわけではない。態度的ロイヤルティが高くても，行動的ロイヤルティが低い場合がある。買いたいと思っていても，入手が困難である状態である。これを「**潜在的ロイヤルティ**」という。逆に，あまり買いたいと思っていなくても，ほかに選択肢がなければ，仕方なく購入することになる。このように態度的ロイヤルティは低いのに，行動的ロイヤルティが高い状態を，「**見せかけのロイヤルティ**」という。

　顧客満足は，態度的ロイヤルティにプラスの影響を及ぼすことで，行動的ロイヤルティを高める。

　これに対して，**囲い込み（ロックイン）**と呼ばれる手法は，必ずしも態度的

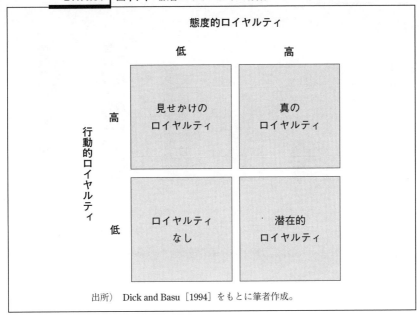

態度的ロイヤルティ

	低	高
高	見せかけの ロイヤルティ	真の ロイヤルティ
低	ロイヤルティ なし	潜在的 ロイヤルティ

行動的ロイヤルティ

出所) Dick and Basu［1994］をもとに筆者作成。

ロイヤルティを高めることなく，行動的ロイヤルティを高める。たとえば，途中解約などにペナルティを伴う長期割引契約は，やめると損をするという理由で顧客を維持する機能をもっている。ただし，このような顧客が感じる負荷は，たとえば競合他社がペナルティを肩代わりするなどの行動をして取り除かれる可能性があるので，注意が必要である。

〔顧客ロイヤルティと企業収益〕

　ロイヤルティが高い顧客は，企業収益へどれほど寄与するのだろうか。図7.2は，さまざまなサービス企業における顧客1人当たりの利益を取引継続年数別に調査したものである。

　データは少々古くなっているものの，調査結果によると，対象となったすべての業界で，顧客の特定企業との取引継続年数が長くなるにつれて，顧客1人当たりの利益が増加していた。図7.2は，比較しやすいように，1年目から5年目までの顧客1人当たり年間利益を1年目を100として示したものである。なお，調査対象となった業界および1年目の顧客1人当たり平均利益（カッコ

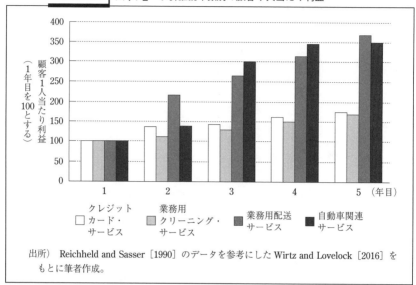

CHART | 図7.2 取引継続年数別の顧客1人当たり利益

顧客1人当たり利益（1年目を100とする）

クレジットカード・サービス

業務用クリーニング・サービス

業務用配送サービス

自動車関連サービス

出所）Reichheld and Sasser［1990］のデータを参考にした Wirtz and Lovelock［2016］をもとに筆者作成。

内の数値）は，クレジットカード・サービス（30ドル），業務用クリーニング・サービス（144ドル），業務用配送サービス（45ドル），および自動車関連サービス（25ドル）であった。

調査後の分析では，取引年数が長くなることによって，サービス企業の利益が拡大する要因として4項目挙げられている。影響力の大きかった順に示すと，次のとおりである。

(1)「取引量の増加による利益」

法人顧客は年々事業拡大することが多く，必然的に取引量が増加する。個人顧客も家族が増えたり，経済的余裕ができたりすると取引が増える。また，高品質のサービスを提供すれば，顧客は取引を一元化しようとする。

(2)「オペレーション・コスト削減による利益」

顧客がサービスに慣れてくると，サービス提供側の負担が軽減する。たとえば，情報提供や各種サポートの必要が少なくなる。また，サービスを提供する際の顧客側のミスが減り，サービスの生産性が向上する。

(3)「顧客紹介による利益」

クチコミでサービスの評判が広がると，企業にとっては無料のPRとなり，

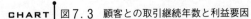

CHART 図7.3 顧客との取引継続年数と利益要因

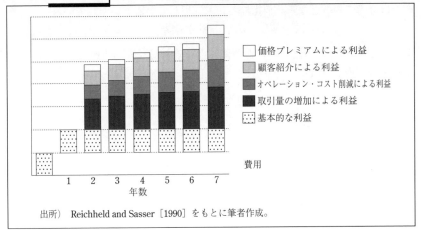

価格プレミアムによる利益

顧客紹介による利益

オペレーション・コスト削減による利益

取引量の増加による利益

基本的な利益

費用

年数

出所) Reichheld and Sasser［1990］をもとに筆者作成。

プロモーション費用を抑制できる。一般的に，製品・サービスへの関与が高いほど，クチコミを発信する傾向は強まる。

(4)「価格プレミアムによる利益」

　新規顧客には，サービスのプロモーションのために料金割引が必要になる場合が多いが，固定客には通常価格を提示できる。また，サービスに対する満足度が高い固定客は，プレミアム料金を支払うこともある。さらに，サービス提供側に対する信頼度が高ければ，ピーク時のサービス利用やスピード・サービスに対して割増料金を支払うことにも抵抗を感じない。

　なお，図7.3は，これら4項目が19業種（サービス業と製造業の両方を含む）の7年間の利益に対して，相対的にどの程度影響したかを示したものである。

NPS

　「NPS」とは「Net Promoter Score（ネット・プロモーター・スコア）」の略で，顧客ロイヤルティを測る指標である。「企業やブランドに対してどれくらいの愛着や信頼があるか」を数値化する指標で，顧客体験の評価・改善に生かされている。

　2003年にベイン・アンド・カンパニーなどが開発した指標であるが，アメリカ企業では重要なビジネス指標としてすでにかなり普及しており，アメリカの売上上位企業500社（Fortune 500）のうち35％の企業が採用，うち5％の企

業では経営の根幹となる重要指標として採用しているといわれている。たとえばアップルやスターバックス，P&G，アメリカン・エキスプレスといった企業も，このNPSを活用し顧客との関係性を計測しながら，顧客視点でのサービス改善に努めている。日本でも，認知度・注目度が高くなってきている指標である。

〔NPSの算出方法〕

以下に，具体的なNPSの算出方法について示す（図7.4参照）。

(1) 顧客に，「この企業（製品／サービス／ブランド）を友人や同僚に薦める可能性は，どのくらいありますか？」という質問を行い，0～10の11段階で評価してもらう。

(2) 「9～10」と回答した顧客を「推奨者」，「7～8」を「中立者」，「0～6」を「批判者」として3つのセグメントに分類する。

(3) 推奨者の割合から批判者の割合を引く。

「推奨者の割合 － 批判者の割合」が，NPSのスコアである。推奨者とは，「親しい人に薦める」という企業にとってプラスとなる行動をとる可能性が高い，ロイヤルティの高い顧客セグメントである。対して批判者は，商品やサービスに不平・不満を感じていて，すぐに離反する可能性が高く，周囲にネガティブな情報を発信する可能性の高い顧客セグメントである。そして，中立者は推奨者のように紹介することはないが，きっかけがあれば離反し競合へなびいてしまうという顧客セグメントである。

具体的には，たとえば，100人の回答者のうち，「9～10」の推奨者が30人で「0～6」の批判者が50人だった場合，NPSは30－50で「－20」となる（ただし，実際には，統計的な観点から，調査の結果得られるNPSと，顧客全体のNPSのズレを小さくするためには，サンプル・サイズは多いほうがよい）。

推奨者が多く，批判者が少ないほどスコアは上がる。NPSの数値は，批判者しかいないことを示す－100から，推奨者しかいないことを示す＋100の間のどこかに当てはまってくる。

CHART 図7.4 NPS の算出方法

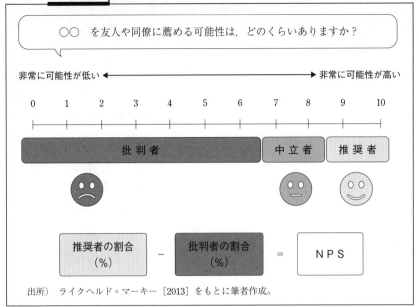

〇〇 を友人や同僚に薦める可能性は，どのくらいありますか？

非常に可能性が低い ← → 非常に可能性が高い

0　1　2　3　4　5　6　7　8　9　10

| 批判者 | 中立者 | 推奨者 |

| 推奨者の割合 (%) | － | 批判者の割合 (%) | ＝ | N P S |

出所）　ライクヘルド゠マーキー［2013］をもとに筆者作成。

〔業績との相関〕

NPS は，実際の購買行動と連動していて，企業にとっては自社を支持する顧客層や離反する恐れのある顧客層を把握することができ，財務結果との連動性が高いといわれている。業界において NPS でトップを走る企業は，競合他社の，おおよそ 2 倍の成長率を上げていることを示すデータもある。

NPS が業績成長との連動性が高いといわれる理由の 1 つは，NPS の質問が，顧客の将来の行動を聞いていることである。これまで多くの企業が「満足度」を答えてもらう顧客満足度調査（CS 調査）を行ってきたが，従来の顧客満足度は必ずしも実際の再購入や購買金額の増加といった行動につながらないことが指摘されている。「満足しましたか」という質問は，顧客の過去の経験だけを問うているが，「親しい人に薦めますか」という質問は，顧客に将来の行動を考えて答えてもらう質問である。したがって，顧客のその後の行動は，回答と近い結果になるだろうし，ひいては今後の企業業績にも影響することになると考えられている。

また，NPS が業績成長との連動性が高いといわれる他の理由として，NPS

の質問が，一般的な顧客満足度調査の質問に比べて，よりストレスのかかった質問であることも影響している。自分の推奨が親しい人に影響を与えることを考えると，高いスコアをつけることは，回答者にとって責任が生じ勇気がいる行為になる。したがって，ある顧客が9点または10点と回答した場合は，実際にその商品を友人に薦める可能性も高い。そして，薦められた人がその商品を購入したとしたら，それは顧客の推奨行動が，他者の購入行動を引き起こしたといえる。NPSで「薦める」と回答した顧客の言動は，強力なクチコミになるわけである。また，人に薦めたくなるような商品であれば，推奨者自身も再購入・再利用する可能性が高くなる。

ただし，NPSと業績との関係については，あくまで既存の調査結果から相関性が高いといわれているだけで，絶対的なものではなく，他の尺度のほうがより機能することもあるという点にも留意しておかなければならない。

〔NPSのメリットと注意点〕

先に述べたとおりNPSは業績との相関性が高いといわれているが，他にも企業がNPSに注目する理由がある。

(1) シンプルで効果的

NPSはシンプルで，測定方法が標準化されているため，管理も簡単で費用対効果が高い。ゆえに予算に余裕がない場合でも，アンケートを実施できる。また顧客にとっても負荷が低い。単一項目調査であるため，顧客は30秒未満でアンケートに回答できる。そのため，アンケートへの応答率が高く，顧客ロイヤルティを効果的に測定できる。

(2) 従業員のモチベーション向上

接客をしない事務スタッフなどは，顧客の生の声を聞く機会がないため，自分の業務が役に立っているのかみえづらい部分がある。しかし，NPSによる目標と実績の振り返りがあれば，ポイントが改善・悪化したときに自身がどう貢献できるかを考える機会につなげることができる。結果として，顧客対応の改善を自分の事として捉えられ，意欲的に業務に取り組む可能性が高くなる。

(3) 競合サービスと自社サービスの比較

NPSは世界共通の指標であるため，競合サービスと自社サービスの比較が

可視化できる。自社サービスが競合他社に比べてポイントで劣っていれば，サービスのどの部分を改良する必要があるのかを検討できる。

このようにメリットも多い NPS であるが，一方で以下の問題点・課題が指摘される。

(1) 数字別の評価がみえない

NPS では，0 も 6 も一律で「批判者」と判定されてしまい，顧客がどの程度の不満を抱いているのかがわかりづらい。あと一歩で中立者となる人が多い場合も，絶対に推奨したくないと感じている人が多い場合も，NPS の評価は同じになってしまう。

(2) 具体性の欠如

NPS は，顧客ロイヤルティを理解する一助にはなるものの，0〜10点の 11 段階評価のみでは，回答に至った背景がわからない。具体的に何が問題だったのか，あるいは何が魅力的だと感じられているのかは，別途フォローアップの質問を設けるか，顧客満足度調査など他の調査と組み合わせたりするなど工夫をしなければわからない。

(3) 結果に対するアクション・プランの必要性

NPS は，あくまで指標であるため，たんに参考指標として計測するにとどめてはならず，「アクション・プラン」につなげていかなければ意味がない。企業文化を顧客志向・顧客起点に変え，顧客体験を変革していくためには，顧客の声に向き合い，改善のための行動を起こして成果に結びつけていかなければならない。

LTV（顧客生涯価値）

LTV（Life Time Value）は，日本語では「顧客生涯価値」と訳される。顧客が，特定のサービスを使い始めてから終わりまでの期間内にどれだけの利益をもたらすかを算出したものである。わかりやすくいえば，「顧客がそのサービスを使い続けるうえで，サービスに投下する金額の総額」を意味する。一般的には，顧客ロイヤルティが高いほど LTV は高まりやすくなる。

LTV が重視されるようになった背景としては，新規顧客獲得の難しさから「既存顧客の維持」が注目されたことが挙げられる。経験則ではあるが，「1：5

の法則」ともいわれるように，新規の顧客を獲得するには，既存の顧客の5倍のコストがかかるといわれる。つまり，新規顧客は獲得コストが高いにもかかわらず利益率が低いので，新規顧客の獲得以上に，既存顧客の維持・拡大が重要なのである。

〔LTVを向上させるポイント〕

LTVはどうしたら向上するのだろうか。次に，LTVを向上させる3つのポイントを紹介する。

(1) 平均購買単価を上げる

1点目は，購買単価を上げることである。購買単価を上げるためには，価格を見直して1回の取引単価を上げたり，別の商品も抱き合わせ販売したりして合計の取引単価を上げる方法もある。しかし，簡単に購買単価を上げるといっても，当然，商品の価値を高めないと単価を上げることはできない。また，競合他社のサービス・製品に比べて高価な場合，そもそも選ばれにくくなる可能性もある。したがって，商品の価値と市場のバランスを考慮したプライシングを行うことが重要である。

(2) 購入頻度を上げる

2点目は，購入頻度を上げることである。商品がなくなるタイミングや，購入して一定期間経ったタイミングで購入を促したり，アフターフォローのメッセージを送ったりするなどして，ユーザーとの接点を増やすことが必要となる。

(3) 継続購買期間を延ばす

3点目は，継続購買期間を延ばすことである。1回きりの取引で終わってしまわないように，関係性を維持するための施策を行うことが必要になる。たとえば，特別なイベントに招待したり，誕生日にはバースデー・クーポンを送付したりするなど，定期的にコンタクトをとる必要がある。

〔LTVを算出する方法〕

LTVの算出方法にはさまざまなものがあるが，上記のLTVを向上させるポイントの3つをふまえた計算式が一般的である。つまり，以下のような計算式になる。

LTV＝平均購買単価×購買頻度×継続購買期間

たとえば，1回1万円，毎月1回3時間で，家のさまざまな場所を掃除してくれるハウス・クリーニングの定額サービスがあったとする。年間50％の顧客が離脱している状況だとすると，上の計算式の各項目は以下のようになる。

平均購買単価：1万円

購買頻度：12回

継続購買期間：1/0.5＝2年（※継続購買期間は「1/解約率」で求められる）

この場合，LTV＝1万円×12回×2年＝24万円となる。つまり，顧客を1人獲得すると，その後24万円の売上を見込めるということである。

ただし，これは売上中心の視点のみなので，費用については考慮されていない。費用を考慮する場合は，新規獲得費用と顧客維持費用についても計算式に入れる必要がある。その場合は，以下のような計算式になる。

LTV＝（平均購買単価×購買頻度×継続購買期間）－（新規獲得費用
　　　＋顧客維持費用）

広告などの費用が顧客1人当たり3万円，定期メールなどの維持にかかる費用が1万円だったとすると，費用を考慮した顧客1人当たりのLTVは20万円となる。

以上，LTVを算出する代表的な方法を紹介したが，LTVからみえる数字は，長期的な利益の確保や向上につながるものである。よって，企業はLTVの指標をうまく用いて，算出されたLTVをさらに高める方法を具体的に考え，行動に移していく必要があろう。

「朝垣，絆カフェの案件は進んでいるか」

「はい，越野さん。でも，リピーターを確保するために，顧客ロイヤルティを高める取り組みを実際に行っていたような事例で，ピンとくるものがなかなか見つからなくて」

「そういえば俺，アメックスのクレジットカードもっているんだけど，確かアメックスがNPSを活用して顧客ロイヤルティを高める取り組みを推進しているって聞いたことがあるぞ。アメックスの事例を調べてみれば？」

「へぇ。越野さん，アメックスのクレジットカードもっているんですね。ちょっと衝動買いが多いから使いすぎに注意ですよ」

「よけいなお世話だよ！　人生，貯めるだけがすべてじゃない。俺は人生を豊か
　にするため上手にお金を使っているだけだ」
「なるほど，越野さん。（フフフ）いろいろと参考になりました」

 ② 事例：アメリカン・エキスプレス

〔会社概要〕

　アメリカン・エキスプレス（American Express）は，クレジットカードの発行
を中心に，会員向けの旅行手配，法人向け決済サービスなどを提供するアメリ
カの企業である。略称はアメックス（AMEX）。「そう，人生にはこれがいる。」
などのキャッチコピーでも知られる。本社はアメリカ・ニューヨークにある。
　もともとは運輸事業を行っていた会社であり，そのノウハウをもとに郵便為
替事業に参入したのを契機に，旅行業などへ業務を拡大し，金融業務を行うよ
うになった。アメリカでの創業は 1850 年，金融業務への参入は 82 年である。
日本でも第一次世界大戦後の 1917 年から支店を設けてアメリカ人向けに事業
を行っており，第二次世界大戦による中断を経て，54 年に日本支社が改めて
設立された。
　クレジットカード事業への参入は 1958 年からで，70 年代以降は世界各国で
発行を行うようになった。日本においても 1980 年に国内で最初のゴールドカ
ードとして「アメリカン・エキスプレス・ゴールド・カード」を発行し，クレ
ジットカード・ビジネスに参入している（写真参照）。

〔従来の顧客満足度調査の課題〕

　アメックスは，長年にわたって，毎年，顧客の自社サービスへの満足度を把
握するために，各国で顧客満足度調査を実施していた。しかし，この調査結果
は，業績の向上・顧客生涯価値の向上と必ずしも連動していない，という課題
があった。
　「顧客満足度が高くても末永く顧客でいてくれるとは限らないし，継続意向

アメックスの券面デザインとロゴ（アメリカン・エキスプレス提供）

が強くても実際にカードを使う頻度はなかなか増えないケースもあった」と，同社の関係者は語っている。

　そこで，アメックスは，2000年代，当時の「世界で最も尊敬されるサービス・ブランドになる」という企業ビジョンを実現するため，顧客ロイヤルティの向上と持続的な成長を念頭に，ある1つのKPI（重要業績評価指標）にこだわることとした。

　そのKPIが，「NPS」である。NPSは，グローバルでは2005年より採用され，日本では2007年から試験導入，10年には正式採用されている。

　「NPSがよりどころとする『人に薦める』という行為は企業やブランドに対する強い信頼や愛着がなければ生まれない。信頼する人からのクチコミほど強力なものはない。NPSが上がれば結果は必ずついてくる」と，当時のアメックスの日本代表ロバート・サイデル氏は語っている。

　実際，アメックスでは，その後，グローバルでのNPSの向上に伴って，顧客の解約が4分の1に減少し，1人当たりの平均利用金額が10％増加するなどの成果が生まれた，という。

〔具体的な分析・改善内容〕

　日本のアメックスでは，導入当時は年2回NPS調査を実施し，各サービスへの満足度がNPSにどう影響しているかを分析・フィードバックしていた。

　たとえば，顧客サービス部門のNPS分析結果からは，クレジットカード紛失時の対応が顧客ロイヤルティに大きな影響を与えるポイントであることが判明した。そこで，「迅速なカード再発行」を実現する仕組みづくりを実現した。

また，「財布を紛失して旅行先から国際電話で連絡をしてきた顧客には，自社以外のクレジットカードや銀行のキャッシュカードの連絡先も案内する」という革新的なサポートも，顧客視点ベースであるNPSの向上を考えるなかから生まれた。

また当時は，マーケティング部門とコールセンター部門では，共同で顧客接点の質を高めるための取り組みも実施した。最初にカードの開発担当者が，開発の趣旨やさまざまなサービスの詳細を，電話などで顧客に対応する「カスタマーケアプロフェッショナル（CCP）」と呼ばれるスタッフに説明をする。次に，CCPはアメックスのカードにはどのような価値があるかを顧客の立場で，かつ自分の言葉でプレゼンをしてその内容を競う。たんなるマニュアルの復唱ではなく，「何をどう伝えたいか」を1人ひとりのCCPが考え，4分間のプレゼンテーションにまとめあげることを通して，接客向上に努めた。

また，マーケティング部門では，「アメックスを友人にも奨めたい」という強い顧客ロイヤルティを獲得する施策として，「非日常の感動体験」を顧客に提供するイベントを企画・実行した。京都の寺を貸し切って紅葉を楽しむイベントや，会員限定のライブ・イベントを開催するなど，「普通ではできない体験」を顧客に提供することにこだわった。

〔スタッフへの浸透〕

調査では，アメックスについてだけでなく競合他社のNPSも質問し，自社とのギャップも分析した。結果は部門や個人の評価にも反映されるため，改善にはますます熱が入った。

とはいえ，新しい業績評価指標を社内に浸透させることは容易ではなく，個人の業績にも反映させるとなれば，なおさらだった。NPSの試験導入段階では，「なぜ9か10を取らないと推奨者にならないのか」「5や6に集中しがちな日本は，他の国に比べて不利」といった疑問や意見をもつスタッフもいた。

そうしたなかで，当時の日本代表であったサイデル氏は，各部門を訪れてスタッフにNPSを重視する理由を語り，NPSの解説書を全社員に配布して読書会を開催したりした。こうした取り組みを通じてスタッフはNPSの理論的背景を知った。そして，アメックスでの評価はNPSの指標だけではなく，競合

とのギャップも重視していることも理解し，抵抗感も徐々に薄らいでいった。そして導入から10年以上が経過した現在でも，NPSは同社の重要な指標の1つとして用いられている。

〔アメックスの成功要因〕

　サービスに対する顧客満足度が高ければ，次もまたそのサービスを利用してもらえるとは限らない。顧客満足度は当然重要なのだが，それだけでは足りないのである。

　そこで登場したのが，1回1回の購入行動や商品・サービスに対する満足度だけでなく，信頼・愛着・親近感を覚えてくれるかどうか，という部分に視点を置いた顧客ロイヤルティの考え方である。

　顧客ロイヤルティが高い顧客は，次回もまたその商品・サービスを利用・購入してくれる確率が高い。

　アメックスはNPSという具体的な指標を用いて，NPSを測定し，各現場で顧客ロイヤルティ向上につながる顧客体験を向上させる取り組みを実行したからこそ，業績向上を果たせた。

　NPSは，業績に連動する指標であるといわれる。しかし，いくらNPSが業績に連動するからとはいえ，ただ測定だけを実施しても，NPS自体はただの「数字」にすぎない。

　アメックスの成功要因は，従来の顧客満足度調査の経験もふまえて，この調査の意義を全社で学び，理解し，改善に生かしていった点にある。各サービスへの満足度などが，NPSにどう影響しているかを割り出したうえで，各部門に分析結果をフィードバックし，各部門ではNPSを上げるための具体的施策を企画・実行した。

　NPSをたんなる数字に終わらせず，比較したいシーン別に，競合他社の動向も交えてNPSを調べるといった工夫をしながら，何が問題だったのか，あるいは何が魅力的だと感じられているのかまで探ったうえで，各現場が顧客ロイヤルティの取り組みを実行していったことがアメックスの成功の秘訣だといえるだろう。

「俺が薦めたアメックスの事例，どうだった？　顧客ロイヤルティを高める取り
　組みを実際に行った事例として適切なチョイスだったかな」
「はい，NPS を活用した事例として興味深い事例でした。ナイス・チョイスで
　す！　さすが越野さん。カードをよく利用しているだけありますね」
「おい，その言い方，なんかトゲがあるぞ。素直にありがとうって言えよ！」

「市村リーダー，昨日お渡ししたプレゼン資料，みていただけましたか」
「朝垣さん，絆カフェのプレゼンもうすぐだな。アドバイスをメモしておいたの
　で，確認しておいて」

市村リーダーからのアドバイス

1. 顧客ロイヤルティを高める取り組みを行っている企業を 1 社取り上げ，具体
　　的にどのような取り組みを行っているのか，調べておくこと。
2. 「顧客満足」と「顧客ロイヤルティ」の違いについて，考えておくこと。
3. 以下の 2 冊の本に目を通しておくこと。
　●フレッド・ライクヘルド＝ロブ・マーキー（森光威文・大越一樹監訳，渡部
　　典子訳）[2013]『ネット・プロモーター経営──顧客ロイヤルティ指標
　　NPS で「利益ある成長」を実現する』プレジデント社
　　アメリカン・エキスプレス以外にも，アップルやフィリップスなど NPS を活
　　用した企業の事例が豊富に掲載されている。
　●『DIAMOND ハーバード・ビジネス・レビュー（特集：顧客の持つ価値を問
　　い直す）』2020 年 5 月号，ダイヤモンド社
　　顧客のもつ価値をどう測り，どのように顧客本位の組織づくりにつなげていく
　　かについて，いくつかの興味深い論文が掲載されている。

「市村リーダーの期待に応えるためにも，がんばって資料作成しなきゃ！」

「私どもからのプレゼンテーションは以上です。倉石さん，絆カフェ復活のカギは，まさに店名どおり，お客様との“絆”を深めることだと思います。お客様のカフェへの愛着度を高め，リピーターになっていただくことが大切です」
「ありがとうございます。お客様との“絆”ですね。改めて，“絆カフェ”という店名への思い入れが強くなりました。これからは，心を込めて，お客様お1人おひとりに寄り添っていきたいと思います」

「朝垣さん，カフェ好きな君にとって，思い出深い仕事になったようだな」
「絆カフェ，ますます素敵になりそうですね！　これからはお客さんとして通いたいなと思います。あっ，良いアドバイスもくれたし，まずは，お礼がてら越野さんでも誘って行ってみようかな」

ヴェリターブル

従業員にやりがいを！

「越野くん，今回は日本でも有数の高級フランス料理店の案件だ」

「高級フランス料理店なんて，なかなか訪れるチャンスがないですよね。ちょっ
と緊張するなぁ。最高のスーツを着て，髪型もバシッときめて，打ち合わせ
に臨まなければなりませんね！」

「……。とにかく，クライアントの状況と依頼内容を説明しよう」

Project　ヴェリターブル

　ヴェリターブルは，ミシュラン三つ星をめざしている東京にある高級フランス料理店である。グルメ・ガイドは多くあるが，「ミシュランガイド」の存在は格別であり，「一度はミシュラン三つ星のレストランで食事をしてみたい」と思い描く人も少なくなかった。そうした誉れ高い三つ星評価をめざして，ヴェリターブルのオーナー・シェフであるキィーン・フジオカ シェフは奮闘していた。

　フジオカ シェフは，パリで修行中に，ミシュラン二つ星のレストランで働いていた。しかし，そのレストランはなかなか三つ星評価をとることができなかったため，自分自身でフランス料理店を経営して三つ星評価をとることを決意し，日本に帰国し，店を開業したのであった。

　フジオカ シェフは，自分の腕と舌とセンスには絶対の自信があった。料理に関しては，自他ともに厳しく，妥協を許さなかった。そのため，料理は一流であるが，対人関係は悪く，従業員は皆，緊張していた。フジオカ シェフに怒られまいとして，従業員は，毎日，必死の形相で働いていた。

　そうしたなか，フジオカ シェフが思いもしなかったことが起こった。信頼していた従業員の１人が店を辞めると言い出したのである。「フジオカさんの料理は本当においしく，尊敬しています。でも，フジオカさんの顔色を伺って，フジオカさんの言いなりに仕事するのは疲れました。もっと自分で判断して，自分の意志で行動して，料理やお客様に向き合いたいんです」。

　フジオカ シェフは，ショックを受けた。料理の質を高めることばかりに注力してきたが，考えを改める必要性を痛感した。ミシュラン三つ星を狙うためには，顧客に満足してもらわなければならないが，その顧客と接する従業員が疲弊しているようでは，三つ星獲得はほど遠い。一体，自分は今後従業員とどう関係性を築いていくべきか，会社としてどういう組織をつくっていくべきか，悩んでいた。

「今回のクライアントは，高級フランス料理店ヴェリターブルのフジオカ オーナーシェフだ。越野くん，君の仕事は，従業員をいかにマネジメントし，顧客満足や店の評価の向上につなげていけるか考える手助けをすることだ」
「フジオカ シェフといえば，１年前位に『孤高の天才シェフ』として，雑誌で特集されているのをみたことがあります。難しい仕事になりそうですが，がんばります」

1 従業員との関係構築

▶ 従業員と会社との良好な関係性の構築

インターナル・マーケティング

インターナル・マーケティングとは，従業員を内部の「顧客」だと見立てて，企業が従業員に対して行う施策・活動のことである。とくにサービス業において，顧客満足を与えるような教育と動機づけを，企業が接客要員とそれを支える従業員に対して行うことをいう。

モノとは異なり，サービスでは，生産と消費は同時に行われ，しかも，顧客の参加が前提となる場合が多い。そのため，従業員の満足度や動機づけが，そのまま顧客満足に影響を及ぼす可能性が高く，インターナル・マーケティングの重要性が認識されるようになっている。

〔インターナル・マーケティングの位置づけ〕

インターナル・マーケティングの位置づけを示すものとして，「サービス・トライアングル」というものがある。サービス・トライアングルは，トライアングルといわれるように，まさに3者を頂点とした三角形で，シンプルに従業員・顧客・企業の3者の相互のサービス提供関係を表現したものである（図8.1参照）。

「インタラクティブ・マーケティング」は，従業員と顧客との接点，サービスを示している。従業員が顧客との相互作用的な関係のなかで行う活動である。インタラクティブ・マーケティングは，従業員と顧客との双方向のコミュニケーションによって行われる。主に接客業務がそれに当たるが，お問い合わせ，アフターサービスなど対人で行うサービスすべてがその範疇に入る。

「エクスターナル・マーケティング」は，企業が顧客に提供する商品やサービスを示している。企業本体が直接，顧客に対して働きかけるマーケティング活動である。

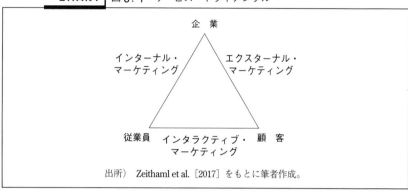

CHART 図8.1 サービス・トライアングル

企業

インターナル・
マーケティング

エクスターナル・
マーケティング

従業員　インタラクティブ・　顧　客
　　　　マーケティング

出所) Zeithaml et al.［2017］をもとに筆者作成。

　そして,「インターナル・マーケティング」は,企業が従業員に対して行う
マーケティング活動である。

　サービス・マーケティングでは,これら3つのタイプのマーケティング活動
がうまく連動することで,従業員・顧客・企業の満足や利益が得られると考え
られる。このように,サービス・トライアングルでは,従業員・顧客・企業の
関係が,マーケティングの3つのタイプとしてわかりやすく示されている。一
方で,従業員・顧客・企業の関係が並列の関係にあるとは言い難く,従業員と
顧客の関係は,企業と顧客の関係に内包して考えたほうがすっきりするという
指摘もある。

　そこで,インタラクティブ・マーケティングの概念は外し,インターナル・
マーケティングとエクスターナル・マーケティングの2つに絞って,インター
ナル・マーケティングの位置づけを示したものが,図8.2である。

　図8.2は,組織図で表現されており,インターナル・マーケティングが主に
組織内部に対するアプローチであり,エクスターナル・マーケティングが組織
外部に対するアプローチであることが,みてとれる。

　ただし,エクスターナル・マーケティングのプロセスを示す矢印から出てい
る右方向への矢印が意味するように,組織内部と組織外部との関係は一方通行
的なものではない点には注意を要する。インターナル・マーケティングはエク
スターナル・マーケティングに影響を与え,エクスターナル・マーケティング
もまた,インターナル・マーケティングに影響を与えることが示されている。

図8.2 インターナル・マーケティングと
エクスターナル・マーケティング

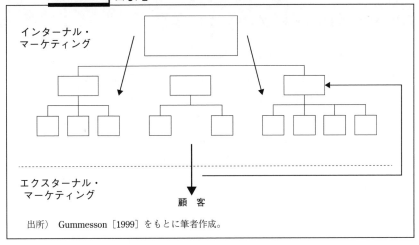

インターナル・
マーケティング

エクスターナル・
マーケティング

顧　客

出所）　Gummesson［1999］をもとに筆者作成。

CHART 表8.1　インターナル・マーケティングの方法

①「人材獲得を競う」──積極的に意欲的で優秀な従業員を採用する
②「ビジョンを与える」──従業員に，サービスを提供する目的と意味をも
　たらすようなビジョンを与える
③「従業員が結果が出せるように訓練する」──従業員が質の高いサービス
　を提供できるように，技術や知識が習得できるようなトレーニングを施す
④「チームプレイを強調する」──チームプレイの成果による利益を従業員
　に説明する
⑤「自由裁量を与える」──従業員にサービスの自由裁量を与える
⑥「評価し報酬を与える」──スタッフを評価して，それに見合った報酬を
　与える
⑦「自らの顧客を知る」──調査に基づいた職務設計を行う

出所）　Berry and Parasuraman［1991］をもとに筆者作成。

〔インターナル・マーケティングの方法〕

　インターナル・マーケティングの具体的な実践方法について，マーケティン
グ研究者のレオナルド・ベリーらは，表8.1のように，7つの方法を提言して
いる。

　ベリーらは，これら7つのインターナル・マーケティングの方法を，それぞ
れに適切な従業員に対して実施し，彼らを惹きつけ，能力開発し，動機づける
ことが必要だと述べている。

サービス・プロフィット・チェーン

〔サービス・プロフィット・チェーンとは〕

「サービス・プロフィット・チェーン」（Service Profit Chain，SPC と略されることもある）とは，**従業員満足**，**顧客満足**，**企業収益**の因果関係を示したフレームワークのことである。マーケティング研究者のジェームズ・ヘスケットやアール・サッサーらが 1994 年に提唱した概念である（図 8.3 参照）。

サービス・プロフィット・チェーンのベースとなる因果関係として，次の 7 つが挙げられる。

(1) 企業の内部サービス品質が従業員満足の原動力となる。

(2) 高い従業員満足が，従業員定着率の向上につながる。

(3) 高い従業員満足が，従業員生産性の向上につながる。

(4) 従業員定着率向上と従業員生産性向上の相乗効果が，顧客サービスの品質向上につながる。

(5) 高い顧客サービス品質が，顧客満足の原動力となる。

(6) 高い顧客満足が，顧客ロイヤルティの原動力となる。

(7) 高い顧客ロイヤルティが，企業の成長と収益性の原動力につながる。

サービス業には生産と消費が同時に行われるという特徴がある（PROJECT No. 02 参照）。よって，顧客接点の最前線にいる従業員の満足度向上が非常に重要になる。サービス・プロフィット・チェーンでは，従業員満足が顧客サービス品質を高め，それが顧客満足につながり，最終的に企業収益を高めるとされており，その高めた利益で従業員満足度をさらに向上させることで，より良い循環の構図ができ上がると考えられている。

〔従業員満足〕

サービス・プロフィット・チェーンでは，従業員満足度を高めることができれば，顧客満足度や企業収益の向上につながるという流れが示されている。

では，従業員満足度は，どのような要因によって決まるのだろうか。

ここでは，心理学者のフレデリック・ハーズバーグの**二要因理論**（動機づけ・衛生理論）に基づいて説明する（図 8.4 参照）。

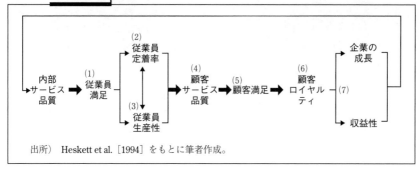

出所) Heskett et al.［1994］をもとに筆者作成。

　この理論によると，従業員満足度に影響する要因には「動機づけ要因」と「衛生要因」の2つがある。

　動機づけ要因は，直接的に人間を動機づける役割を果たし，促進要因とも呼ばれる。ないからといってすぐに不満が出るものではないものの，あればあるほど仕事に前向きになる要素である。動機づけ要因は，達成・承認・仕事そのもの・責任・昇進といった当事者の職務遂行との関連づけを表しているものであり，これら欲求が満たされると，満足感とともに従業員のモチベーションを引き出す効果が得られる。

　一方，**衛生要因**は，不満足要因とも呼ばれる。整備されていないと従業員が不満を感じるものの，整備していても満足につながるわけでない要素である。衛生要因は，不満の解消・予防にとどまり，従業員への動機づけにとって積極的な役割はない。衛生要因は，当事者の職務遂行そのものではなく，組織風土・対人関係・経営方針・報酬水準・労働条件といった職務環境に関する因子であり，これらの項目に不満がある場合には，不満とともに，職務態度が悪化する可能性が高い。

　動機づけ要因は，動機づけられる因子に何らかの刺激を与えると，強いやりがいをもって仕事を行うようになるため，従業員満足を向上させるために，積極的に改善すべきものである。

　一方で，衛生要因は，普段はあまり気にされないが，何らかの事情で低下すると，従業員満足を大幅に引き下げる可能性がある。

　したがって，衛生要因を改善し，動機づけ要因を高めていくことが，従業員満足の向上につながると考えられる。

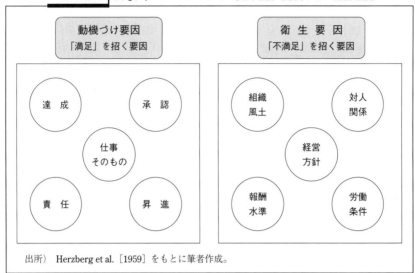

動機づけ要因
「満足」を招く要因

達成　承認

仕事そのもの

責任　昇進

衛生要因
「不満足」を招く要因

組織風土　対人関係

経営方針

報酬水準　労働条件

出所）Herzberg et al.［1959］をもとに筆者作成。

┃ エンパワーメント ┃

　組織づくりにおける「エンパワーメント」とは，個々のパフォーマンスを最大限に引き出すために従業員に権限を委ねることで，日本語で「権限委譲」と訳される。

　エンパワーメントは，たんに管理職の裁量や判断を従業員にもたせるということではなく，現場の従業員が自分で判断・行動できるための環境をつくることを意味する。その判断や行動を通じて，自発的に成長できるように促すことが，エンパワーメント本来の取り組みとされている。

　なお，エンパワーメントは，先のインターナル・マーケティングの1つの手法として内包されるもので，従業員満足に影響を及ぼすものである。

〔エンパワーメントのメリット・デメリット〕

　エンパワーメントの具体的なメリットは，以下のような点が挙げられる。

（1）サービス提供における顧客ニーズへの迅速な対応

　従業員が権限をもつと，顧客をサポートするのに，いちいち管理職に判断を仰ぐ必要がなくなり，顧客のニーズに基づいて，迅速に行動に移すことができ

る。迅速な対応は，顧客に優れたサービスであるという認識を与える。

（2）不満足顧客への迅速なリカバリー

サービス提供において何らかの失敗をした場合，権限がある従業員は，問題を解決するために素早く行動を起こすことができる。迅速な対応は，顧客のイライラや怒りを鎮めることになる。必要以上に待たせてしまっては，顧客の不満をさらに高めることになりかねない。

（3）従業員のモチベーション・アップ

上司の指示に従うだけの働き方とは違い，自発的に考えて行動するエンパワーメントは，従業員のモチベーション・アップにつながる。自身で創意工夫した取り組みが結果につながれば，成功体験が蓄積され，自尊心が高まり，仕事に対する意欲がますます向上する。

（4）従業員のマネジメント能力の習得

エンパワーメントには，従業員の成長を促すというメリットもある。従業員は，裁量権を与えられることで課題解決力やプロセスを考える力が磨かれ，結果として，マネジメント能力を身につけることができる。組織にとっては，有望なリーダーを育成するうえでも，効果を発揮するといえる。

このように，エンパワーメントのメリットは，サービス提供組織にとって魅力的である一方，懸念されるデメリットもある。デメリットに関しては，以下2つ挙げておく。

（1）判断基準のばらつきによる方向性や目的のずれ

エンパワーメントのメリットは，従業員が自らの判断で仕事を進められる点にある。しかし見方を変えると，判断基準にばらつきが生まれやすくなり，事業の方向性や目的がずれてしまう可能性があるといえる。たとえば，ある従業員はスピードを重視し，別の従業員はスピードよりも丁寧さを重視するといったことがあると，現場に混乱を生むことが懸念される。

こうした事態を避けるには，判断基準を明確にし，事業方針に対する共通の認識をもてるようにすることが重要である。

（2）従業員の経験不足による損失

従業員が裁量権の委譲に見合う能力を身につけていない場合，失敗が増え，事業の損失が増大するリスクがある。ときには重大なミスにつながり，大きな

損失が生じてしまう可能性もある。

　これを防ぐには，従業員の能力開発を行いながら，権限の範囲を適切に設定し，段階的に権限委譲を行うなどの対策が必要である。また，報告義務を守らせるなど，管理者がつねにフォローできる体制を整えるのも有効な方法である。ただし，失敗を恐れて意思決定ができなくなるとエンパワーメントのメリットを享受できない。従業員が成長する過程では，ある程度の損失は発生するものと見込んでおくことも大切である。

〔エンパワーメントの実践手順〕

　エンパワーメントのメリット・デメリットをふまえたうえで，ここでは，エンパワーメントを実践すると決めた場合の具体的な実践手順と注意点を整理していく（図8.5参照）。

⑴　組織風土の構築

　エンパワーメントは，全社を挙げて取り組まなければならない。経営者や人事担当者がエンパワーメントを推し進めたくても，賛同していない人が多ければうまくいかない。企業の方針を明確に宣言し，全従業員が共通認識をもてるよう組織風土の構築に努める必要がある。

　実践する前に，ビジョンや戦略の方向性について十分に理解を深めておくことも必要である。

⑵　従業員の能力開発

　権限委譲を行っても，慣れていない従業員は不安が大きく，力を十分に発揮できない可能性がある。したがって，権限を委譲するにあたっては，従業員に情報・知識・スキルが必要であることを事前に伝え，そのための能力開発を行っておくことが必要である。

⑶　従業員への権限委譲

　目標を達成するために必要となる権限を委譲するにあたっては，裁量の範囲を明確にし，認識のずれが起きないように注意する。エンパワーメントでは，してはいけないこと・守るべきことなどが曖昧になっていると，従業員が個別の判断をしてしまい，企業にマイナスを与える可能性がある。運用ルールの策定は，エンパワーメントの実践において重要な要素である。

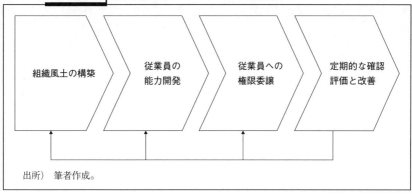

CHART 図8.5 エンパワーメントの実践手順

組織風土の構築 〉 従業員の能力開発 〉 従業員への権限委譲 〉 定期的な確認評価と改善

出所) 筆者作成。

(4) 定期的な確認，評価と改善

　経営層・管理層は，現場の従業員が目標達成に向けて自発的に行動しているかを定期的に確認する。しかし，従業員の自主性を損なわないように，あくまで寄り添う姿勢で支援することが大切である。エンパワーメントは，経営層・管理層と従業員の間に信頼関係が成り立っていないと，そもそも実践できない。権限を委譲したら，必要以上に介入せず，従業員を信頼して任せる姿勢をもつことが大切である。そのうえで，従業員が困難な状態に陥っているときは適切に支援し，信頼関係を構築していくことが重要である。

　なお，目標達成に向けてどのような取り組みを行ったか，確認を行った後は，プロセスと結果を評価し，改善につなげるフィードバックもしっかりと行っていく必要がある。

〔エンパワーメントを行う条件〕

　経営陣によって標準化された職務を従業員が決められた手順に従って遂行する「生産ライン・アプローチ」よりも，従業員に権限を委譲する「**権限委譲アプローチ**」のほうが，従業員のモチベーションが上がり，顧客満足度も高まるとされる。

　しかし，経営学者のデビッド・ボーウェンとエドワード・ローラーは，サービスの状況に応じた対応を勧めている（PROJECT No. 11参照）。彼らによると，スタッフへの権限委譲アプローチと生産ライン・アプローチには，双方と

もメリットがあり，それぞれにふさわしい状況がある。したがって，スタッフと顧客双方のニーズに合わせて，どちらかのアプローチを選択することが望ましいとしている。必ずしもすべてのスタッフが権限委譲を望んでいるわけではなく，職務を通じた自己研鑽に努める意欲に乏しく，主体的に職務に取り組むよりも決められた手順に従うことを好むスタッフも少なくない。

　スタッフへの権限の委譲が有効なのは，組織や事業環境に次の要件が当てはまる場合であるとされる。

(1) サービスと組織の事業戦略の基本が，差別化と個々の顧客にふさわしいサービスを提供することであるとされている。

(2) 顧客との関係性のあり方において，短期的な関係ではなく，長期的なロイヤルティの確立をめざしている。

(3) サービス技術が複雑で，定型的ではない。

(4) 事業環境が予測しにくく，想定外の変化が起こりうる。

(5) 現場の従業員が組織と顧客の利益のために独自のサービスを提供することに対して，経営層・管理層が肯定的である。

(6) 従業員の多くが職務を通じた能力向上とスキルアップを強く望み，チームでのサービス提供に関心があり，対人関係やグループ作業に関する能力に優れている。

「越野さん，なんか最近，スーツや髪型に，とくに気合入ってませんか？　今日もバッチリ決まってますけど……？」

「なめられちゃいけないからな。何せ相手は，"パリ帰りの三つ星を狙う孤高の天才"といわれる男……」

「えっ，なんか漫画に出てきそうなカッコ良さそうな方ですね。いま抱えている案件のクライアントなんですか」

「そうなんだよ。オーラ，ビシバシって感じの人でさ」

「えっ，なんかカッコ良さそう。イケメンですか？　今度打ち合わせの議事録とりますので，ぜひ同行させてください」

「この案件に関しては，朝垣は部外者だ。部外者の同行は絶対ダメだ！」

事例：ザ・リッツ・カールトン

〔会社概要〕

アメリカに本拠を置くザ・リッツ・カールトン（The Ritz-Carlton）は，マリオット・インターナショナルが全世界に展開している高級ホテル・ブランドである。ザ・リッツ・カールトンは，優れた経営システムを有する企業に授与される「マルコム・ボルドリッジ国家品質賞」を2度受賞するなど，ホスピタリティに定評がある。

ザ・リッツ・カールトン大阪は，ザ・リッツ・カールトン・ブランドを冠する日本第1号として，1997年に大阪・梅田に開業した。2020年時点では，291室の客室に加え，日本料理，フランス料理，中国料理，イタリア料理などのレストランやラウンジ，10室の宴会場，室内プール，婚礼施設などが設けられている。

〔ザ・リッツ・カールトンのサービス哲学〕

「信条」と訳される「クレド」は，ザ・リッツ・カールトンの理念や使命，サービス哲学を凝縮したもので，全世界の従業員は「クレド・カード」と呼ばれるものを携帯している（図8.6参照）。

ザ・リッツ・カールトンでは，顧客満足度を向上させ，企業収益を高めて成長していくために，人材の重要性を認識している。そのため，クレド・カードでは，"We are Ladies and Gentlemen serving Ladies and Gentlemen"（紳士淑女をおもてなしする私たちもまた紳士淑女です）として，自社のモットーを定め，従業員の重要性を明確に示している。

ザ・リッツ・カールトンでは紳士淑女である従業員こそが最も大切な資源であるとされ，そのことを「従業員との約束」でも宣言している。また，「従業員との約束」では，職場環境をはぐくむことをマネジメント・サイドが誓約している。

さらに，クレド・カードに書かれた内容をもっと具体的に，日々の取り組み

サービスの3ステップ	モットー	従業員との約束	THE RITZ·CARLTON

注) この著作権は 1999 年よりザ・リッツ・カールトン・ホテル・カンパニー，L.L.C に帰属している。

の行動方針にした「ザ・リッツ・カールトン・サービス・バリューズ」と呼ばれる 12 の項目では，従業員への権限委譲についても記されている（図8.7参照）。たとえば，「私（従業員）には，ユニークな，思い出に残る，パーソナルな経験をお客様にもたらすため，エンパワーメントが与えられています。」（サービス・バリューズ3番）や「私は，お客様の問題を自分のものとして受け止め，直ちに解決します。」（サービス・バリューズ6番）などは，上司に伺いを立てたり，顧客を待たせることなく，その場その時の従業員の判断で問題や要望を解決することが，基本行動として明記され，実践されている。

　このように，ザ・リッツ・カールトンの従業員には，「自分で判断し行動する力」が与えられている。マネジャーは従業員のコーチとして位置づけられ，従業員の判断を支援する。上からの立場で指示や命令をするのではなく，従業員が働きやすい環境をつくり，従業員に適切なアドバイスや情報を与えていくことが大切な役割となっている。

　なお，ザ・リッツ・カールトン大阪では，年に1度「従業員満足度調査」が行われるが，その調査用紙はそのまま本社に送られ，マネジャーたちのリーダーシップが評価される。その項目のなかには，職場環境についての評価があり，問題の多かった部署には，改善が求められる仕組みもある。

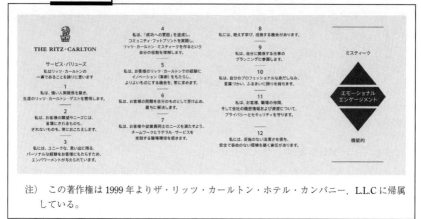

注) この著作権は 1999 年よりザ・リッツ・カールトン・ホテル・カンパニー，L.L.C に帰属
している。

〔顧客満足を高める背景〕

　ザ・リッツ・カールトンは，顧客1人ひとりのニーズにあったサービスを真
摯に提供することを志向している。多様化するニーズには，一律のサービスで
対応することは不可能である。そのため，個々の従業員には，顧客との会話や
仕草から顧客が何を求めているかを先読みし，顧客が要望する前に声がけする
など，顧客を満足させるための判断と対応が任せられている。

　しかし，1人ひとりの顧客に誠実に向き合うためには，個々の従業員の判
断・対応だけでは限界が生じることもあり，フォローしてくれる仲間が必要で
ある。ザ・リッツ・カールトンでは，従業員同士も内部顧客と位置づけられて
いるため，顧客の要望に応えるように，従業員同士が仲間の要求や問題に応え
ようとする風土がある。部門間を横断する助け合いをラテラル・サービスと呼
び，忙しい部門を応援し，顧客の要望に応える従業員をサポートする"助け合
い"を推進している。助けてくれた仲間に対しては，顧客からのコメント・カー
ドのように，「ファースト・クラス」という感謝状を贈るといった，気持ち
を明示化する取り組みも行われている。

　また会社からも優秀従業員を表彰する「ファイブスター表彰プログラム」が
ある。各セクションで，すばらしい活躍をした従業員を選び，表彰する。ザ・
リッツ・カールトン大阪では，各四半期に5名ずつ，年間20名のファイブス
ター従業員が選ばれる。そのなかでも，年度末には，とくに優れた活躍をした

上位5名が，年間ファイブスター従業員として認定され，サファイヤ五つ星入りバッジ，クリスタルトロフィーの授与とともに，海外のザ・リッツ・カールトン宿泊を含む旅行券を添えて表彰される。

　こうした仕組み，制度を通して，ザ・リッツ・カールトンでは，従業員の向上心を高め，従業員同士の絆を強めチームワークを高めて，顧客満足につなげている。

「例の"イケメン"案件，進んでますか」
「おい，"イケメン"なんて俺は言った覚えはないぞ。勝手に妄想を膨らましてるだろう。でも，まあ言われてみると，確かに顔は整ってるな」
「やっぱり，"イケメン"なんですね！　いいなぁ。私が担当したかったなぁ，その案件。"孤高のイケメン"をサポートしたいです〜」
「……。むしろ，俺をサポートしてくれ」

「市村リーダー，もうすぐフジオカ　シェフへのプレゼンで，俺，なんかソワソワしています」
「越野くん，ちょっと緊張しているようだな。リラックス，リラックス！　アドバイスをメモしておいたので，みておいてくれ」

市村リーダーからのアドバイス

1. エンパワーメントを導入している企業を1社取り上げ，どのようにエンパワーメントを実践しているか，調べておくこと。
2. サービス業における従業員は，なぜストレスを抱えやすいのか，考えておくこと。
3. 以下の2冊の本に目を通しておくこと。
   - ケン・ブランチャード＝ジョン・P. カルロス＝アラン・ランドルフ（星野佳路監訳，御立英史訳）［2017］『社員の力で最高のチームをつくる──1分間エンパワーメント（新版）』ダイヤモンド社
   社員個々人の能力を生かしながら，組織を再生する手順がストーリー仕立てで描かれている。わかりやすく実践的な本だ。
   - ダニエル・コイル（楠木建監訳，桜田直美訳）［2018］『THE CULTURE CODE──最強チームをつくる方法』かんき出版
   Googleやピクサーなどの豊富な事例から，チームのパフォーマンスを上げる

「今日はいよいよプレゼンだ！　フジオカ シェフのオーラに負けないようにがんばるぞ！」

「私どもからのプレゼンテーションは以上です。フジオカ シェフ，ミシュラン三つ星を獲得するには，従業員の皆さんの力が必要です。従業員お1人おひとりがもつ可能性を信じてみませんか」

「そうですね，越野さん。僕は食材1つひとつに真剣に向き合ってきましたが，今後は，従業員1人ひとりにも真摯に向き合っていきます。食材を生かすように，人材にも敬意を払い，最大限生かしていくよう努めます。本当にありがとう」

「越野くん，フジオカ シェフはやはり"一流"だな。最高の料理・サービスを追求するためにつねに進化していこうとする姿勢，見習わなくちゃな」

「そうですね。フジオカ オーナーシェフは，本当の"イケメン"でした。今となっては，高級スーツと髪型で，外見を取り繕おうとしてきた自分の姿勢が，何だか恥ずかしく感じます」

━ P R O J E C T ━

No. 09

稲 崎 病 院

苦情をいう顧客も笑顔に！

「朝垣さん，稲崎病院には行ったことある？」

「はい，インフルエンザの予防接種で行きました。とてもきれいな病院ですよね」

「そう，きれいなんだけどなあ。患者さんからの苦情が多いらしいんだ」

「そういえば，私も長く待たされてイライラしました」

「そんなイライラしている患者さんを笑顔にするのが，今回のプロジェクトだ」

「笑顔にですか。わかりました。患者さんのためにもがんばります」

Project 稲崎病院

　稲崎病院は，内科や外科など 12 の診療科をもつ総合病院である。病床数は112 床，職員数も 300 名を超える規模である。開設は 1982 年で，「患者さまやご家族の方に満足していただく」ことを基本理念にして運営してきた。6 年前に病棟を新築して全面移転を行っており，最新の設備を整え，インテリアも洗練されている。

　しかし，評判はそう高くなかった。医療技術に関しては申し分ないのだが，待ち時間の長さや職員の対応に不満をもつ患者が多かった。医療機関のクチコミ・サイトには「職員の対応が事務的」「患者を待たせてもなんとも思っていない」「きれいなだけの病院」「2 度と行かない」といった書き込みがある。

　実際，病院の総合受付付近には，常時，たくさんの人が立ったまま順番待ちをしている。初診の人だけでなく，ちょっとした質問をしたい人も，職員が出てくるのを待っている。職員は取り付く島もない様子で，声をかけられても，「少々お待ちください」というだけで足早に去っていく。残された人たちは，明らかに怒りの表情を浮かべていて，なかには声を荒げる人もいた。

　一方，総合受付の職員は，患者から怒りの言葉を浴びせられることも多く，耐えられずにすぐに辞めてしまう。勤務し始めて間もない職員は手際が悪く，苦情を受けることが多い。離職者が出ては採用し，研修を終え総合受付に立たせた途端に辞表を受け取るということが繰り返されてきた。

　現在の理事長の浜海祐希氏が就任したのは，半年前。すぐに，総合受付の混雑ぶりに手を打とうと，職員を束ねる総務部長に対策を検討するように指示を出した。総務部長は，職員数を朝の時間だけ 1 人増やしたが，状況はほとんど変わらなかった。そこで，院内の職員だけで改善することをあきらめ，外部のコンサルタントの助けを求めることにした。

「今回のクライアントは，稲崎病院の浜海理事長。朝垣さんの仕事は，患者さんやご家族の不満を解消することだな」

「わかりました」

「総合受付のサービス・プロセス改善だけを考えてはダメだぞ。患者さんたちの不満は，病院の至る所で起きているからな」

「はい。がんばります」

1 サービス・リカバリー
▶▶ サービスの失敗からの回復

| サービスの失敗 |

〔サービスの失敗に直面した顧客の反応〕

　サービスの失敗とは，提供したサービスが，顧客の期待を著しく下回ってしまうことである。その結果，顧客の不満を招く。

　サービスの失敗は，さまざまなことが原因になって起きる。たとえば，約束していたサービスを提供できなかったり，サービスの提供が遅れたり，従業員の態度が悪くても発生する。

　図9.1は，サービスの失敗に直面した顧客の反応を示している。サービスの失敗は，顧客の不満を引き起こす。同時に，怒りや失望，自己憐憫，不安，後悔といったさまざまなタイプのネガティブな感情が生まれる。

　そうした経験をした顧客の一部は，苦情行動を起こすが，苦情行動をしない顧客もいる。不満をもった顧客のすべてが，苦情を言うわけではないのである。では，サービスの失敗に直面した顧客のうち，どのくらいの割合が苦情行動を行うのだろうか。よく「1つの苦情の背景には，24人の不満顧客がいる」といわれるが，この割合は苦情研究の初期に自治体のサービスの失敗に接した人に対して行われた調査の結果が根拠になっている。他の種類のサービスでは，異なる割合になる。たとえば，耐久消費財では約70％，ホテルでは約50％，ホテルでもビジネスホテルでは約30％という調査結果もある。顧客が苦情を言うか言わないかは，さまざまな要因が関係しているのである。

　不満をもった顧客が苦情を言わない理由は，いくつか考えられる。第1に，苦情行動は時間や努力の無駄になると考えているからである。サービス提供者が苦情に対して適切な対応をとらないだろうと思っている場合は，苦情行動は起こさないだろう。第2に，苦情を伝える方法がわからない場合もあるだろう。サービス提供者が，問い合わせ先を明示していない，もしくはわかりにくいこ

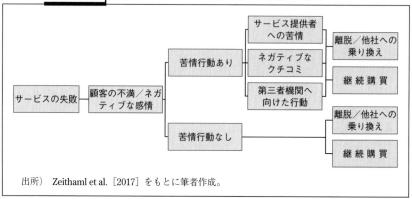

CHART 図9.1 サービスの失敗に直面した顧客の反応

出所）Zeithaml et al.［2017］をもとに筆者作成。

ともある。第3に，不満が発生した状況を説明するのが難しいと感じている場合もあるだろう。第4に，サービス提供者から制裁を科される恐怖を感じることもあるかもしれない。

一方，不満をもった顧客が苦情行動を行うのは，第1に，サービス提供者が苦情に適切に対応すると信じているからだろう。あるいは，顧客に何らかの補償がなされると予測する場合も苦情行動をとる。第2に，苦情を言うことが社会的な義務と感じる場合もあるだろう。たとえば，同じような不満を感じている人が多く，自分がその代表としてサービス提供者を正す必要があると考えた場合である。第3に，顧客にとって，サービスが重要かどうかも影響する。サービスの失敗が，顧客にとって致命的なものであれば苦情を言うだろうし，サービスにこだわりをもっている場合も，サービスの失敗に苦情を言うだろう。金額が高いサービスの場合も同じ傾向がある。第4に，苦情を言うことを好む性格の人もいる。しかし，そうした性格をもつ人はごく少数と考えられている。

苦情行動にも3つの種類がある。図9.1で示したように，第1は，サービス提供者への直接の苦情である。サービス提供者にとっては，この種の苦情が最も望ましい。なぜなら，苦情へ適切に対応して顧客を満足させる機会が得られるからである。また，その顧客がネガティブなクチコミをする可能性を減らすことができる。さらに，不満の原因を理解することもできる。顧客からの苦情は，サービス提供者にとって，顧客の維持やサービス改善につながる貴重な情報とも捉えられる。

第2の苦情行動は，家族や友人，同僚などの他者へ，サービス提供者に関するネガティブな内容のクチコミをすることである。クチコミ情報は，その情報を受けた消費者の購買行動に強く影響を及ぼすので，ネガティブなクチコミは，サービス提供者の潜在顧客を減らしていることになる。昨今は，会話でのクチコミに加え，ツイッターなどのSNSによって広範囲にネガティブな情報を伝達することができるので，ますます影響力が増している。

　第3は，国民生活センターのような第三者機関へ訴える方法である。第三者機関がサービス提供者へ注意をしたり，制裁を加えたりすることを期待しているのである。

　これら3つの苦情行動は，1つだけ実施される場合もあれば，複数の行動が同時に実施される場合もある。

〔サービスの失敗に直面した顧客の類型〕

　サービスの失敗に直面した顧客を，その反応の仕方で4つに分類することもできる。それらは，図9.2のように，無抵抗者，苦情者，憤慨者，活動者である。

　無抵抗者は，不満があっても何も行動をとらない顧客である。サービス提供者への苦情も，他者へのクチコミも，第三者機関への訴えも行わない。苦情行動をとっても何も見返りがなく，時間と労力の無駄と考えているのである。

　苦情者は，サービス提供者へ直接苦情をいうものの，クチコミや第三者機関への訴えはしない顧客である。苦情者は，サービス提供者を友人のように考えており，活発に苦情を言い，サービス提供者に対応する機会を与える。苦情を言うことは自分自身だけでなく，他の顧客にとってもメリットがあると捉えているので，苦情を躊躇することはない。

　憤慨者は，他者へのネガティブなクチコミを行う顧客である。SNSなどで，自身のフラストレーションを他者と共有しようとする。彼らは，文字どおり，サービス提供者に対して憤慨しており，他者にサービス提供者のことを伝えることは，他者にとってもメリットがある社会的な行為だと感じている。彼らは，サービス提供者に次の機会を与えることなく，他社のサービスへ乗り換える。

　最後に，**活動者**は，サービス提供者に苦情を言うだけでなく，他者へのネガ

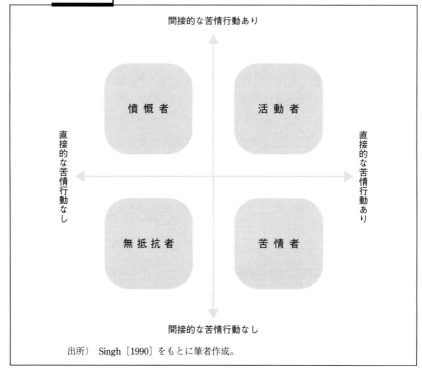

間接的な苦情行動あり

憤 慨 者　　　　　活 動 者

直接的な苦情行動なし　　　　　直接的な苦情行動あり

無 抵 抗 者　　　　苦 情 者

間接的な苦情行動なし

出所）　Singh［1990］をもとに筆者作成。

ティブなクチコミを行い，そして第三者機関へも訴える。彼らは，苦情を言うことで，サービス提供者から補償がなされたり，サービスが改善されたりと肯定的な結果がもたらされると考えている。

サービス・リカバリー

〔サービス・リカバリーの重要性〕

　サービス・リカバリーとは，サービスの失敗に直面した顧客の状況を回復するためにサービス提供者が行う行動である。たとえば，謝罪や補償，代替品の提供といった顧客への対応，そしてサービスの失敗の原因を特定したり，サービスの改善をしたりするなど，問題への対応も含む概念である。

　効果的なサービス・リカバリーは，顧客の満足やロイヤルティ，他者への推奨，ひいてはサービス提供者の利益にまで良い影響を与える。図9.3に示すように，サービスの失敗に直面した顧客のうち，サービス提供者へ苦情を言わ

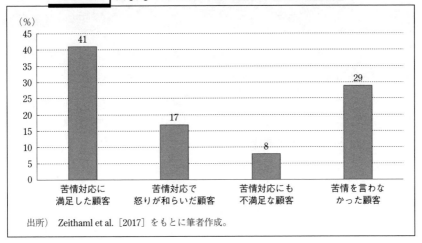

(%)

出所) Zeithaml et al.［2017］をもとに筆者作成。

なかった顧客は，その29％しか再購買していない。それに対して，サービス提供者へ苦情を言い，それへの対応に満足した顧客は，その41％が再購買している。苦情対応が適切だと，他社のサービスに乗り換える可能性のあった顧客を引き留めておくことができるのである。

　また，サービスの失敗に直面し苦情を言い，サービス提供者の苦情対応に満足した顧客の再購買率は，サービスの失敗に直面しなかった顧客の再購買率よりも高いという調査結果もある。この現象を「**サービス・リカバリー・パラドックス**」と呼ぶ。パラドックス（矛盾）という言葉を使うのは，顧客の再購買率を高めるためには，サービスの失敗をしないようにするよりも，むしろサービスの失敗をしておいて，効果的な苦情対応をしたほうがいいという奇異な結論になるからである。

　サービス・リカバリー・パラドックスが起きるのは，サービスの失敗に直面した顧客はサービスやサービス提供者について強く意識を向けているので，そうした状況で優れた苦情対応に接すると，その印象が強く残るからである。ただ，サービス・リカバリー・パラドックスは，比較的軽微なサービスの失敗のときには起きるが，常に起きるわけではない。また，1度のサービスの失敗の場合には起きることもあるが，同じサービスの失敗に2度以上直面すると，再購買率は高まらない。したがって，再購買率を高めるには，サービス・リカバ

リー・パラドックスのことは考えず，サービスの失敗を減らすことに注力するべきである。

このようにサービス・リカバリーは重要であるにもかかわらず，サービス・リカバリーを効果的に実施しようと取り組んでいるサービス提供者は少ない。顧客がサービスの失敗に直面し，かつ不適切な苦情対応を受けることを「二重の逸脱」（ダブル・デビエーション）と呼ぶが，これを経験した顧客は，図9.3のように，わずか8％しか再購買しない。ほとんどの顧客が離脱してしまう。さらに，そうした顧客は，多くの人たちへ伝わるような形で，サービス提供者を批判する。

また，従業員への影響も深刻である。適切なサービス・リカバリー政策がない状態でサービスの失敗が続くと，従業員はストレスを感じることになる。モラールが低下したり，離職者が増えたりする。生産性の低下，新規採用や教育など，目にみえにくいコストがかかることになる。

そうした状態が続くと，苦情数は増大し，従業員は苦情対応に忙殺されることになり，サービスの失敗を取り除く業務に時間を割けなくなる。するとますます苦情が増加して，負の循環に陥ってしまうのである。

〔サービス・リカバリーのアプローチ〕

優れたサービス・リカバリー，とくに顧客への対応を実現するためには，どのようなアプローチをとればいいのだろうか。第1のアプローチは，不確認アプローチである。顧客がサービス・リカバリーに対して抱いている期待に沿う，もしくはそれを超える行動をすれば，顧客は苦情対応に満足する。したがって，このアプローチでサービス・リカバリー戦略を立てる場合は，顧客のサービス・リカバリーへの期待をいかに的確につかむかということが重要になる。

第2のアプローチは，公正アプローチである。サービスの失敗に直面した顧客は，支払った料金に対して得た便益が釣り合わないので，不公正な状態に置かれている。したがって，苦情を言った顧客は，サービス提供者がその不公正な状態を解消するような対応をすると満足すると考える。ただし，公正には3種類あるといわれている。

第1の公正は，分配的公正と呼ばれるもので，結果の公正である。苦情対応

の場合は，金銭的な補償や無料券の提供，割引，無料の修理や取り換えなどが含まれる。顧客は，自分が被った損害と同等のコストをサービス提供者がかけたときに，分配的公正が保たれたと感じる。

第2の公正は，手続き的公正である。分配的公正が結果の公正であったのに対して，手続き的公正は過程の公正である。人々が物事を公正と認知するのは，なされた結果が公正であるというよりも，むしろ結果に至るまでの意思決定過程が正当であると認められた場合であるという考えである。苦情対応の場面では，苦情の言いやすさや対応の早さ，対応方法の選択への関与などになる。

そして第3の公正は，相互作用的公正である。これは，意思決定が実行されるスタイルに関するものである。結果や過程が公正でも，その実行で丁寧さや誠実さがなければ，不公正と感じる場合もある。苦情対応の文脈では，丁寧な言葉遣いや慎重さ，正直さや品位の高さなどが挙げられる。

このように顧客を公正に扱う場合は，分配的公正，手続き的公正，相互作用的公正のいずれにも配慮する必要がある。たとえば，補償さえすれば顧客は満足するとは限らない。顧客の訴えを聞きもせずに補償をすれば，手続き的公正が損なわれていて，顧客は満足しない。また，顧客の訴えを聞いて補償することになったとしても，補償金を手渡しせずに放り投げたとすれば，相互作用的公正が欠如した状態となる。ただし，分配的公正と手続き的公正は代替的，つまりどちらかが保たれればよいという主張もある。

サービス・リカバリーには，顧客への対応だけでなく，サービスの失敗を引き起こす原因を特定し，サービスを改善することも含まれる。そのためには，まず苦情を集めなければならない。「苦情を減らす」という目標を立てる企業があるが，減らすべきはサービスの失敗であって，苦情数ではない。むしろ，サービスの失敗を減らすためには，苦情を増やさなければならないのである。サービスの失敗数が減少して，それに応じて苦情数も減少するのが健全な姿であり，サービスの失敗数は減少せずに，苦情数だけが減少するということは，苦情を言わなかった顧客が増加しただけである。したがって，サービスの失敗に直面した顧客の多くがサービス提供者へ直接苦情を言うように仕向けなければならない。たとえば，苦情対応窓口への連絡方法を明示したり，受付時間帯を長くしたり，電子メールで受け付けたりしてもよいだろう。

次に，集めた苦情は分類し優先順位をつける。顧客の安全に関わる苦情や頻繁にもたらされる苦情などは，すぐに対応が必要だろう。そのうえで，サービスの失敗が発生した原因を特定し，サービスやサービス・プロセスを改善していくのである。

　優れたサービス・リカバリーは，サービスの失敗に直面して苦情を言う顧客に対応して満足させるための活動と，サービスの失敗そのものを減少させる活動の両方が連動して行われる必要があるのである。

「朝垣さん，稲崎病院のプロジェクトは進んでいるかい？」
「はい，サービス・リカバリーに関しては，かなり調べました。稲垣病院も苦情
　　情報の集積と分析が必要だと思います」
「その前に，苦情を言ってもらう仕組みづくりだな。患者さんは，お医者さんに
　　病気をみてもらっているという意識があるだろ。だから，病院に苦情を言い
　　にくいんじゃないかな」
「なるほど。ところで，市村リーダーは夫婦喧嘩ってしますか」
「うちは円満だよ。妻から文句1つ言われたことないよ。で，なんで突然，夫
　　婦喧嘩の話になるの？」
「このプロジェクトの参考になるかなって。じゃ，調査に戻ります」

サービス保証

〔サービス保証のメリット〕

　サービス・リカバリーの1つの方法として，**サービス保証**が使われることがある。保証とは，企業が，提供するプロダクトが約束したとおりの便益を提供することを誓い，もしもそれができなかった場合には相応の償いをすることである。

　保証は，製造業ではよく実施されているが，サービス業で実施している企業は少ない。形があるプロダクトであれば，顧客は，企業が約束したとおりの便益を享受できない場合，たんにプロダクトを返品すればよい。しかし，サービスは形がないので返品ができないし，そもそも，約束したとおりであったかどうかの判断も難しい。そうした理由で，サービス業では保証をする企業が少な

かったのだが，最近は積極的に採用する企業が増えてきている。保証のメリットに気づいたからであろう。

　企業がサービスの保証をすることによるメリットは多い。第1に，保証は，従業員が顧客に意識を集中させることを促進する。従業員は，企業が約束した便益を提供しようと努力する。また，顧客にとって意味ある保証をするために，顧客が何に価値を感じているのかを理解しようとする。

　第2に，保証は，従業員にサービスの標準を明確に伝える効果がある。従業員は，保証内容により，自分がすべきことが何かを理解する。ピザの宅配サービス企業が30分以内での配達を保証した場合は，従業員は業務スピードに意識を集中するだろう。

　第3に，顧客からの即時のフィードバックが得られる。保証は，顧客に苦情を言う権利を与えていることになるので，保証がない場合に比べて，苦情を言う確率は高くなるし，それもサービス提供後，すぐに言う可能性が高い。

　第4に，不満をもった顧客へ対応する機会が得られる。顧客に即時に対応できるので，ネガティブなクチコミの拡散を抑え，対応に満足すればロイヤルティが高まる可能性もある。

　第5に，サービス改善の情報を得ることができる。保証は，顧客からサービスの失敗情報を得る仕組みといってもよい。サービスのオペレーションのたゆまぬ改善のための情報源となる。

　第6に，顧客が，価格に見合わないサービスを受けてしまうのではないかと不安に感じることを解消し，信頼を醸成できる。とくに，事前にサービス品質が判断しにくいサービスの場合は効果が大きい。

　こうした直接的なメリットを通じて，知名度の向上や売上の向上，サービス改善や顧客対応コストの低減，従業員の離職率の低下など，間接的なメリットも得ることができるだろう。

　このようなさまざまなメリットを十分に享受するためには，次の4つの点を考慮した保証にしなければならない。第1に，制約や例外などの細かい条件を付けないことである。保証の範囲が狭かったり，但し書きに例外事項がたくさん書かれてあったりと，さまざまな制約がついていると，実質的には保証していないのと変わらない。条件の少ない保証は，顧客にとっても理解しやすいし，

従業員も説明しやすい。「顧客が不満に思えば理由を問わず返金する」といったように，条件がまったくない保証をする企業もある。

第2に，保証内容が顧客にとって意味のあるものでなければならない。たとえば，ピザの宅配サービス企業が，宅配員があいさつすることを保証したとしても，顧客にとっては当たり前のこと，もしくはどうでもいいことであるため，あまり意味がない。早く食べたいという欲求があるからこそ，30分以内の配達を保証することが有効なのである。また，保証内容が満たせなかった場合の補償内容も顧客が納得できる範囲でなければならない。30分以内に配達を終えられなかった場合，また30分後までにもう1枚を提供するという補償内容にしても，あまり喜ばれないだろう。

第3に，顧客にとっても従業員にとっても理解しやすい内容にすべきである。曖昧な表現になっていたり，複雑になっていたりすると何が保証されているのかがわかりにくい。たとえば，「早く」というよりも「30分以内」といったほうが明確である。

第4に，補償を求める手続きが簡単であることである。たくさんの書類を作成することを要求し，顧客に時間や労力をかけさせるような手続きだと，顧客は保証に価値を感じないだろう。

サービス保証には，2つのタイプがある。無条件保証と属性保証である。無条件保証とは，サービスの結果であろうがプロセスであろうが，すべての側面で顧客が判断し，制限も条件もまったくない保証である。補償するかどうかを企業側が判断するのではなく，顧客に委ねていることがポイントである。ただ実際には，「無条件保証」と明示しておきながら，申請方法や期限に条件があることも多い。

一方，属性保証は，サービスの特定の属性に関して保証するものである。たとえば，ピザの宅配サービスでは，デリバリー時間についてのみ保証している。教育機関が，資格試験に合格しなかった場合に学費を返金したり，スポーツ教室で上達しなければ料金を割引したりしている例もある。無条件保証と異なるのは，補償するかどうかは，顧客の判断ではなく，あらかじめ企業側が決定した規定に則っていることである。

〔サービス保証が適さない場合〕

　サービス保証，とくに無条件保証は，悪用される恐れがあって，企業にとっては危険だと感じるかもしれない。もちろん，すべての企業で保証が有効というわけではない。次のような場合は，サービス保証は正しい戦略とはいえないだろう。第1に，既存のサービス品質が貧弱な場合である。サービス品質を改善する前にサービス保証を行えば，補償額や対応コストが利益を上回ることになりかねない。

　第2に，高品質の評判をすでに得ている場合である。顧客はサービス保証がなくとも高い品質をイメージしているので，サービス保証の役割は限定的である。

　第3に，サービス品質を企業がコントロールすることが難しい事業の場合である。天候の影響で遅延が起きることが多い航空サービスでは，到着時間を保証するのは合理的でない。

　第4に，サービス保証を悪用するような機会主義的な顧客が多い場合である。そうした顧客層が存在する場合は，補償額がかさむ危険性がある。一般に，継続的に利用する顧客よりも，一度しか利用しない顧客のほうが，機会主義的な行動をとる確率が高い。したがって，そうした顧客の割合が多い事業を行っている場合は，注意が必要だろう。しかし，実際には，そうした機会主義的な顧客は思ったほど多くはない。

　第5に，補償金などのコストがメリット以上になる場合である。顧客ロイヤルティの向上やサービス品質の改善，ポジティブなクチコミなどのメリットを補償額やサービスの改善コストが上回る場合は，サービス保証は実施すべきではない。

　第6は，顧客がサービスに対して知覚リスクを感じていない場合である。サービス保証は，顧客がサービスの品質に不安を感じているときに，顧客を安心させる効果があるが，そもそも不安がなかったり，低いサービス品質でも構わないと思っていたりするときは効果が限定的である。一般に，低価格のサービスにはサービス保証は向かない。

「朝垣，来週，高知へ出張するんだって」

「越野さん，耳が早いですね。優れた苦情対応で評判の四国管財って会社に取材
　に行くんですよ」

「じゃあ，高知のおいしい店を教えてあげようか」

「あ，そうか，越野さんは高知出身でしたよね」

「高知城の近くに『一本釣り』っていうカツオのおいしい店があるからさ。行っ
　てみなよ」

「へー，カツオのたたきとか，大好きですよ。その店，よく行ってたんですか」

「うちの実家だよ。母ちゃんが朝垣に会ってみたいって言ってたし」

「え，越野さん，実家で私のこと話したりしてるんですか」

「ん。うん」

 事例：四国管財

〔会 社 概 要〕

　四国管財は，1962 年創業のビル・メンテナンス会社である。高知県に本社
を置いているが，業務範囲は四国 4 県に及び，四国では最大手である。オフィ
ス・ビルや銀行，学校，病院，福祉施設，ホテル，量販店，マンションなど，
あらゆる建物の清掃や管理をしている。

　清掃業は，「きれいになって当たり前」で褒められることが少ない業種であ
るが，四国管財は顧客から感謝の言葉をもらうことが多い。また，清掃員が誇
りをもって仕事に取り組んでいる。このような好ましい経営状態になっている
のは，苦情を上手に活用しているからである。

〔苦 情 対 応〕

　四国管財では，苦情は宝と捉えている。清掃作業の終了報告や作業中に発生
したアクシデントなどは，すべてボイス・メールを使って本社へ報告している
が，苦情に関するボイス・メールは「ラッキーコール」と呼んでいる。「苦情」
という言葉には否定的なイメージがあり，どうしても気持ちが後ろ向きになる

が，「ラッキーコール」と呼べば，前向きに取り組もうと思う。

　メールなどの文字で報告するのではなく，ボイス・メールを使って音声で報告しているのは，声のトーンで緊急度や感情などが伝わりやすいからである。

　現場の清掃員から，たとえば「店舗の清掃中に価格を表示するプライス・カードを傷つけてしまった」というラッキーコールが入ると，リーダーはすぐに現場に駆けつける。現場の状況を確認したうえで，誠実にオーナーに報告する。細かいミスでも隠さずに報告するし，かつ迅速に行うので，顧客の信頼を得ている。

　苦情は年間約300件ほどだが，その90％は清掃員自らの報告である。顧客から直接本社へ連絡があるのは10％にすぎない。清掃員が苦情や現場で気になったことを何でも報告するのは，上司に怒られたりする不安がないからである。四国管財では，清掃員がテーブルの上にあるものを落として割ってしまったとしても，上司は「清掃員がしっかりと清掃しようとしているから割ってしまったわけで，いい加減な清掃しかしていなければ，そうした事案は起きない」と考える。むしろ，「そんなに熱心に取り組んでくれて，ありがとう」と声をかけることさえある。また，報告した内容が無視されることなく対処されるので，ますます報告する意欲がわくのである。

〔サービス改善〕
　苦情情報を活用したサービス改善も積極的に取り組んでいる。「Aグループ」と呼ぶ専門チームがあり，苦情情報の分析からサービスの改善までを担っている。このグループには社長も入っていて，素早い意思決定が可能となっている。

　彼らは，苦情につながりかねない事象をまとめた「ヒヤリハット」事例集を作成して，清掃員に渡している。イラストで表現してあるので，清掃員にもわかりやすい。また，苦情を起こさないための「ヒヤリハット」だけではなく，顧客が喜んでくれた事例を集めた「ハッとしてGOOD」という冊子もつくっている。たとえば，病院の清掃中にその病院の医師の車のパンクを発見し，スペア・タイヤへの交換を実施して，非常に感謝された事例が載っている。

　こうした取り組みが，現場で実際に実行されるための工夫もされている。まず，前日の苦情はすべて翌日の朝礼で報告され，情報共有されている。また，

清掃員向けの研修でも詳しく説明をしている。

　サービス改善の取り組みは，顧客も巻き込んで行われている。「オーナーミーティング」と呼ばれる顧客との会議が定期的に実施されており，問題点を共有するとともに，解決策を一緒に考えている。顧客には，下請ではなく，パートナーという認識をもってもらっている。オーナーミーティングには，清掃員も参加し，現場の細かい点にも改善提案をする。それが反映されれば，もっと改善点を見つけるようになり，好循環が生まれる。

〔支える仕組み〕

　苦情を活用した経営がうまく運営できるのは，それを支える仕組みがあるからである。

　第1は，TS研修である。TSとは「トータル・カスタマー・サティスファクション」の略であるが，たんに顧客であるビル・オーナーを満足させるだけではなく，顧客の顧客であるビル利用者の満足も追求するというコンセプトのもとで実施されている。この研修は全清掃員が受講している。一般に，清掃員の研修は，清掃方法を習得することだけしかやらないが，この研修ではTSの考え方や苦情情報の報告の重要性，「ヒヤリハット」「ハッとしてGOOD」の説明もする。

　第2は，清掃員の働く環境の整備である。まず，清掃員は「クリーンキーパー」と呼ばれている。言葉を変えることで，良いイメージを抱くことができる。また，ユニフォームもオシャレなものにしている。働く場所に合わせてデザインを変えている。

　休暇を柔軟に取れるようにもしている。子育てをしている主婦たちは，子どもの病気や運動会などのイベントに参加するために休暇を取りたいときがある。同社では，2日前までに申請すれば休みが取れる。また，そうした仕組みに対応できるような人員計画をしている。さらに，託児所も用意しているので，若い主婦層も働いてくれている。

　第3に，顧客の感謝の気持ちのフィードバックである。顧客へは，クリーンキーパーを通さずに社長へ直接届く「お叱りメモ」を渡しているが，その多くにはお叱りではなく，クリーンキーパーへの感謝の気持ちが書かれている。そ

れをオフィスの一角の壁に貼っており，それを見たクリーンキーパーはうれしくもあり，誇らしくもあり，ますますTSの向上をしようとする。こうした取り組みによって，クリーンキーパーは，子どもにも尊敬される仕事をしているという誇りをもつようになっている。

　第4に，クリーンアドバイザーの活動も挙げられる。彼・彼女たちの仕事は，清掃状態の点検なのであるが，現場を顧客の目線でみることによって改善点を見つけたり，顧客とも会話をして不満点などを探ったりしている。さらに，クリーンキーパーともコミュニケーションをとっている。こうした情報収集が，サービス改善にもクリーンキーパーのモチベーションにも効果を発揮している。

　第5は，キャップ月例会である。現場のリーダーたちが集まる会議で，人を育てるリーダーとしてのあり方を学びあうとともに，各種情報の共有を行っている。したがって，さまざまな政策が全社で実行することができ，また変更も容易にできる。

〔顧客が基点の経営〕

　四国管財では，苦情を活用して既存顧客の満足を高めることに経営努力を傾けている。実は，新規顧客への営業活動は行っていない。そうした営業活動はしなくても，既存顧客の満足を追求していれば，既存企業が新しいビルを建てたときには清掃の仕事を任されることが多いし，既存顧客が新規顧客を紹介してくれることもある。

　また，既存顧客の声やクリーンキーパーの提案から，新規事業も生まれている。その1つが「キャリーズ」である。キャリーズとは，スーパーや量販店の駐車場で，買い物客の荷物を運んだり，お世話をしたりする仕事である。その他にも，メディカル・クラーク（病院内で事務処理を行う）事業，病棟アテンダント（看護師を助け，患者の世話をする）事業，病棟洗濯（患者の衣類を洗濯する）事業，建物内外装工事事業など，多角化も進んでいる。

　このように既存顧客を満足させることに集中し，日々もたらされるラッキーコールを活用して，どんどんサービスやサービス・プロセスを改善している。毎日，何らかの変更があるので，2日も休むと「浦島太郎」のような気分になるという。

四国管財の会長はいう。「我々は床を磨いているのではなくて，心を磨いている」，「よく経営者が従業員に掃除をしろと言うが，我々はお金をもらって掃除ができる。こんなに幸せな業種はない」と。

「市村リーダー，資料の修正は終わりました。他にやっておくことはありますか」
「そうだな。じゃあ，あとでメールしておくので，みておいて」

市村リーダーからのアドバイス

1. サービス保証をしている企業を 1 社取り上げ，そのサービス保証がどのような効果を上げているか，調べておくこと。
2. 苦情対応をするスタッフには，どのような技能が求められるか，考えておくこと。
3. 以下の 2 冊の本に目を通しておくこと。
   ●カルビーお客様相談室 [2017]『カルビーお客様相談室──クレーム客をファンに変える仕組み』日本実業出版社
   この本には，顧客対応で評判が高いカルビーの顧客対応の仕組みやそれを支援する仕組みが解説されている。
   ●ロン・ゼンケ = チップ・R. ベル（田辺希久子訳）[2002]『逃げる顧客を引き戻せ！──サービス・リカバリーのシステムと実践』ダイヤモンド社
   この本には，サービス・リカバリーについて，具体的数字と事例を挙げて，現場のリーダーが苦情にどのように対処すべきかが書かれている。

「市村リーダー，今日の朝垣さんのプレゼンはどうだったんですか」
「すばらしかったよ。理事長はとても喜んでたな。お，料理ができたみたいだ。朝垣さんも越野君も，ダイニングの方へどうぞ」
「わあ，おいしそう。奥さん，どうもありがとうございます」
「ありあわせですが，つまんでくださいね」
「越野くんはビールでいいかい。じゃあ，乾杯しようか。朝垣さん，今日はお疲れさん」
「カンパーイ」

「奥さんの手料理，おいしいですね」

「そうなんだよ。なかなかうまいだろ。だから，あんまり外食しないんだよな」
「じゃあ，奥さんとラブラブですね。夫婦喧嘩はほとんどしたことないっておっ
　しゃってましたよね」
「ところで，君たちは，そろそろなんだろ」
「そろそろって？」

朝日格出版

新サービスを開発せよ！

「越野くん，『マーケティングをつかむ』をもってたら，みせてくれないか」

「電子書籍ならありますけど」

「電子書籍か。俺たちおじさんには読みにくいんだよなあ」

「結構，便利ですよ。ぼくのタブレットには 200 冊以上も入っていますし，ほら，線も引けるでしょ」

「うまく使いこなしてるなあ。じゃあ，次のプロジェクトは越野くんに任せるか」

「どんなプロジェクトなんですか」

「じゃあ，ミーティング・ルームで待ってて。資料持って行くから」

　朝日格出版は，大学生向けの教科書を中心に発行している出版社である。教科書の出版社としては最大手で，大学内の書店には，同社の教科書がたくさん並んでいる。

　しかしながら，教科書の市場は減少しており，同社の売上も横ばいが続いていた。主因は，大学生が本を読まなくなったことだが，その背景にはインターネットの普及が影響している。教科書を買わなくても，手軽に知識や情報が入手できるからである。加えて，スマホやタブレットの普及につれて，それを授業で活用する教員も増えてきた。教員独自の資料をデータで提供したり，授業中にチャットで質問を受けたり，授業もデジタル化している。

　柴田恭子社長は，以前から，従来の教科書づくりだけをやっていても未来はないと感じていた。すでに5年前から電子書籍化への対応を進めてきており，専門組織も設置していた。

　2020年，新型コロナウイルスの感染が拡大した影響で，オンライン・ビデオ・システムを活用した授業が全国の大学で実施され，授業のデジタル化は一気に進んだ。そんなある日，ロングセラーの教科書を執筆していた学者へ，改訂版の執筆依頼をしに行くと，「もう紙の教科書は書かないよ。政府の最新の統計データもインターネットから入手できるし，それらを使えば教科書代わりになるよ」と執筆を断られてしまった。たんに電子書籍化を進めるだけでは不十分で，デジタル化した授業を前提とした新しいサービスの開発が「待ったなし」になっていることを痛感した。

　翌日，柴田社長は，電子書籍の組織とは別に，新サービス開発プロジェクトを立ち上げ，デジタル・ネイティブで若手の藤澤亮氏をリーダーに抜擢した。

「今回のクライアントは，朝日格出版の柴田社長だ。藤澤氏と協力して，大学教員向けに授業支援の新しいサービスを開発してくれ」
「こんな案件を待ってたんですよ。ワクワクしますね。実は，創造性を高めるために，先月からデッサンを習いに行ってるんですよ」
「デッサン？」

1 サービス・デザイン

⫸ 新しいサービスのつくり方

サービス・イノベーション

〔サービス・イノベーションのタイプ〕

　昨今，さまざまな新しいサービスが生まれている。アマゾンのアレクサやグーグルホームといったスマート・スピーカーによる音楽・天気予報・ニュースなどの配信サービス，フィットビットなどのウェアラブル端末による睡眠の質・歩数・運動量の測定などのサービスなど，われわれの生活をこれまで以上に便利にしてくれている。エレベーターやボイラーといった産業機器でも，センサーが内蔵されリアルタイムでデータが蓄積されているので，故障の予測やメンテナンスの必要性を指摘してくれる。そうしたサービスは，企業の経済活動の効率を上げている。

　このような新しいサービスを開発することを「**サービス・イノベーション**」という。しかし，一口に「新しいサービス」といっても，その新しさの意味はさまざまである。今までみたこともない画期的なサービスもあるし，今までのサービスに改善が加えられただけのものもある。

　提供サービスそのものの新しさのレベルに注目してみると，急進的なものもあれば，わずかな変化しかしていないものもある。高レベルのサービス・イノベーションとは，今まで存在していなかったサービスである。たとえば，ウーバーイーツなどのオンライン・フード・デリバリー・サービスは，これに当たる。たくさんの飲食店と自宅やオフィスにいる消費者とをつなぐオンライン・プラットフォームは，これまでなかったものである。食事に出かけるのではなく，食事を取り寄せることが身近になって，われわれの生活スタイルも変化している。また，今では当たり前に存在するサービスではあるが，テレビ放送やオンライン・バンキングなどは，登場した当時は，高レベルのサービス・イノベーションとして認識されていた。こうしたサービスは，われわれの生活や仕

事を大きく変化させた。

　中レベルのサービス・イノベーションとは，その業界では新しいが，他業界ではすでに提供されているサービスである。たとえば，飛行機のなかでのWi-Fiサービスなどがある。新幹線では実施していたサービスだが，飛行機ではこれまで提供されていなかった。

　低レベルのサービス・イノベーションは，既存サービスの改善である。たとえば，小口荷物の配送サービスで翌日配達を当日配達にしたり，電話の受付時間を長くしたりすることである。

〔サービス・イノベーションの成功要因と弱点〕

　サービス・イノベーションは，毎日，世界の至る所で発生しているが，成功するものと失敗するものがある。サービスに限らず，モノを含めた新しいプロダクトの成否を分ける主な要因は，プロダクトの競合に対する優位性，プロダクトの斬新さ，既存プロダクトとのマーケティング上のシナジー，既存プロダクトとの技術的なシナジー，などである。新サービスに限っても，上記の要因が成否の鍵だが，既存プロダクトとのマーケティング上のシナジーは，より強く影響を及ぼす。

　サービス・イノベーションは，製品イノベーションと比べて，弱点もある。それは，サービスの開発時や販売時に，サービス内容を伝達するのに難しさを伴うことである。サービスは無形であるため，サービスについて説明するとき，主に言葉で記述したり，説明したりせざるをえない。製品イノベーションのように，モノを提示すれば伝わるわけではない。また，サービスはプロセスを伴うので，一定の時間経過がある。なかには長期間にわたる場合もある。したがって，説明が複雑になりがちである。さらに，サービスは従業員と顧客の相互作用があるため，その時々でサービス内容は若干異なる。こうしたサービスの特性が起因して，サービス内容を正確に伝達するのは非常に難しい。

　したがって，サービス内容の伝達に関して，大きく4つの問題が発生しやすい。第1に，サービスを単純化しすぎて表現したり，解釈したりすることである。たとえば，ライドシェア・サービスは，わかりやすくしようと「配車サービス」と表現してしまうと，その複雑な全体の仕組みが捨象されて，非常に単

純なサービスと解釈されてしまう恐れがある。

　第2に，説明の不完全さである。人は，サービスを説明するときに，細かい部分や自分の詳しくない部分を省略してしまう傾向がある。たとえば，メルカリには出品者の過去の取引の評価機能があり，それが取引を円滑にするために重要な役割を担っているが，そうした説明が省かれると，理解が不十分になってしまう。

　第3に，主観性である。サービスを説明する人の過去の経験や回数で，サービスに関する表現が異なってくる。その人の主観によって，説明する部分が偏ったりする。たとえば，マーケティング部門で働く人と，オペレーション部門で働く人では，サービスの説明の内容や表現が異なるだろう。

　第4に，バイアスの問題である。同じ言葉を使っても，人それぞれ受け取り方が異なる。「柔軟な対応」「素早い対応」という表現だと，どの程度なのかがはっきりしない。同じ速さのサービスでも，遅いと感じる人もいれば，速いと感じる人もいる。

　このような4つの問題は，サービス・イノベーションの過程で必ず発生する問題である。したがって，サービス内容を伝達するときには，たとえば，図やイラストを使うなど，言葉では伝わりにくい部分を補完して，伝わりやすく工夫する必要がある。

〔サービス・イノベーションのプロセス〕

　サービス・イノベーションは，図10.1のようなプロセスをたどって実施されることが多い。このプロセスは，工場で生産される製品のイノベーション・プロセスを模範としている。

　一連のプロセスは，前工程と後工程に分かれており，前工程（図10.1の左の5工程）では，サービス・コンセプトが決定される。後工程（図10.1の右の4工程）では，そのサービス・コンセプトを実施するための手段が決められる。

　このプロセスは，原則，左から右へと順番に進むことが仮定されている。個々の工程で十分な結果が得られない場合は，次の工程には進めない。図10.1では，アイデア生成の工程から市場テストの工程まで，テスト内容が示されているが，これらのテストに十分な結果を得られた場合にのみ次の工程に

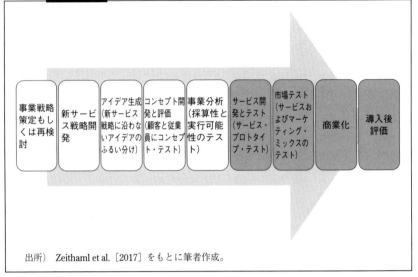

| 事業戦略策定もしくは再検討 | 新サービス戦略開発 | アイデア生成(新サービス戦略に沿わないアイデアのふるい分け) | コンセプト開発と評価(顧客と従業員にコンセプト・テスト) | 事業分析(採算性と実行可能性のテスト) | サービス開発とテスト(サービス・プロトタイプ・テスト) | 市場テスト(サービスおよびマーケティング・ミックスのテスト) | 商業化 | 導入後評価 |

出所) Zeithaml et al.［2017］をもとに筆者作成。

進むことができる。ただし，必ずしも直線的なプロセスをたどる事例ばかりではない。複数の工程を同時に進行させたり，途中の工程を飛ばしたりすることもある。こうした柔軟なプロセスにより，サービス・イノベーションが速く進む。とくに，情報技術サービスのような変化が激しい市場では，スピード重視のサービス・イノベーションが重要である。

サービス・デザイン

〔デザイン思考〕

　サービス・デザインの説明をする前に，デザイン思考の理解を先にしておこう。デザイン思考とは，アメリカのデザイン会社 IDEO が提唱した概念で，デザイナーがデザインをしているときに行っている認知的活動のことである。ここでの「デザイン」は，形や色・柄といった意匠のことだけではなく，誰にどんな価値を提供するのかという設計の意味も含んでいる。デザイン思考が注目されたのは，ビジネスの創造的な問題解決の方法として有効であることが認識されたためであろう。

　とくに，変化が激しい現代のビジネス環境では，イノベーションが企業課題の最重要項目に位置づけられる。イノベーションは，条件や制約を明確にして

デザイナーの思考	ビジネスパーソンの思考
イノベーションに適する	効率化に適する
• 不確実性や曖昧さを受け入れる	• 不確実性を避け，曖昧さを明確にする
• ユーザー視点（共感）	• 企業視点（客観）
• 五感，身体性を重視	• 認知（言語，数値）を重視
• 遊び心をもつ	• 無駄なことはしない
• 複雑性から新たな意味を創り出す	• 複雑性を要素に分けて分析する

出所）武山［2017］をもとに筆者作成。

論理的に考えればおのずと解がみえるといったものではなく，不確実ななかで模索していかないと解がみえてこない厄介な問題である。したがって，ビジネスパーソンの通常の思考だけではイノベーションを生むことが難しいので，新たな方法としてデザイン思考に取り組む企業が増えているのである。また，経営コンサルティング会社は，企業からの相談内容がイノベーションに関わることが増えているので，デザイン会社と提携したり，買収したりしている。

　では，デザイナーの思考とビジネスパーソンの思考とはどのように異なるのであろうか。表10.1に示すとおり，第1に，デザイナーは不確実性や曖昧さを受け入れる。ビジネスパーソンは，不確実性を避けて安定的なプロセスを選び，曖昧なものは明確にする傾向にあるのに対し，デザイナーは新しいものを創造するプロセスはけっしてスムーズに進むとは思っておらず，予測を裏切ることに喜びを感じる。

　第2に，デザイナーは，ユーザーへの共感を大切にする。ビジネスパーソンは，客観的に調査して発見した，多くの顧客に共通する抽象化されたニーズに注目する傾向があるのに対して，デザイナーは先入観を捨て，特定のユーザーがどんな気持ちになっているのか共感することから始める。ユーザーに共感できれば，より深いレベルでの発見が可能になる。

　第3に，デザイナーは，五感や身体性を重視する。ビジネスパーソンが，主に言語や数値などの認知的な活動を重視するのに対して，デザイナーは触覚や嗅覚なども駆使して，ユーザーや状況を理解したり，イラストやプロトタイプを使ってコミュニケーションしたりする。また，考えてからつくるのではなく，つくりながら考える傾向もある。

第4に，デザイナーは，遊び心をもってことにあたる。ビジネスパーソンは，仕事はまじめにやるものと考え，無駄なことはしない傾向が強いが，デザイナーはユーモアやばかばかしいと思われるような取り組みが，革新的なアイデアを生むこともあると知っており，いろいろな実験に挑戦する。

　第5に，デザイナーは，複雑性から新たな意味を創り出す。ビジネスパーソンは，複雑性を要素に分けて分析し，個々の問題を順番に処理していこうとするが，デザイナーは要素分解をせず，統合的な問題解決を試みる。その際は，表面的な問題に焦点を当てるのではなく，問題そのものを再定義する傾向がある。

〔サービス・デザイン〕

　サービス・デザインとは，サービスを設計することであるが，設計の方法としてデザイナーの手法を使う。したがって，サービスをデザイン思考で設計することといってもよいだろう。

　サービス・デザインには5つの基本原則がある。第1の原則は，「ユーザー中心」である。サービス・デザインでは，エンド・ユーザーに焦点を当てる。顧客ではなくユーザーという言葉を使っているのは，サービスを買う人と受ける人が別々である場合，サービスを受ける人に焦点を当てるからである。また，ユーザー中心は，たんにユーザーの求めているものを提供することではない。ユーザー自身も気づいていないニーズを理解することである。言い換えれば，ユーザーの感じている問題を深く掘り下げて，再定義することである。したがって，ユーザーに話を聞くよりも観察することに力を注ぐ。

　第2の原則は，「共創」である。サービスを提供するために，自社だけですべてを生産しようとは考えず，顧客もサービス生産に参加することを前提に考える。これは，顧客をリソースと捉えるサービス・ドミナント・ロジックの考え方と通じる。また，顧客だけではなく，他の利害関係者と共同でサービスを生産することも考える。蜂が花の蜜を吸うために花びらを飛び回ることで花の受粉を助けるという自然の生態系と同じように，ビジネスでも複数の利害関係者が自分の利得のために動きながらも，全体として機能するような仕組みにしていくことを考えるのである。

第3は,「インタラクションの連続性」である。サービスは,提供するのに一定の時間を要するため,その時間に顧客との相互作用が連続的に発生する。その時間軸を十分考慮することである。たとえば,航空サービスであれば,自動カウンターでのチェックインから,荷物を預け,待合場所でのアナウンス,搭乗,機内サービスなど,たくさんのインタラクションがある。ユーザーは,それらを切り分けて評価するのではなく,一連の体験を総合的に評価する。したがって,その連続性を前提として設計する必要がある。

　第4は,「物的証拠」である。サービスは無形のものであるが,われわれは有形のものを通して体験している。たとえば,航空サービスであれば,自動カウンターの使いやすさ,待合場所のイス,機体のカッコ良さ,キャビン・アテンダントの制服など,形のあるものが少なからず影響を与えている。また,サービスは,顧客の見ていない舞台裏で,さまざまな活動が行われている。そうした活動を顧客に見せるべきか,それとも隠すべきか,そうしたことも含まれる。

　最後の原則は,「全体的視点」である。サービス・デザインは,ユーザーの体験だけでなく,それを支える仕組みやオペレーションまで設計する。ひいては,サービスの生態系を構築することになる。一部分だけでなく全体を包括して考えることである。また,設計するときに,部分部分に分けて問題点を個々に解決するというよりは,全体に影響を与える本質的な問題を解決するように心がけることである。

　サービス・デザインは,欧米の企業を中心にしてさまざまな産業で導入されている。たとえば,フィリップス社は,幼児のMRI検査体験を向上させるためにサービス・デザインで機器を開発した。MRI検査は大きな音がするので,幼児にとっては不安が大きく,じっとしていられない。そこで,検査体験を楽しいものにするために,音や映像を見ながら検査できるようにしたのである。航空会社では機内サービスのデザイン,銀行ではタブレット端末での個人資産管理サービスの開発などが実施されている。また,公共サービスにも適用されている。

　サービス・デザインの適用範囲は,顧客へのサービスの範囲を越えて,従業員向けのサービスや組織そのもののデザインなどにも広がっている。また,事

業全体をサービス・デザインで改革したり，経営へも適用されたりしている。

「越野さん，デッサンをやってるんですって？」
「市村リーダーから聞いたな。そうだよ。明日のレッスンではパプリカを書くんだ」
「そんな趣味があったんですね」
「いや，趣味というより，仕事に役立つからやってるんだよ」
「え，どんな風に？」
「サービス・イノベーションを起こすには，まずユーザーの観察だろ。デッサンやると観察力がつくんだよ。前回はリンゴを書いたんだけど，リンゴって1つひとつ，形も色も肌触りも全部違うんだよな」
「なるほどね。じゃあ，私の変化にも気づいてますよね？」
「えっ？」

┃ サービス・デザインのプロセス ┃

〔ダブル・ダイヤモンド〕

　サービス・デザインは，サービス・イノベーションの1つの手法と考えてよいが，サービス・イノベーションで一般的に想定しているプロセスが製品イノベーションを模範としているのに対して，サービス・デザインではやや異なるプロセスをたどる。図10.2のように，「発見」「定義」「展開」「実現」の4つの段階で進む。「発見」と「展開」の段階では，選択肢を広げる拡散的な思考をするが，「定義」と「実現」では，選択肢を絞る収束的な思考で進める。拡散と収束を2度繰り返すことを示すために，2つのダイヤモンドの形が並んでいるので，「ダブル・ダイヤモンド」と呼ばれている。

　第1の発見段階では，対象とする問題の状況を調べ上げ，理解を深める段階である。できるだけ視野を広げて，先入観をもたずに，さまざまな要因に目を向ける。たんに，対象とする問題だけに焦点を当てるのではなく，その前後の行動や背景などにも目配りする。多くの情報を入手していくので，拡散的になる。

　具体的な活動としては，市場調査やトレンド分析といった一般的なマーケテ

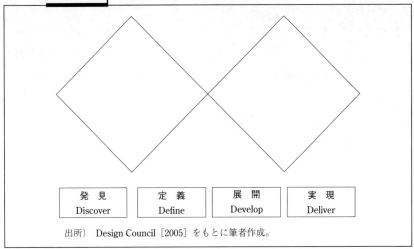

CHART | 図10.2 ダブル・ダイヤモンド

| 発　見
Discover | 定　義
Define | 展　開
Develop | 実　現
Deliver |

出所）　Design Council［2005］をもとに筆者作成。

ィング調査も行うが，ユーザー中心の原則のもと，ユーザーの観察といった定性的な調査に重きをおく。定性調査でも，ユーザーへのインタビューよりもユーザーの観察を重視するが，それはユーザー自身も認識していないことを発見するためである。したがって，高いレベルのイノベーションをめざすプロジェクトでは，この段階ではユーザーをチームに参加させない場合もある。

　第2の段階は，「定義」である。この段階では，発見段階で知りえた知見を分析し，解決すべき問題を特定する。そして，その取り組みが実行できるように計画する。たくさんの問題が相互に関係していることが多いが，そのなかから最も重要，かつ全体の問題を解消するような問題を選ぶという意味で収束的である。

　この段階では，表面的な問題を対象とするのではなく根本原因までたどり着くこと，そして問題を再定義することが鍵になる。問題の再定義とは，たとえば，音がうるさいことが課題であれば，音を小さくするためにはどうすればよいかという問題設定をするのではなく，その音を快適な音に変えるにはどうすればよいかという問題設定にすることである。この段階で問題設定を誤ると，高いレベルのイノベーションは起きない。

　第3の段階は，「展開」である。この段階では，「定義」段階で設定された問題を解決するための方法を生み出す探索的な段階である。多くの解決のアイデ

アを生み出すので拡散的である。

　具体的には，ブレイン・ストーミング（集団でアイデアを生み出す手法）やボディ・ストーミング（考えるだけでなく体を使って実演しながらアイデアを生み出す手法）といった手法を使って，さまざまな解決策を生み出す。ここで重要なのは，第1に，多様な専門性や価値観をもつ人が複数で取り組むことである。個人の思考の枠を越えるには，多様な観点からの刺激が必要である。第2に，他者のアイデアを批判するのではなく，そのアイデアに改善を加えていくことである。アイデアの評価は次の段階まで凍結して，アイデアを洗練させることに集中するのである。

　第4の段階は，「実現」である。この段階では，さまざまなアイデアから最終的に実装するアイデアを選び出し，市場投入まで行う。アイデアを絞る収束的な段階である。

　具体的には，アイデアの試作品（プロトタイプ）を制作し，ユーザーにテストをしてもらい，実装への制約や課題を抽出し，改善を加えていく。これを繰り返し実施していって，より実現性の高いサービスに仕上げていく。

　サービス・デザインでは，こうした4段階を直線的に進むことは想定していない。「展開」の段階から「定義」の段階に戻ったり，「発見」の段階に戻ったり，行ったり来たりすることをいとわない。

〔サービス・デザインのツール〕
　サービス・デザインの実践では，たくさんのツールが用意されている。「ペルソナ」「シャドウイング」「サービス・ブループリント（PROJECT No. 04参照)」「未来シナリオ」「ロールプレイ」など，上記の4段階の目的に有効なものを選択しながら使う。ここでは，よく利用される2つのツールを紹介する。

　まず，「カスタマー・ジャーニー・マップ」である。この表は，ユーザーの体験を旅の工程と捉えて，時間の経過に伴って，どのような行動をし，どのような思考や感情をもつのかを記述するものである（表10.2参照）。主に，「発見」「定義」の段階で利用することが多い。この表を作成するには，ユーザーの観察が欠かせない。

　次に，「ステークホルダー・マップ」である。これは，サービスの実行にかか

カスタマー・ジャーニー・マップ（例：朝起きてから出かけるまで）

場面	起　床	洗　顔	着替え	食　事
行動	目覚ましを止める 伸びをする 布団から出る	ガウンを着る 顔を洗う タオルで拭く	寝間着を脱ぐ スーツを着る	テレビをつける 急いで食事をする
身体感覚	大きな目覚まし音 カーテンから漏れる日差し 布団のぬくもりと部屋の寒さ	冷たい空気 冷たい水 隣家の雨戸をあける音 タオルの柔らかい肌触り	寝巻のぬくもり 冷たい空気 ワイシャツを広げる音 ワイシャツの固い肌触り	テレビの音 ごはんとみそ汁の湯気 茶碗とはしの肌触り みそ汁のにおい
思考	もう7時 まだ寝てたいなあ 今日は寒いなあ	今日は何するんだっけ 水が冷たい	もう冬だな 今日はあれやってこれやって	今日の天気は 今何時
感情	起きるのつらい (-.-)	さっぱりした (ˆ◇ˆ)	気合入った ＼(^o^)／	あわただしい (>_<)

出所）　筆者作成。

　ステークホルダー・マップ（例）

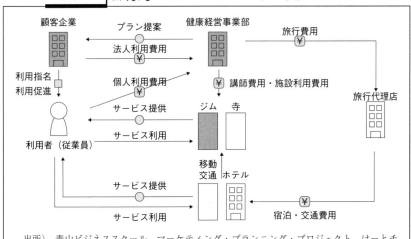

出所）　青山ビジネススクール　マーケティング・プランニング・プロジェクト　はーとチーム［2020］「ビジネスモデル図解ツールキット©図解総研（Licensed under CC BY4.0）」。

わる利害関係者の業務連携，いわゆるビジネス生態系を表すものである（図10.3参照）。「発見」の段階で使う場合は，影響力をもちそうな利害関係者や資源となりうる利害関係者を把握するのに役立つ。また，「展開」や「実現」の段階では，誰にどのような機能を担わすことができるかというアイデアを出したり，採算性の検討に使ったりする。

> 「越野さん，サービス・デザインの事例は調べたんですか」
> 「ああ，特許庁を調べたよ」
> 「特許庁？　政府の省庁ってお堅いイメージが強いんですけれど，サービス・デザインに取り組んでるんですか」
> 「そうだよ。この『商標拳』の動画をみてごらんよ」
> 「えー，政府がこんな動画をつくってるんですか。遊び心ありますね」
> 「だろ。特許庁は『チームワークの良い省庁ランキング』でも1位なんだぜ」

事例：特許庁

〔デザイン経営宣言〕

　2018年5月，政府から「デザイン経営宣言」という政策提言レポートが出された。そこでは，デザインを活用した経営手法を「デザイン経営」と呼び，それを推進することを提言している。その背景には，技術革新が激しい経営環境では，企業が顧客に真に必要とされる存在になる必要があるとの問題意識があり，その処方箋としてデザインの経営への応用に注目したのである。もちろん，ここでのデザインは，たんに意匠のことを意味するのではなく，人々が気づかないニーズを掘り起こし，事業にしていく営みと捉えられている。

　このレポートの旗振り役を果たしたのは，特許庁である。特許庁は，発明や実用新案，意匠および商標に関する事務を行うことを通じて，経済と産業の発展を図ることを任務とする行政機関である。意匠や商標に関する事務を行っているので，デザインの教育を受けている職員が少なからずいる。そのため，デザイン経営の旗振り役として適任だったのであろう。

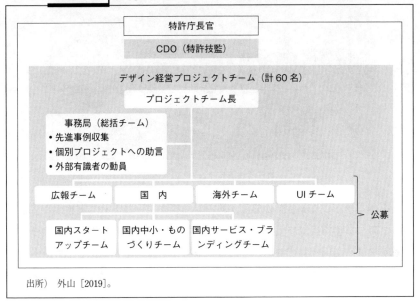

出所) 外山 [2019]。

　しかし，注目すべきは，特許庁が政策提言を行っていることではなく，デザイン経営を自ら実践していることである。特許庁では，不確実性や曖昧性を受け入れたり，メンバーがフラットに議論できるデザイン思考を有効に活用しているのである。

〔デザイン経営の取り組み〕

　特許庁でのデザイン経営の取り組みは，デザイン思考の理解から始まった。2018年2月から，外部の専門家を招いて，希望する職員に対して研修を実施した。若手だけでなく，管理職，そして幹部も研修を受けた。組織のトップである長官，ナンバー2の技監も受けており，デザインを重視していることがうかがえる。また，強制ではなく希望者が受講したにもかかわらず，職員の約15％に当たる400名以上が受講した。

　8月には，CDO（デザイン統括責任者）を設置し，庁内の序列ナンバー2の技監が就任した。そして，デザイン経営の事務局である総括チームが設置され，デザイン経営プロジェクトチームが発足した（図10.4参照）。

　次に，プロジェクトチームの主導のもと，6つのプロジェクトに公募でメン

プロジェクトルーム（特許庁提供）

バーを募ったところ，多数の応募があった。担当業務に加えて実施する活動であるため，業務負担は増えるのであるが，それにもかかわらず十分な数のメンバーが集まった。そしてメンバーには，取り組む課題を主業務としている部署の職員も含めた。プロジェクトチームが提案して終わるのではなく，提案内容を実際に業務に取り入れるためである。プロジェクトチームは総勢60名となった。

　プロジェクトルームも設置した（写真参照）。日常の業務から頭を切り替えるために，ミーティングルームを改装し，オフィス・スペースとはまったく雰囲気の異なる空間にした。そこには，カラフルなペンや付箋が十分に備えてあり，イラストで表現したり，アイデアを分類したりしやすくしてある。また，可動式のテーブルとイスがあり，メンバーの人数や内容によって，レイアウトを変えられるようにしている。さらに，チームの数だけホワイト・ボードを用意して，議論の経過を残して置けるようにした。

　10月に，キックオフ・ミーティングで，プロジェクトの全体像や各チームの取り組みの共有を行った後，11月には合宿形式でユーザー課題の発見から解決策の創出を行った。それまでに行った複数のユーザー・インタビューをもとに，ユーザーの立場になりきって，特許庁内の課題発見や解決のための議論を行った。その後，デザイン思考の専門家のアドバイスを複数回受け，2019年3月に成果報告会を実施している。

〔プロジェクトの実施プロセス〕

　約半年間のプロジェクトは，ダブル・ダイヤモンドを意識して推進された。まず，ユーザーへのインタビューから始まり，ターゲット・ユーザー像を作成して，そのユーザーの価値観や問題に共感した。次に，カスタマー・ジャーニー・マップを作成し，根本原因と思われるものを解決すべき課題として定義した。

　そして，ブレーン・ストーミングでたくさんの解決案を生み出した。その際，突拍子もないアイデアも否定せず，多様な意見を認めることで，日常の業務では出てこない解決策が数多く得られた。そうした解決案のなかから真にユーザーの問題を解決する案を絞り込み，スケッチや絵コンテで形にした。その試作品をユーザーに示し，具体的な意見を聞き，さらに改善を加えた。

〔国内サービス・ブランディングチームのプロジェクト〕

　6つのチームの1つである国内サービス・ブランディングチームは，対象を，安心してビジネスを続けられることを願う中小企業の経営者とした。発見した課題は，「知財について身近に相談できる人がおらず孤独を抱えている」，「特許庁のHPは難しそうだから見にいかない」ことだった。加えて，これまでの特許庁の広報では，知財に無関心な層に届きにくいことに気づいた。このため，経営者や周りの家族がスマホで視聴し，SNSで共有できる啓発動画を企画した。この啓発動画は，商標を取得しないことによるリスクを視聴者に気づかせることを目的としている。また，わかりやすく情報提供する特設サイトの開設も検討した。このプロジェクトは，実施に至り，商標権の特設サイトが開設されている。「商標拳」という拳法の達人が登場する動画もあり，楽しくわかりやすい内容になっている。

　その他の5つのチームの提案も，それぞれ通常業務への反映が検討されている。現在は，通常業務のなかでも，デザイン思考の考え方を取り入れる場面が徐々に増えてきており，昔に比べると多面的な視点での問題解決ができるようになっている。

「市村さん，プレゼン資料のコメントって最後のページに書きました？」
「あ，別の紙に書いて挟むの忘れてたよ。はい，これね」

市村リーダーからのアドバイス

1. 自分自身のサービス経験のカスタマー・ジャーニー・マップを作成しておくこと。
2. 最近困っていることについて，デザイナーとビジネスパーソンがそれぞれどのように解決するか，考えておくこと。
3. 以下の2冊の本に目を通しておくこと。
   - ティム・ブラウン（千葉敏生訳）［2019］『デザイン思考が世界を変える──イノベーションを導く新しい考え方（アップデート版）』早川書房
     デザイン思考という言葉を提唱したティム・ブラウンの考え方が書いてある。
   - 廣田章光・布施匡章編著（井登友一・瀬良兼司・仙波真二・宗平順己・山縣正幸著）［2021］『DX時代のサービスデザイン──「意味」の力で新たなビジネスを作り出す』丸善出版
     サービス・デザインについてわかりやすく説明されている。

「越野くん，おもしろいサービスができ上がったじゃないか」
「はい，大学で授業を受ける学生さんの観察や自宅のお部屋を訪問したこと，そして大学の先生の授業の準備や授業後の作業などを観察させてもらったことでアイデアが生まれました」
「デッサンの成果が出たな」
「はい。私のアイデアがベースなんですが，藤澤さんがアイデアを膨らましてくれて。たぶん，柴田社長の想像を超えた創造になっていると思います」
「ダジャレかい!?」

TEM 集

サービスに生産ライン方式を！

「朝垣さん，天ぷらとかお刺身とか和食が好きだよね！」
「はい。いつか遠い将来，大好きな和食のお店をやってみたいな，なんて思って
　います」
「じゃあ，やはり今回の案件は朝垣さんに頼むよ。和食が好きで，旅が好きと，
　クライアントとの共通点も多いからね。では，状況と依頼内容を説明しよう」

Project　TEM集

　　天源は，日本屈指の天ぷらの名店と呼ばれる老舗天ぷら屋である。風情ある
路地裏に溶け込む，純和風のたたずまいも，美しいと評判であり，著名人の常
連も多い。天ぷらは，厳選した旬の食材を軽い衣で仕上げ，サクッとした歯触
りもみごとで，上品な味わいを醸し出している。伝統の味と職人の技が引き継
がれていた。

　　現在は，3代目が店を切り盛りしているが，修業として2人の息子が入って
いた。そのうちの次男が赤川大志だった。長男が天源を継ぐことが決まったた
め，大志は違った形で，新しく天ぷら屋を展開したいと考え始めていた。

　　大志は，学生時代，1人暮らしをしていて，バックパッカーで世界を回った
経験もある。そのときは，短時間で安価で，手軽に食べられるお店に助けられ
た。そうした経験から，「天ぷらをもっとたくさんの人に気軽に楽しんで食べて
ほしい」と思い，「若者や海外の旅行客向けのカジュアルな天ぷら屋」を出すこ
とを提案した。

　　そのアイデアを受けて，「伝統」も重んじるが，同時に「革新」も重んじる3
代目である父からは，「今までとはまったく違った発想でやってみなさい」と後
押しを受けた。今までのターゲット，店舗運営スタイルとはまったく異なる店
づくりに挑戦することになったのである。

　　大志は，店名を「TEM集」とすることに決めた。海外からの旅行客も含め，
さまざまな人々が気軽に「集」えるような店にしたかったからである。自分の
かつての経験から，顧客が「短時間で安価で手軽」に食べられる天ぷら屋をめ
ざすことに決めた。多くの人に食べてほしいので，将来的にはTEM集を多店舗
展開することも視野に入れた。しかし，高級天ぷら屋の経験しかない大志は，
どのように進めていけばよいのか，悩んでいた。

「今回のクライアントは，『TEM集』を創業することとなった赤川大志さんだ。
　朝垣さん，君の仕事は，多店舗化も見据えたカジュアルな天ぷら屋のビジネ
　スモデルを構築する手助けをすることだ」
「わかりました。たくさんの人に，気軽に天ぷらを楽しんでもらいたいという赤
　川大志さんの考え方は，すごく共感できます。全力でがんばります！」

1 サービス・マニュファクチャリング
▶ サービスの工業化・標準化・機械化

サービスの工業化

〔サービスの生産性〕

　サービス業は，製造業と比べると，生産性が低い。図11.1が示すように，サービス産業の労働生産性（実質GDPを総労働時間で割った値）は，製造業と第1次産業とをあわせた産業群と比較すると，2000年頃に逆転され，それ以降は差が開いている。第1次産業の生産性は低いので，製造業だけと比較すると，もっと早い時期に逆転が起こっているだろうし，差も大きいだろう。

　サービス業も多様なので，生産性の高い業種と低い業種がある。たとえば，金融業・保険業や情報通信業は，全産業平均の2倍以上の高さだが，宿泊業・飲食サービス業や医療・福祉などは，全産業平均の半分以下の低さである。また，同じ業種でも，生産性の高い企業もあれば低い企業もあり，ばらつきが大きいという指摘もある。

　このように，サービス業，とくに特定のサービス業の生産性が低いのには，次のような理由が考えられる。第1に，サービスの生産は労働集約的，すなわち人間の労働力に頼ることが多いからである。多くのサービスは，人間によって生産されている。したがって，事業を拡大する場合，従業員も増やさなければならないため，規模の経済性が効きにくい。

　第2に，サービスは形がない（無形性）ので，購入よりも前に，消費者が品質を判断するのが難しい。したがって，価値に即した高価格を設定しにくい。

　第3に，生産と消費が同時に行われる（同時性）ため，顧客が来なければ生産できない。生産していない時間でも，人件費や店舗の家賃などの固定費は発生するので，稼働率を高く維持できないと生産性が悪化しやすい。

　第4に，サービスは提供する従業員によって品質が変わる（変動性）ため，一定水準以上の品質のサービスが生産できなかったり，顧客の要求に合わなか

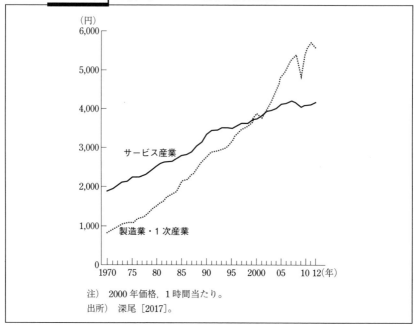

注) 2000年価格，1時間当たり。
出所) 深尾［2017］。

ったりする場合がある。さらに，事業を拡大しようとしても，新規採用者が一定水準以上の品質のサービスを提供できるようになるには，訓練に時間がかかる。

　第5に，サービスは，生産するとすぐに消滅してしまう（消滅性）ので，在庫をもつことができない。在庫をもつことができれば，あらかじめ効率的に生産しておくことができる。しかし，サービスは，顧客が来たときに，その顧客のためだけにしか生産できない。したがって，生産における規模の経済が効きにくい。また，多くの顧客が来たとしても，すべての顧客へサービスを提供することができない場合がある。加えて，サービスは輸送ができないので，提供できる地域が限定される。もちろん，海外へ輸出することもできない。

〔サービスの工業化〕

　企業は，サービスの生産性を上げようと，さまざまな努力をしている。サービスの工業化とは，サービスの生産に，工場でのモノの生産方法を取り入れ，

	生産ライン・アプローチ	権限委譲アプローチ
基本的な事業戦略	低コスト，大量	差別化，カスタマイゼーション
顧客との関係	取引，短期的	関係性，長期的
技　術	ルーチン，単純	つど変化，複雑
事業環境	予測可能，意外性少	予測不可能，意外性多
人材のタイプ	X理論のマネジャー 成長欲求や社会的欲求，対人スキルが低い従業員	Y理論のマネジャー 成長欲求や社会的欲求，対人スキルが高い従業員

出所）　Bowen and Lawler［1992］をもとに筆者作成。

生産性を上げることである。具体的には，属人的に実施していた仕事を誰にでもできるように標準化したり，人間が行っていた工程を機械にやらせたりすることなどである。

　マーケティング研究者のセオドア・レビットは，1976年時点ですでに，サービスの工業化について述べている。彼は，「サービスを属人的なものとみなすと品質や効率は向上しない。組織的に低コストで効率よく品質を保つ，メーカーの生産管理の発想を取り入れるべきだ」と主張した。その典型的な事例としてマクドナルドを取り上げ，ハンバーガー・バンズが一定の大きさや味，硬さになっていること，店舗内スペースに無駄がないこと，従業員の自由裁量が極力減らされていること，フライドポテトをつくるプロセスが機械化されていること，包装紙が色分けされていることなど，さまざまな方法によって生産性を高めていることを説明している。

　こうしたサービスの工業化を追求するアプローチ（生産ライン・アプローチ）に対して，対照的に従業員の裁量を大きくするアプローチ（権限委譲アプローチ）があり（PROJECT No. 08 参照），それらを比較すると，表11.1のように整理できる。

　生産ライン・アプローチを追求する企業は，基本的な事業戦略は低コストで大量生産・大量販売になるだろう。一方，権限委譲アプローチをとる企業は，差別化戦略，個々の顧客へカスタマイズする戦略になるだろう。顧客との関係は，生産ライン・アプローチでは，1回1回の取引に注目し，短期的な関係に

なりやすいが，権限委譲アプローチでは，長期的な関係を構築しようとする。生産技術は，生産ライン・アプローチでは，作業工程を単純化してルーチンになるようにするのに対して，権限委譲型では個々の顧客にニーズに合わせるので，そのつど変化し複雑になる。生産ライン・アプローチは，将来の予測がしやすく，意外な出来事が起こらない事業環境に適しているが，権限委譲アプローチは，将来の予測が困難で，何が起こるかわからないような事業環境に適している。

　また，管理者人材のタイプでみると，生産ライン・アプローチでは，人間は働くのが嫌いで，成長意欲もないと捉え，報酬と罰則で管理するマネジャーが適していて，権限委譲アプローチでは，そもそも人間は働くことに喜びを感じ，自発的に取り組むと捉えて，独立性を認めて自発性を有効に活用するマネジャーが適している。

　生産ライン・アプローチも権限委譲アプローチも，それぞれに効果的なアプローチではあるが，生産ライン・アプローチのほうが，規模の拡大がしやすい。なぜなら，人材に求められるスキルが少ないので，容易に人員を増やすことができる。また，生産作業が単純でルーチン化されているために，規模を拡大しても品質が低下しにくい。一方，権限委譲アプローチでは，複雑で顧客ごとに生産方法を微調整しなければならないので，未熟練な従業員では，安定した品質を保つことができないからである。

サービスの標準化

〔サービスの標準化〕

　サービスの標準化とは，サービスの生産の各段階を順序正しく設計し，すべての結果が均一になるように，変動のない連続的な工程にすることである。それはあたかも，工場で行われるモノの大量生産のようであり，品質が一定のサービスを次々に生産することができる。

　サービスの標準化の反対概念は，サービスのカスタマイゼーションで，個々の顧客に工程を合わせることである。それぞれの顧客のニーズに合うサービスを提供することができる。

　カスタマイゼーションは，顧客満足度が高くなるが，生産性は犠牲になる。

既存のサービス・プロセスの分析

望ましいサービス・プロセスの設計

顧客の期待を従業員の行動へ翻訳（マニュアル化）

適切な基準の設定

基準の測定とギャップの分析

従業員へのフィードバック

基準やマニュアルの改訂

出所）Zeithaml et al.［2017］をもとに筆者作成。

一方，標準化は，顧客満足度はやや落ちるものの，生産性は高くなる。ただし，標準化は，コストの低下を達成し，価格も下げることができるので，価格に対する品質の満足度は，カスタマイゼーションに劣らない。

　標準化とカスタマイゼーションは，反対概念ではあるが，実際の企業では，ある工程は標準化し，他の工程はカスタマイゼーションを行っていて，生産性と顧客満足の両面を追求している。

　サービスの標準化は，図11.2のようなプロセスをたどる。第1に，既存のサービス・プロセスを分析して，理解することである。サービスの生産現場を観察して，どのようにサービスが生産されているかを明確にしていく。これには，サービス・ブループリントを活用するとよい（PROJECT No. 04参照）。

　第2に，顧客のニーズに応え，かつ効率的なサービス・プロセスを設計する。通常は，既存のサービス・プロセスの無駄を取り除き，改善するアプローチをとることが多いが，まったく白紙から考えることもある。また，この時点で機械化できる部分があれば，機械の導入を加味して設計する。

　第3に，第2のステップで設計したサービス・プロセスを進めるために，従業員がどのような行動をするべきか手順を考える。たとえば，「店舗に顧客が入ってきたら，『いらっしゃいませ』という」といった具体的な内容である。この手順を記載したものをマニュアルと呼ぶ。

　第4のステップでは，従業員が達成すべき基準を設定する。たとえば，「ズボンの裾上げに，顧客を15分以上待たせない」といったことである。

第5のステップでは，基準が満たされているかを測定し，もしも満たされていない場合には，何を変更すべきかを特定する。

　第6のステップでは，測定結果と問題点，改善方法を従業員に伝える。そして，第7のステップとして基準やマニュアルの変更が必要な場合はそれを実施する。

〔マニュアル〕

　マニュアルとは，ある状況に対してどのように行動すればいいのかがわからない人へ，具体的な行動内容・順序を記した文書である。サービス提供の文脈では，サービス・プロセスにおける従業員の行動内容・順序を記したものである。サービス・プロセスの一部を分離して作成されることも多く，接客マニュアル，アフターサービス・マニュアル，苦情対応マニュアル，管理マニュアルなど，さまざまな名称のものがある。

　マニュアルに沿った行動をすれば，誰にでも基準を満たしたサービスが提供できるようになっている。たとえば，ファストフード店では，初めてアルバイトをする高校生であっても，サービス・マニュアルを読めば，短い期間の研修を受けるだけで，店頭に立つことができるようになる。また，安全性を求められる公共交通機関や病院などでも，事故を起こさないように，指差し確認などが記載されたマニュアルが利用されている。

　よく整備されたマニュアルは，次のような条件を満たしている。第1に，顧客の期待を反映していることである。マニュアルどおりに遂行すれば，顧客が満足してくれるようになっていることである。第2に，初心者でも実行できる行動が記載されていることである。熟練者でしかできないものでは，マニュアルとは呼べない。第3に，具体的な行動がわかりやすく示されていることである。読めばすぐに何をするのかがイメージできなければならない。

　マニュアルはサービスを標準化するのに強力なツールだが，いくつかの弱点もある。第1に，あらゆる状況に対応できるわけではないことである。想定外の顧客の要求や出来事が発生することもあり，マニュアルにそうした状況での行動が示されていないこともある。初心者がそういう状況に陥ると，柔軟な対応ができず，対応不能になったり，不適切な対応をしたりする。そうした事態

を避けるために，あらゆる状況に対応しようとすると，マニュアルが分厚くなり，読み切れなくなってしまう。第2に，マニュアルを遵守することが目的化する従業員が出てくる。すでに顧客の期待に沿っていないマニュアルでも，改訂しようとせず，そのまま実施する状態が続くこともある。

〔サービス基準〕

サービスの標準化に成功している企業は，従業員が一定品質以上で均質なサービスを提供できるように，サービスの基準を設定している。たとえば，サービスの時間に関する基準や苦情を受けてから回答するまでの時間の基準などである。

こうした基準は，企業側の都合で設定するのではなく，顧客の期待に沿って設定すべきである。顧客の要求よりも緩い基準にしていると苦情が出るだろうし，顧客にとってこだわりのない事項に厳しい基準を設ける必要はない。組織の能力を超えた基準では，その基準を満たすことができないので，実施可能な範囲で顧客の期待に応じられる基準に設定するのが望ましい。

こうした基準は，明確にすると効果が高い。「顧客への苦情には素早く回答する」よりも「顧客への苦情には24時間以内に回答する」と測定可能な数値を使った基準のほうがいい。たんに「素早く」では，ある従業員は48時間以内と考えるかもしれないし，ある従業員は6時間以内と捉えるかもしれない。したがって，均質なサービスにはならなくなる。基準を測定可能にしておけば，従業員が迷うこともないし，基準を満たすための改善方法も考えやすい。

このように数値で表すことができる基準をハード基準と呼んでいる。ハード基準を満たすサービスは，サービス品質 SERVQUAL （PROJECT No. 06 参照）の5つの項目のうち，とくに信頼性と対応性を高める。いつでもどこでも，約束した水準の品質を保てば，信頼性が高まる。また，顧客要求に対して一定時間内に反応すれば，対応性が高まる。

一方，数値で表現できない基準もある。たとえば，「顧客との会話は丁寧に」といったものである。こうした基準をソフト基準と呼ぶ。ソフト基準は，従業員の行動の方向性を示し，誘導することができる。とくに，従業員と顧客が直に接するサービスでは重要である。数値では測定できないが，顧客や従業員と

の会話やサービス現場の観察によって，状況の把握や改善を検討することはできる。

　多くの企業は，ハード基準とソフト基準の両方を使いながら，サービスを標準化している。

┃ サービスの機械化とセルフサービス ┃

〔サービスの機械化〕

　サービスの工業化の主要な方法は，サービスの標準化のほかにはサービスの機械化がある。**サービスの機械化**とは，人間が実施していたサービス・プロセス内の作業を機械に代替させることである。

　たとえば，ある回転寿司チェーンでは，来店人数やテーブル席かカウンター席かの希望をスタッフが聞くのではなく，端末へ入力させている。また，注文もスタッフが聞くのではなく，テーブルに置いてあるタブレット端末から入力させている。調理の場でも，シャリ玉は機械が握る。握るネタの選択も，コンピューターが過去のデータから需要を予測して指示してくれる。配膳もコンベアにさせているし，皿の数も自動端末に勘定させている。サービス・プロセスのかなりの部分が機械化され，あたかも工場で寿司を食べているような感覚になることがある。

　サービスの機械化のメリットは，第1に，コスト削減である。人間が実施する作業が減少するので，オペレーションに必要な人数も減少し，人件費が減少する。従業員のモチベーションを維持したり，人間関係に配慮したり，シフトを組んだりする管理コストもなくなる。採用も評価も研修もいらない。第2に，生産時間が短縮されれば生産量も上昇し，売上が増加する可能性もある。第3に，サービス品質が向上する。機械は人間のように欠勤したり，気持ちのもちようでパフォーマンスが落ちたり，ミスしたりする心配がない。したがって，品質が均一化する。第4に，安全性が増す。危険な作業を機械化すれば，従業員の怪我_{けが}が発生しなくなる。第5に，職場環境の改善である。高温や低温の場所での作業や粉塵_{ふんじん}の多い場所での作業など，悪環境での作業を機械化できれば，従業員の健康面にも配慮できる。

　一方，サービスの機械化のデメリットは，まず，機械の導入費用である。機

械を導入するよりも，人間に行わせたほうが，低コストである場合もある。次に，サービス・プロセスが，機械ができることに依存してしまうことである。本来は，顧客の期待に応えるサービス・プロセスを設計しなければならないが，それに適した機械がないと，機械の機能に合わせてサービス・プロセスを変更しなくてはならない。結果的に顧客満足が高まらない可能性がある。顧客ニーズの変化から，サービス・プロセスの変更が必要な場合も，機械の機能が足かせになる場合がある。第3に，機械化が進むと，イレギュラーな対応ができなくなってしまったり，機械の故障時に人的な対応では作業をこなせなくなったりする。また，従業員の経営感覚が育たなくなってしまう。自ら作業をしていると，売れ筋商品や顧客のニーズの変化に気づいたりするが，機械任せだと見過ごしてしまうことがある。そのため，あえて機械化しないプロセスを残す企業もある。たとえばセブン-イレブンでは，商品や数量を決める発注業務だけは，人間が判断して行うようにしている。

　昨今のサービスの機械化は，たんに作業を機械に置き換えるというよりも，もっと高度化している。それを後押ししているのは，次のような技術である。第1に，人工知能（AI）である。学習や言語の理解など，人間でしかできないと思われていたことが，AIでできるようになってきた。次に，インターネット・オブ・シングス（IoT）である。あらゆる機器にセンサーをつけて，遠隔でデータを取得できるようになった。機械の使用状況も遠隔かつリアルタイムで把握できるようになっている。第3に，クラウドである。サーバーやストレージを自社に所有しなくても，必要なときに必要な分だけインターネットを通して利用できるようになった。第4に，モバイルである。外出先で通信できるようになり，かつ1人1台の端末をもっているので，さまざまなデータが取得できる。第5に，第5世代移動通信システム（5G）である。現行の4Gよりも約20倍の通信速度になるため，遠隔での共同作業などが容易にできるようになる。

　こうした技術を使って，たとえば，コールセンターでは，顧客やオペレーターの会話を音声認識し，会話で出てきたキーワードから，自動で回答に利用できる情報の候補を表示するシステムができている。医療の分野でも，レントゲン画像をAIが診断して，がんの存在を発見している。医者のもつ高度なスキ

ルさえも AI が代替するようになった。

　こうした技術を導入すると，サービス・プロセス全体が変化してくる。求められる人材の種類も変わってくるし，組織編成も変える必要があるだろう。このように，デジタル技術の導入により，企業がビジネスのやり方を根底から変革することをデジタル・トランスフォーメーション（DX）と呼ぶ。現在，サービス業に限らず，あらゆる業界の企業が，DX に取り組んでいる。

〔セルフサービス〕

　セルフサービスとは，顧客が従業員と接することなくサービスを生産することである。すべてのサービスを顧客が生産することもあるが，一部だけを生産することもある。したがって，あらゆるサービスは，完全に企業だけが生産する場合と完全に顧客だけが生産する場合を両極にして，その間に位置づけることができる。

　今日，さまざまな分野で，さまざまなセルフサービスが導入されている。こうした技術は，サービス企業のコストを低減し，生産性を高める。表 11.2 は，セルフサービスの事例である。

　セルフサービスが増えているのは，情報技術の進展が大きく影響している。インターネットや IoT，AI などの進化によって，今まで不可能だったことが可能になっている。チャットボット，スマート・スピーカーなどは，10 年前には存在しなかったセルフサービスである。セルフサービスは，基本的従業員が実施していた作業を顧客自身にさせるのだが，こうした新しいセルフサービスは，従業員が実施していた作業を自動化している。

　セルフサービスは，企業側にとってはコスト削減をもたらすが，顧客側にも便益がないと利用されない。いつでもどこでもアクセスできる，履歴が残る，使いやすい，価格が安いなど，自分で作業する負担を超えるメリットが必要だろう。また，十分なメリットがあったとしても，これまでの行動に慣れている顧客は，何かのきっかけがないとセルフサービスへの行動変容は起きにくい。

　消費者が，新しいセルフサービスを試そうとするには，いくつかの要因が影響する。第 1 に，動機づけである。上記のような，自分にとってのメリットが必要である。それも従来の人的なサービスと比較して，明らかなメリットがな

• スーパーマーケット	• 銀行の ATM
• ガソリンスタンドでの給油	• 小売店での自動精算機
• ビュッフェ	• カーシェア
• ドリンクバー	• オンライン・ショッピング
• 回転ずし	• オンライン納税
• セルフオーダー端末	• オンライン・バンキング
• 自動販売機	• オンライン・オークション
• 航空会社の自動チェックイン機	• スマート・スピーカー
• ホテルの自動チェックイン・チェック	• チャットボット
アウト機	

出所） Zeithaml et al.［2017］をもとに筆者作成。

いと試そうとはしてくれないだろう。第2に，セルフサービスを使いこなす能力である。たとえば，スマホを使っていない高齢者には，アプリを通したセルフサービスを使いこなすのは難しいだろう。新しい技術に慣れていない消費者は，従来のサービスを使い続ける確率が高い。第3に，役割の明確さである。自分が何を行えばいいのかがはっきりしないと，どう使っていいのかわかりにくい。

「朝垣さぁ，今回のクライアントは，天ぷらの店なんだって？」

「そうですよ。私が和食好きで，しかもクライアントの赤川さんと共通点も多いってことから，市村リーダーに担当を任されたんです」

「和食つながりなら，むしろ俺だよな。実家はカツオのたたきの店だしさ」

「そうですよね。でも今回のプロジェクトはそういう意味でも気合入ってるんですよ。いろいろ，勉強になりそうだし」

「えっ!?」

「越野さん，実家で私の話をしてるっていってましたよね」

「そういう意味で話してたんじゃなくて。いや，でも，まあ，完全にそういう意味がなかったとも言い切れないか」

「越野さん，じゃあ今日から，そういうゴールをめざして，私たちのプロジェクト・スタートってことでもいいですか」

「……うん。この案件，手こずりそうだけど，まあ，そういうことで」

事例：QBハウス

〔会社概要〕

　QBハウスは，日本の企業であるキュービーネット株式会社が運営している
ヘアカット専門店である。一般の理容室で通常行うシャンプーやブロー，シェ
ービング等，顧客が自分自身でできることはサービスに含まず，自分でできな
い「カット」のみに特化したサービスを提供する。カットに要する時間は約
10分，価格は税込1200円で提供している。

　社名・店名の「QB」は，「Quick Barber」（速い理容室），「Quick Beauty」（速
い美容室）などさまざまに由来する。また，アメリカン・フットボールのポジ
ションの1つである「Quarter Back」（クォーター・バック）の頭文字でもある。
これは，「旧態依然とした理美容業界に，一石を投じたい」と考えた創業者が，
理美容業界をコントロールしたいという思いを込めたものである。

　1995年に会社を設立。1996年，東京都千代田区に1号店「QBハウス・神
田美土代店」をオープンし，以後，全国各地に店舗を展開。日本国内では
2020年6月末時点で，店舗数は582，年間の延べ来客者数は1500万人を突破
している。

　また，海外にも積極的に進出し，シンガポールに36店（設立：2002年），香
港に64店（設立：2005年），台湾に29店（設立：2012年），アメリカに4店（設
立：2017年），合計133店展開している。

〔サービス誕生の背景・経緯〕

　QBハウスのサービスはどのように生まれたのか。それは，創業者の小西國
義氏の経験にある。

　小西氏はある日，予約をして，価格が高めの総合調髪サービスの理容店に行
った。予約をしていったにもかかわらず，長時間待たされた。そしてようやく
自分の番が回ってきて，髪の毛を切っていると，切っている従業員が，かかっ
てきた電話に出たり，遠くまで蒸しタオルを取りに行ったり，落ちた髪の毛を

掃除するためのホウキを取りに行ったりした。加えて，髭剃りのために顔に泡をつけられたまましばらく放置された。多忙だった小西氏は，対応に不満をもった。結局，1時間滞在し，5000円ほどのお金を払って，髪の毛を切っている時間は10分程度だったということに気づき，「そこだけやってくれ」とリクエストしたら，「何ですか，それは」と言われた。こうした経験から，それでは自分でやってみようと考え，カットだけを提供するカット専門店を始めたのがQBハウスであった。

　QBハウスは，従来の「時間がかかり，それなりの料金」だった業界の常識を覆し，「速くて安い」サービスを実現することに注力していった。

　「時間のないお客さんにとっては，必要のないサービスはしないほうがいいことに気づいた。むしろサービスをなるべく絞り込んで，できるだけ待たせずに早く元の場所に戻してあげることが，良いサービスなのだと思った」。後に，小西氏は当時の経験を振り返って，こう語っている。

〔10分へのこだわり〕

　速いサービスの実現として，「10分」を標榜したが，これをいかに達成していくかを考えたとき，小西氏は，自身が感じた不満を1つひとつ排除していくことにした。

　まず，店に電話を置くのをやめた。だから，予約を受け付けたり，化粧品や器材の売り込みの電話に対応する手間が省けた。次に，毎朝，洗顔と同時に髭をそる人にとって，髭剃りは不可欠なサービスなのかと考え，髭剃りもやめた。これで，カミソリ負けを防ぐための泡のシェービング・フォームも不要になった。そして，朝，シャンプーを済ませてきた顧客にとって洗髪は必要なのかと考え，シャンプーもやめた。それに伴い，ブローすることもやめた。もちろん，パーマやカラーリングも行わないことにした。

　スタイリストの動きにも注目した。たとえば，遠くまで蒸しタオルなどを取りに行くために時間がかかっていたので，すべてのものに手が届くように什器や器具の配置も見直した。また，通常の理美容室では減菌器は店に1つしかなく，スタイリストはそこに移動するまでに多少の時間がかかっていたため，作業動線を徹底的に短くするよう，QBハウスでは席ごとに減菌器を設け，ス

タイリストが歩かなくても作業が終わるように工夫した。

　こうしてカットというコアなサービスだけに絞り込み，その舞台をつくることで，サービスの時間を短縮するだけでなく，1人の顧客に対する料金を安くすることができた。なぜなら，10分でサービスを提供できれば，最大1時間で6人の顧客にサービスすることが可能となる計算が立つからだ。従来の一般的な理容店は1時間当たり3500円前後であることを考えれば，客単価は安くなっているが，時間当たりの生産性はむしろ向上することになる。

　ただし，QBハウスは，自らのサービスの本質は，「料金の安さ」ではなく，あくまで「仕上げまで10分」という「時短」にこそあるとしている。

〔業務効率化とデータの活用〕

　10分という短時間のサービスを実現するために不可欠だと考えたのは，スタッフのカット・スキル向上と，業務効率化であった。

　スタッフのカット・スキル向上においては，マニュアルを整備し，採用したスタッフに「10分カット」の技術を中心に徹底した研修を行った。

　業務効率化においては，スタッフが移動に要する時間をできるだけ削減するために，さまざまな工夫を凝らした「システムユニット」を導入した。システムユニットのなかには，カットするのに必要な設備や道具が機能的に収納されている。

　独自の道具としては，「エアウォッシャー」と呼ばれる毛くずを吸い取る機器を開発した。これにより，毛くずを洗い流す必要はなくなり，洗髪の工程を省くことができる。洗髪が不要になると，顧客が座るイスもリクライニングする必要はなく場所を取らないため，店舗の面積も狭くて済んだ（写真参照）。

　また，会計をするにはレジまで移動を伴い，料金支払いや釣り銭の受け渡し作業が発生し，手を洗い直す必要もあるため，受付機能も兼ねた券売機を導入した。これにより，スタイリストは，会計に伴う業務にも時間を取られずに済むようになった。

　さらに，これらの仕組みにより可能になったことは，データの取得である。店舗入り口の券売機で利用券を販売すると，入店時間が記録される。スタッフがカットを始めるときに，座席そばのタッチ・パネルで利用券をスキャンし，

システムユニットとエアウォッシャー（キュービーネット
ホールディングス株式会社提供）

性別・年代などの属性を入力すると，開始時刻が登録される。そして，エアウォッシャーで毛くずを吸い取り，その電源を切ると，カット完了としてその時刻データが自動的に記録される。これで，顧客1人ひとりの待ち時間やカット時間といったデータが，スタイリストの手をほとんど煩わせることなく，取得できるようになった。なお，データは，ネットを通じて本部に送られ，顧客情報の管理とともに，スタッフの最適な勤務シフトの作成，店舗の立地分析，今後の出店戦略の策定などに利用されている。

「朝垣さぁ，QBハウスの調査分析終わったか」
「はい，だいたい終わったので，プレゼンに向けて資料を整理しています」
「そういえば，朝垣，前髪切った？」
「ちょっとの髪型変化でも気づいてくれるようになったんですね。嬉しい♪」
「なんか，かわいいな……。ところでさぁ，市村リーダーが言ってたんだけれど，今回のクライアント，朝垣と気が合っているらしいな」
「そうなんですよ。赤川さんって，古風な感じで穏やかで。仕事の話はもちろんのこと，ミーティング中，海外旅行やおいしい和食の店で盛り上がっちゃうことも多くて。楽しく仕事させていただいています」
「ふーん，そうか。まあクライアントと心を通じて，仕事を楽しめるってことは

いいことだよな。がんばれよ」
「はい，赤川さんの夢のお手伝いがしっかりできるようにがんばります！」

「市村リーダー，私，今回のプロジェクトは絶対に成果を出したいんです！」
「朝垣さん，アクセル全開で取り組んでいるようだな。アドバイスをメモしてお
　　いたので，みておいて」

市村リーダーからのアドバイス

1.　フランチャイザーになって多店舗展開するためには，どうすればよいのか，
　　調べておくこと。
2.　セルフサービスとそうでないサービスを比較して，サービスを提供する企業
　　にとっては，それぞれどんなメリット・デメリットがあるか，考えておくこ
　　と。
3.　以下の2冊の本に目を通しておくこと。
　　●内藤耕［2010］『サービス産業生産性向上入門──実例でよくわかる！』日
　　　刊工業新聞社
　　　サービスをより効率的に提供しようと考えている企業の取り組み事例が多く載
　　　っている。
　　●松井忠三［2013］『無印良品は，仕組みが9割──仕事はシンプルにやりな
　　　さい』角川書店
　　　無印良品で使われているマニュアルMUJIGRAMについて書いてある。

　「いよいよ，プレゼンの日だ。赤川さん喜んでくれるといいな。がんばろう！」

　「プレゼンテーションは以上です。赤川さん，『TEM集』の多店舗展開を見据え
　るのであれば，組織的に低コストで効率よく，品質を保つというメーカーの

生産管理の発想を取り入れなければならないと思います」

「そうですね，朝垣さん。『天源』とはまったく異なる店のあり方になりますが，お客様の身近な存在として，多くの皆様に愛される店にしていきたいと思います。ありがとう。また仕事で行き詰まったら相談させてください」

「朝垣さん，おつかれさま。そういえば，越野くんが，ぼくもちょっと話を聞きたいっていって，赤川さんに会いに行ったの聞いてるかい？」

「えっ，知りませんでした。何しに行ったんだろう」

「ぼくには，同じ和食つながりってことで，実家のカツオのたたき屋の経営の参考にもなるかもしれないし，朝垣の先輩としてちょっとご挨拶したいって言ってたけど」

「そうなんですね。越野さんと赤川さん，まったく性格は違うけど，同い年だし，2人とも勉強熱心で優しいし，気が合うかもな」

エンジョイソング

消費者の感情を揺さぶろう！

「エリー　my love so sweet 〜」

「市村リーダー，その曲は，サザンオールスターズの『いとしのエリー』[注1] で
　すよね。名曲ですよね！　それにしても，男２人のカラオケにその選曲はち
　ょっと」

「今回のクライアントであるカラオケ店の事前調査に来たはずが，ついつい歌い
　こんでしまった。ところで，越野くんのいとしい人は彼女だよね⁉　そろそ
　ろ本気で"ラブ"ソング練習しておいたほうがいいんじゃないか〜？」

「……（照笑）じゃあ，練習のため，次，ぼくが本気で歌います！」

Project　エンジョイソング

　エンジョイソングは，カラオケボックスを運営する事業者である。1970年にオープンして以降，全国にカラオケボックスを展開し，現在は業界5位の位置となっている。

　エンジョイソングは，価格の安さを売りに店舗数を拡大してきたが，同業他社で同じような価格付けをする競合も多く出てきたため，ここ数年は価格競争に巻き込まれていた。とくに激戦区の都心では，低価格化が進み，エンジョイソングでは，平日30分会員価格100円（税抜き），ワンオーダー制としていたが，競合他社で90円と100円を切る店も出てきていた。

　そうした状況のなかで，エンジョイソングのマーケティング部の田池栄子部長は，競争に勝ち抜くために，さらなる低価格化を進めようと考えていた。しかし，その矢先，人事部長の村上部長から，苦言を呈された。「田池部長，低価格化はもう限界があるよ。人件費は極限まで見直した。正社員のボーナスは，ここ数年減額し続けている。アルバイトに関しては，どの地域でも最低賃金水準で，人集めに苦労している。これ以上価格を下げると収益を圧迫し，社員やアルバイトを会社につなぎとめておくことも，集めることもできなくなってしまうよ」。

　田池部長は，困惑した。人件費を削れないとなれば，次は，出店場所を変えて賃料を下げるべきか。都心であれば，駅前立地をあきらめ，駅から離れた場所に出店することも考えられる。しかし，そうなると利便性が悪くて，集客できるのかという不安もあった。

　コストを下げるにも，もう限界があった。最近では，社内での事務作業は，紙代を節約するために，ペーパーレスを推奨し，プリントアウトするにしても，インク代を節約するために，カラーコピーを禁止にしていた。

　正直，田池部長自身も，最近は，カラオケボックスの収益低下に伴う社内のコスト削減施策の取り組みに，心身ともに疲れを感じていた。

「今回のクライアントは，エンジョイソングの田池部長だ。越野くん，君の仕事は，なぜ価格競争に陥ってしまっているか理由を示すとともに，そのような状況から脱却するための道筋を示すことだ」
「わかりました！　ぼくは，カラオケボックスの価値は安い，近いだけで決まるものではないと思っています。がんばります」

1 サービスの経験価値・ブランド価値
▶ 脱コモディティ化のための価値形成

コモディティ化

〔コモディティ化とは〕

　小麦や石油など，一般的に差別化要因がなく完全にまたは部分的に実質的代替性を有し，価格競争に陥りやすい製品のことを「コモディティ」と呼ぶ。そして，発売当初は差別化されていたものでも，企業間での模倣行動や競争の結果，製品間の差別化要因が失われ同質化していく状況を指して「コモディティ化」と呼ぶ。

　コモディティ化は，以前から製品に関して使われることが多かったが，1990年代後半になると，サービスの領域においても，しだいに確認されるようになっていった。似たようなサービスが数多く市場に投入され，中身による明確な差別化がしにくくなり，やがて同質化し，消費者にとっては，他の類似したサービスといつでも代替可能になる状態である。サービス提供企業の企業間における技術水準がしだいに同質化し，本質的部分での差別化が困難となり，どのブランドのサービスを取り上げてみても顧客側からするとほとんど違いを見出すことのできない状況である。

　コモディティ化に関しては，さまざまな定義・分析がなされているが，そのなかで，とくに価格との関係に言及したものもある。「製品やサービスの価値を特定少数の次元に基づいて把握できる程度」を意味する「価値次元の可視性」という概念を用いて，コモディティ化の本質とは，競争のなかで製品やサービスの価値次元の可視性が徐々に高まっていった末に，製品やサービスの価値が"価格"という最も可視的な次元に一元化され，価値次元の可視性が極大化した状況だとするものである。つまり，やや拡大解釈すると，「コモディティ化とは，ある商品カテゴリーにおける競合企業間で，製品やサービスの違いが価格以外にはないと顧客が考えている状態」だということもできよう。そう

なると，企業としては，類似の製品やサービスが数多く存在するなかで，"価格"に訴える競争から脱することができず，最も低い価格を提示できた企業が市場を支配する可能性が高まる。競争の焦点はコスト低減に収斂（しゅうれん）するため，多くの企業では，製品やサービスの価格低下によって，収益が圧迫される。いうまでもなく，ほとんどの企業にとって，コモディティ化とは最も忌むべき状況である。

今日，コモディティ化はあらゆる産業において無視することのできない課題となっている。数多くの市場でコモディティ化が進行するなか，そのような状況から脱却しようとする「脱コモディティ化」のための道筋が模索されている。

〔コモディティ化の促進要因〕

コモディティ化を促進する要因として，商品特性・競争環境に関係する「供給側」と，顧客ニーズ・顧客価値の特性に関係する「需要側」の両面がある。

図12.1は，コモディティ化を促進する要因を，供給側と需要側に分解して示した概念図である。

まず供給側の「差別化シーズの頭打ち」とは，部品のモジュール化が進むことにより，さまざまな企業が比較的容易に参入でき，機能面での差別化もできず同質化することから，過当競争となりコモディティ化に陥るというケースである。モジュール化の議論はとくに製品に対して行われることが多い。元来，モジュールとはシステムを構成する要素のことであるが，ここでは，あるまとまりのある機能をもった部品のことを示す。モジュール化とは，部品間のインターフェイスが単純化すること，および標準化されることである。これによって，複数の部品の単純な組み合わせによって，商品に求められる機能を実現することが可能になる。結果的に，技術力をもたない企業でも，部品・デバイスを購入して組み合わせることによって，十分な機能をもった商品を容易に開発・製造できる。そのため，過当競争となりコモディティ化に陥るのである。

一方，需要側の「顧客ニーズの頭打ち」とは，たとえ差別化が実現できたとしても，実際には商品機能がすでに顧客の求める水準を超えているために，十分な対価を支払ってもらえず，結局は価格競争となりコモディティ化に陥るケースである。

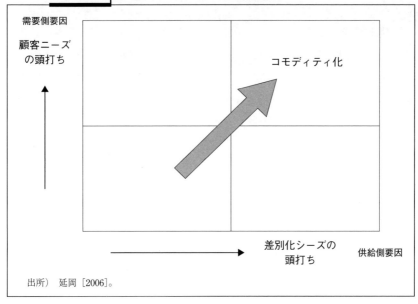

需要側要因

顧客ニーズ
の頭打ち

コモディティ化

差別化シーズの
頭打ち

供給側要因

出所) 延岡［2006］。

　多くの商品において，基本的な機能が充足されれば，それで十分だと考える
顧客が多い。商品に対して顧客の求める機能や価値の水準を，実際の商品機能
が超えれば，コモディティ化が始まる。とくに，顧客が求める価値の水準が低
ければ，それに対応できる参入企業が増加し，価格競争につながる。顧客があ
る水準以上の要求をしなければ，技術的な革新や擦り合わせによる商品性向上
は必要ない。たとえある企業が高度な技術力をもっていたとしても，顧客ニー
ズが頭打ちする限りは意味がなくなってしまうのである。

　こうした「顧客ニーズの頭打ち」に関しては，企業が，顧客価値の源泉とし
て機能面だけに依存すると，顧客が求める水準を超えてしまう傾向が強いこと
が指摘されている。したがって，脱コモディティ化の切り口としては，機能面
以外にも顧客価値を広げていく努力が求められる。

ブランド

〔機能的価値と感性的価値〕

　脱コモディティ化の1つの方法として，「機能的価値」にとどまらず，「感性
的価値」を意識した製品・サービスのブランド価値の形成を行っていくことが

考えられる。

「**機能的価値**」とは，その製品やサービスの機能面において，顧客に提供できる価値のことである。一般的に，機能的価値は，客観的な基準での評価，優劣判断が可能である。たとえば，自動車であれば，エンジン性能，収容定員，燃費などである。ホテルであれば，ベッドの数，レストランや会議室の有無，最寄り駅からの距離などである。

一方，「**感性的価値**」とは，その製品やサービスを消費したときに，顧客が体感できる情緒的・意味的な側面での価値のことである。

脱コモディティ化の切り口として，ここでは，とくに「感性的価値」に焦点を当てながら，ブランド論と絡めて整理していく。

〔ブランド価値構造〕

マーケティング研究者の和田充夫は，ブランド化の本質は，コモディティ化している商品を「他と識別する商品」にすることであり，商品の品質レベルや差別性を固有の名称を付すことによって表明することであるとしている（和田[2002]）。

また，ブランド化とは，製品・サービスをアイデンティファイし，ディファレンシエイトすることであるとしている。つまり，ブランド化とは，自らの製品・サービスが「何者であり」，「他とどう違うのか」を表明することであるとする。自らの製品・サービスをアイデンティファイすることは，コンセプトを明確に表明することであり，ディファレンシエイトすることは，競争差別化し競争優位を築くということになる。

図12.2は，製品・サービスの価値を分類定義したものである。もともと，この分類は製品を主眼として分類したものであったが，サービスに関してもこうした価値構造の考え方は転用できると考えられる。したがって，ここではサービスにまで拡張したうえで，説明を加えていく。

(1) 基 本 価 値

まず，**基本価値**は，製品・サービスがカテゴリーそのものとして存在するためになくてはならない価値である。時計を例にとる。時を刻むという価値がなければ，時計は時計でなくなる。ホテルであれば，部屋で休息・宿泊できると

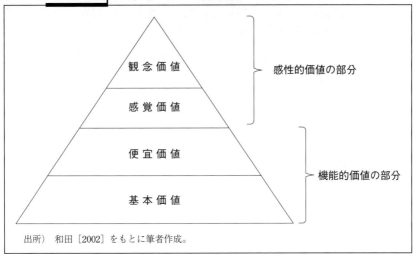

CHART 図12.2 ブランド価値構造

```
                    観念価値        ┐
                                    ├ 感性的価値の部分
                    感覚価値        ┘

                    便宜価値        ┐
                                    ├ 機能的価値の部分
                    基本価値        ┘
```

出所) 和田 [2002] をもとに筆者作成。

いう価値がなければ，たとえばビジネスパーソンが出張先でホテルに行く意味はなくなってしまう。つまり，基本価値とは，その製品・サービスの必要条件を示している。

(2) 便宜価値

次に，**便宜価値**は，製品・サービスの購入や消費に関わる便宜性であり，使い勝手の良さや値ごろ感を意味する。時計であれば，たとえば，スケジュール管理のためのカレンダー機能がついていたり，スポーツ・シーンで秒単位の緻密な計測ができる計測機能がついていたり，アウトドアで活用できる潜水機能がついていたり，海外出張で使用できる多国時刻表示機能がついていたりといったような，製品の使い勝手の良さである。ホテルであれば，たとえば，体圧分散効果に優れ，より自然な寝心地が保てるポケット・コイル・マットレスがベッドのマットレスとして使われていたり，客室における無料 Wi-Fi 接続サービスがあったり，最寄り駅までの無料送迎バス・サービスがついていたりというのが，便宜価値である。

(3) 感覚価値

感覚価値とは，製品・サービスの購買や消費にあたっての感覚的な楽しさや形態的な魅力に関する価値である。感覚価値は，五感に訴える魅力であり，広告コミュニケーションなどはそれを高める効果をもっている。感覚価値はまた，

イメージという側面から捉えられることが多い。時計であれば，使い勝手をよくする機能だけを担うのであれば，デザインが施されていたり，カラーがついていたりする必要はない。ホテルでも，たんに利便性を追求するだけならば，ホテルの外観や内装デザインなどに凝る必要はない。しかし，実際に，さまざまな趣向をこらしたオシャレな製品・サービスが存在するのは，消費者が必ずしも利便性ばかりを追求しているわけではなく，感覚的な心地よさとか共感性といったものも求めているからである。ただ，ここで注意しなければならないことは，感覚価値はきわめて主観的な価値であるから，万人の感覚を魅了するということは困難なことである。万人に共通する感覚を訴求するということは，結果として訴求力を希薄にする可能性もある。

(4) 観念価値

観念価値は，意味論や解釈論の世界での製品・サービス価値である。つまり，歴史性，物語性，あるいは文化性といったようなものから，意味や解釈が付与された価値のことをいう。

たとえば，時計の世界のなかにおいて，「ロレックス」という時計の知名度は非常に高い。時計のクオリティでいえば，パテック フィリップやオーデマ ピゲ，ヴァシュロン・コンスタンタンなどのブランドも同等以上に高い位置づけにあるが，知名度でいえば，ロレックスが他を圧倒している。ロレックスが高い知名度を獲得できた理由としては，かつてドーバー海峡の横断泳やエベレスト登頂など数々の偉業に挑戦する人たちにロレックスの時計を同行させてもらい，壊れることなく，挑戦者に寄り添い続けたことで，「ロレックスの時計はどんな過酷な環境でも耐える最高の時計」であり「成功者がつける時計」であるという物語を付与できたことにある。

ホテルでは，たとえば，日本の最高峰ホテルの1つとして「帝国ホテル」がある。帝国ホテルは1890年に海外からの賓客を迎える「日本の迎賓館」として開業した。1954年には当時のハリウッドの大女優マリリン・モンローが新婚旅行で帝国ホテルに滞在し，滞在中の記者会見にて「夜は何を着て寝るの？」という記者の質問に「シャネルの5番」と答えたエピソードは，今なお語り継がれている。この他にもアメリカの喜劇王チャーリー・チャップリンやヘレン・ケラーなど歴史に名を連ねる著名人が滞在している。帝国ホテルはこ

のように歴史性や物語性を付与することによって，特別なホテルだという印象を消費者に与えている。

　以上，4つの価値についてみてきたが，これら4つの価値の階層的構造の背景には，製品・サービスの機能性がもたらす機能的価値の部分と，製品・サービスの情緒性や意味性がもたらす感性的価値の部分の二元的構造が存在する。

　近年，ブランドを構築するうえでは，感性的価値が注目され，五感（視覚，聴覚，味覚，嗅覚，触覚）に訴えかけることの重要性が強調されたり，そのような感覚的な経験をベースにして顧客との情動的な絆を築くことの重要性が指摘されている。

▌経験価値▐

〔脱コモディティ化のための「経験」価値〕

　脱コモディティ化するためには，機能や利便性といった低次の顧客価値ではなく，「経験」という高次の価値を体現した製品やサービスを提供するビジネスへと転換する必要がある，と説いたのはビジネス・コンサルタントのジョセフ・パインとジェームズ・ギルモアである（Pine and Gilmore［1999］）。

　彼らは次のような例示をした。「コーヒー豆は代替可能な産物で，先物取引で1ポンド＝1ドル。換算すればカップ1杯につき1〜2セントだ。加工業者が豆をひいてパッケージングし，製品としてスーパーで売るとき，価格は1カップ当たり5〜25セントになる。さらに，その豆を使って淹れたコーヒーがごく普通のレストランや街角の喫茶店で提供されると1杯につき50セント〜1ドルになる。だが，同じコーヒーでも五つ星の高級レストランとかエスプレッソ・バーだと，顧客は1杯につき2〜5ドルくらい支払う。注文するのも淹れるのも飲むのも，すべて心ときめく雰囲気や舞台のセットのような空間のなかで行われるからである。“経験”という価値を創り出すと，コーヒー豆の価値が高められて，もとのコーヒー豆とは価格が二桁も違ってくる」。

　このように，提供物の価値が進化していくなかで，差別化要因は増大し，消費者ニーズへの適合度は高まり，より高い価格の設定が可能になることを示した。

　「経験」は，企業がサービスを舞台に，製品を小道具として使って，顧客を

魅了するときに生じる。経験を買う人は，ある瞬間やある時間に企業が提供してくれる "コト" に価値を見出す。

　たとえば，PROJECT No. 04 の事例でみたように，ディズニーランドは単なる「遊園地」ではなく，「テーマパーク」である。来場者のことを顧客とか消費者とか呼ばず，「ゲスト」と呼ぶ。そこで働く人は従業員ではなく「キャスト」である。ゲストはアトラクションに乗ること以上に，そこで展開される物語の世界に入り込む経験を楽しむ。キャストは視覚，聴覚，味覚，嗅覚，触覚に訴えかける作品のステージングをとおして，1 人ひとりのゲストに固有の経験を創出する。今日，ウォルト・ディズニー社は，経験に関する知見に基づく新しい売り物を常に「イマジニアリング」（「イメージ」と「エンジニアリング」をあわせた造語）して，創業者の意思を引き継いでいる。

　元・英国航空（ブリティッシュ・エアウェイズ）会長のコリン・マーシャル氏は，「コモディティ発想」は「ビジネスをたんに機能を果たすこと（航空会社の場合，乗客を A 地点から B 地点に時間どおりにできるだけ安い価格で運ぶこと）だと勘違いすることだ」と述べている。そのうえで彼は，「英国航空は，機能を超えた経験の提供という点で競争している」と続けた。

　「経験」は感情的，身体的，知的，さらには精神的なレベルでの働きかけに応えて人の心のなかで生まれるものであり，本質的にきわめて個人的なものである。それゆえに，企業は，製品やサービスを「経験」で包み込むことで差別化することができ，また製品・サービスの消費を通して得られる消費者の「経験」を強く訴求することによって，独自のブランド・イメージを創出することが可能になる。

　なお，パインらが提示した「経験」という概念は，「過去の経験，体験」という意味ではなく，「今，ここで感じる身体的・精神的な快感，感動」を指す概念であり，同時に「忘れられない思い出に残る出来事」という概念であることに留意する必要がある。

〔経験価値マーケティング〕

　パインとギルモアが提示した「経験」あるいは「経験価値」というものを，具体的に，どのような仕組みや枠組みで創り出し提供していけばよいのか，と

経験価値モジュール （SEM）	内　　容
SENSE（感覚的経験価値）	五感を刺激することで得られる経験価値
FEEL（情緒的経験価値）	内面の感情を刺激することで生まれる経験価値
THINK（認知的経験価値）	顧客の知的好奇心や創造性を刺激することで生まれる経験価値
ACT（肉体的経験価値）	肉体的経験を通して行動やライフスタイルの変化から得られる経験価値
RELATE（関係的経験価値）	社会や文化的な関係性を構築することで得られる経験価値

出所）　Schmitt［1999］をもとに筆者作成。

いう問いに応えたのが，マーケティング研究者のバーンド・シュミットが提起した「**経験価値マーケティング**」の考え方である（Schmitt［1999］）。経験価値マーケティングのなかで示される「**経験価値**」とは，感覚（sense），感情（heart），精神（mind）への刺激によって引き起こされるもので，ブランドを顧客のライフスタイルに結びつけるものであるとしている。

　経験価値マーケティングのフレームの基礎をなすのが，**表12.1**に示す**戦略的経験価値モジュール**（SEM: Strategic Experimential Modules）である。戦略的経験価値モジュールは，以後の経験価値研究のフレームとして利用される1つのモデルとなっている。

　戦略的経験価値モジュールを構成する要素として①「SENSE」（感覚的経験価値），②「FEEL」（情緒的経験価値），③「THINK」（認知的経験価値），④「ACT」（肉体的経験価値），⑤「RELATE」（関係的経験価値）の5つの要素がある。

　①「SENSE」（感覚的経験価値）は，良い外観，良い音楽，おいしい，良い匂い，手触りが良いなど，視覚，聴覚，味覚，嗅覚，触覚といった五感を刺激することで得られる経験価値である。②「FEEL」（情緒的経験価値）は，かっこいい，かわいい，うれしい，魅力的など，顧客の内面の感情を刺激することで生まれる経験価値である。③「THINK」（認知的経験価値）は，おもしろい，興味深い，勉強になるなど，顧客の知的好奇心や創造性を刺激することで生まれる経験価値である。④「ACT」（肉体的経験価値）は，行ってみたい，やってみ

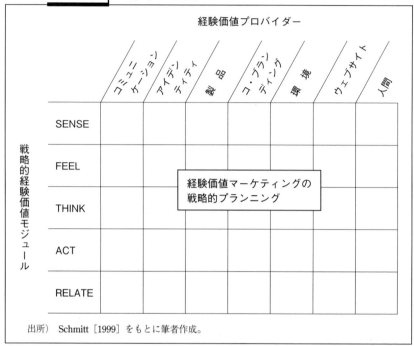

CHART 図12.3 経験価値グリッド

経験価値プロバイダー

		コミュニケーション	アイデンティティ	製品	コ・ブランディング	環境	ウェブサイト	人間
戦略的経験価値モジュール	SENSE							
	FEEL							
	THINK			経験価値マーケティングの 戦略的プランニング				
	ACT							
	RELATE							

出所) Schmitt［1999］をもとに筆者作成。

たい，体験したいなど，肉体的経験を通して行動やライフスタイルの変化から得られる経験価値である。⑤「RELATE」（関係的経験価値）は，共有したい，参加したい，仲間になりたいなど，社会や文化的な関係性を構築することで得られる経験価値である。

　企業は顧客に対して，これら5つのモジュール（次元）での経験を創造することができる。

　経験価値マーケティングでは，「経験は自発的に生み出されるものではなく，誘発されるものである」との立場に立って，マーケターを顧客に経験をもたらす刺激の提供者として位置づけている。これは，消費者が受け身であることを意味するのではなく，経験とは刺激に出会ってこそ初めて生じるものであり，マーケターはその刺激を巧みに提供することで，理想的な経験を顧客に与えられることを示している。

　なお，経験価値を誘発する方法としては，**経験価値プロバイダー**（ExPro: Experience Provider）と呼ばれる方法が提示されている。経験価値プロバイダー

とは，企業が顧客に与える刺激のことであり，7つに分類された，顧客とのコミュニケーション・ツールである。

　具体的には，①コミュニケーション（広告，PR），②アイデンティティ（ネーミング，ロゴ，シンボル），③製品（デザイン，パッケージング，陳列，キャラクター），④コ・ブランディング（イベント，スポンサーシップ，ライセンス供与，プロダクト・プレースメント），⑤環境（オフィス，工場，店舗），⑥ウェブサイト，⑦人間（販売員，サービス提供者）がある。

　シュミットは，この7つの経験価値プロバイダーのなかで，創造したい種類の経験（SEM）にとって最適な刺激の組み合わせを図12.3に示す「**経験価値グリッド**」に落とし込んで考えたうえで，顧客に戦略的に提示することで，目標とする経験価値を創り出すことができるとしている。

「ねぇ，エンジョイソングの案件は進んでる？」

「こらこら，職場でタメ口はやめてくれ」

「そうでしたね，ごめんなさい。改めて……。越野さん，お仕事の進捗はいかがですか」

「うん。今，いろいろ調べているところだよ。でもここんとこ，ちょっと気合い入れて仕事ばっかりしてたから，少し疲れ気味かも。そういえば，俺たち最近，どこも遊びにいってないよな。競合視察がてらカラオケでも行くか」

「越野さん，公私混同はやめてください」

「そうだった，ごめんごめん」

「でも，私，オシャレな雰囲気のカラオケ店知ってますよ。この前連れて行ってもらったんです。気分が上がりました♪」

「オシャレな雰囲気のカラオケ店？　連れて行ってもらった？　誰に？」

 事例：スターバックス

〔会 社 概 要〕

　スターバックスは，1971年にアメリカのシアトルで開業した，世界規模で

展開するコーヒーのチェーン店である。2020年時点における世界の店舗数は，およそ80カ国で，約3万2700店舗となっている。繁華街だけではなく，駅やオフィスビルや大学や病院の中にも出店しており，あらゆる客層に利用されている。

　日本では，1996年，東京の銀座に，北米地区以外では初めてとなる日本1号店を出店して以降，出店を重ね，2020年時点では，約1600店舗に及んでいる。

〔スターバックスの設立経緯とハワード・シュルツ〕

　スターバックスは，1971年にシアトルで，学生時代の友人であった3人の若者，ジェリー・ボールドウィン，ゴードン・バウカー，ゼブ・シーグルによって創業された。当初は，煎ったコーヒー豆を販売する小さな店だった。彼らは自分たちの商売を，上質なコーヒー豆を販売することだとみなしていた。

　しかし，11年後の1982年，スターバックスの取引先であったドリップ・メーカーの営業責任者をしていたハワード・シュルツが転職し，入社すると，スターバックスは大きな転機を迎えることとなった。

　シュルツが入社した経緯は，スターバックスの店舗を実際に訪れた際，豆の選択からロースト法，その豆を買っていく人々への真摯なアドバイス，スターバックスに注がれたオーナーたちのこだわりとその姿勢に感銘を受けたことにあった。そしてシュルツは，「ここで働きたい」と懇願し，マーケティング・ディレクターとして加わったのであった。

〔居心地の良い場所の提供〕

　スターバックスの一員となり，コーヒー豆の買い付けにイタリアのミラノを訪れたシュルツは，質の良いエスプレッソをゆっくり楽しめる居心地の良い空間に衝撃と感激を覚えた。それは，イタリア人の生活の一部となっていた，コーヒーを提供するエスプレッソ・バーであった。シュルツは，その居心地の良さと，数の多さに驚愕した。

　そして，「ここはただコーヒーを飲んで，一休みする場所ではない。ここにいること自体がすばらしい体験となる劇場だ」と感じ，帰国後，スターバック

スでも，イタリアのエスプレッソ・バーのようなコーヒーを楽しむ空間をつくろうと提案した。しかし，スターバックスはコーヒーを飲ませる店ではなく，上手に焙煎した上質のコーヒー豆を売る店だと考えていた創業者には，こうした構想の店舗をつくることは却下された。

そこで，方向性の違いを感じ，自分の思いを具現化するために，シュルツは1985年にスターバックスを退社した。シュルツは，ただのコーヒー豆販売店ではなく，人々が集って飲食ができるカフェをつくりたかったのだ。

そして，翌年，その情熱に惚れ込んだ人物から資金調達を得て，自分の理想を実現するコーヒーを中心としたカフェ「イル・ジョルナーレ」を創業した。この店は，BGMにオペラを流すなど，イタリア色の強いイメージ戦略で人気となり，2号店，3号店を出店した。そして，1987年，シュルツはスターバックスが売りに出されていることを知り，380万ドルで買収し，イル・ジョルナーレをスターバックスに統合させた。このとき，「スターバックスという名前は，独特で神秘的な雰囲気がある」ということから，買収した側であるにもかかわらず，店名はイル・ジョルナーレではなく，スターバックスとした。

シュルツは，「本当につくりたかったのは，居心地の良い場所で，深煎りコーヒーだけではない」と語っている。

シュルツはクオリティの高いコーヒーの提供だけではなく，人と人とのつながりを大切にできる場所と良い雰囲気を提供することを目標に掲げた。

現在，「人々の心を豊かで活力あるものにするために——ひとりのお客様，一杯のコーヒー，そしてひとつのコミュニティから」を企業のミッションとして掲げている。

〔現場の雰囲気をつくる従業員の育成と教育〕

シュルツがめざすスターバックスには，店舗の雰囲気を作り出す最高のスタッフが必要だった。おいしいコーヒーをつくれるかだけではなく，店舗に足を踏み入れる顧客の1人ひとりが，心地よく感じ，店を出ていけるようにサポートできる人材である。「ブランドは愛されなければならない。そのためには，まず従業員が会社を愛していないと始まらない。最も大事なのは現場の愛だ」とシュルツは考えた。

スターバックスのロゴと店舗内の様子（スターバックス コーヒー ジャパン提供）

　シュルツは，ニューヨーク州ブルックリンのけっして裕福とはいえない家庭で育ち，仕事で大怪我をしたその日に，労災も解雇手当もなく突然解雇されてしまった父親をみた経験から，従業員を大切にする企業をつくりたいと考えていた。そこで，シュルツは，彼らを「ビジネスパートナー」と呼び，通常は正規雇用されている従業員のみに与えられる健康保険やストック・オプション制度を週20時間以上勤務するパートタイマーにまで適用した。

　そして，信頼し，権限を与え，従業員が目標達成のために自主的にがんばれる環境を徐々に作り上げていった。従業員の自立を促し，それを支援すると同時に，必要なときにはいつでもサポートするというシュルツの考えは，従業員にも良い影響を与えていった。従業員の満足感は，顧客への接客の良さにもつながり，店舗の温かい，心地良い雰囲気づくりにもつながっていった。

〔スターバックスの成功要因〕

　コーヒーは世界中で古くから親しまれてきた身近でありふれた商品である。スターバックスは，そのような差別化しづらいコーヒーの店舗をどのように世界展開させたのだろうか。

　海外1号店は，東京の銀座松屋通り店だった。アメリカ国内で成功をもたら

した，長居したくなるようなオシャレな内装，BGM，そして教育の行き届いたスタッフ（パートナー），またコーヒーの香りを漂わせるために，当時の日本ではまだ珍しかった店内全面禁煙を掲げたことで，開店と同時に人気となった。スターバックスでコーヒーを飲むということが，一種のステータスとなったのである。

　質の良いコーヒーを提供するということだけでは差別化が難しいので，シュルツは，コーヒーを楽しむ居心地の良い空間という付加価値をつけた。シュルツがこだわったのは，「店舗に入った瞬間にスターバックス体験が始まる」ということだった。

　アメリカの社会学者，レイ・オールデンバーグは，家庭（ファースト・プレイス）でも，職場（セカンド・プレイス）でもない，心地の良い第3の居場所「サード・プレイス」という概念を提唱しているが，スターバックスは，こうした消費者のサード・プレイスとなり，「スターバックス体験」を提供することに成功したのである。

「この前の件だけどさー。オシャレなカラオケ店に誘ってるってことは，やっぱり赤川さん，朝垣に気があると思うんだよね。ちょっと気をつけたほうがいいぞ」

「そんなことないですよ。たんにコンサルタントとクライアントの関係ですよ。カラオケだって，2人きりで行ったわけでもないし」

「でもさぁ，クライアントがコンサルタントとオシャレなカラオケに行くって，やっぱり変じゃないか？　俺に出かけた報告もなかったし。ちゃんと言えよ」

「越野さん，ここんとこ，仕事にかかりきりだったじゃないですか。だから邪魔しないように私も気を遣って連絡を控えてたんですよ。もぅ，なんか面倒くさいなぁ。そもそも会社でする会話じゃないですよ。公私混同もいいとこ」

「面倒くさいって何だよ。この際，はっきり言うけどな。赤川のやつ，朝垣に好意もってるぞ。俺，宣戦布告されたんだ。朝垣だって，あいつのこと，実は気になってるんじゃないのか」

「市村リーダー，すみません。なんかボーッとしちゃって」

「越野くん，大丈夫か。今日ちょっと顔色悪いぞ。プレゼン前に大変だと思うけど，アドバイスをメモしておいたので，後でみておいてくれな」

1. 事例で示したスターバックス以外で，経験価値を重視している企業を1社取り上げ，どのように経験価値を創出しているのか，調べておくこと。
2. コモディティ化は，消費者にとってどのようなメリット・デメリットがあるか，考えておくこと。
3. 以下の2冊の本に目を通しておくこと。
   - 和田充夫・梅田悦史・圓丸哲麻・鈴木和宏・西原彰宏 [2020]『ブランド・インキュベーション戦略──第三の力を活かしたブランド価値協創』有斐閣
     ブランドの価値構造のなかに，新たに「関係価値」という概念を取り入れて説明しているので，チェックしておいたほうがいいぞ。
   - 山口周 [2017]『世界のエリートはなぜ「美意識」を鍛えるのか？──経営における「アート」と「サイエンス」』光文社
     「直感」と「感性」を重視した「アート」的思考の経営の必要性が述べられている。「論理」や「理性」を重視する「サイエンス」的思考の経営と比較されていて，興味深い内容だ。

「今日はいよいよプレゼンだ！　気持ちを切り替えて，仕事をまっとうしよう！」

「プレゼンテーションは以上です。田池部長，消費者は価格の安さだけでカラオケ店を選んでいるわけではありません。新しい方向性として，ブランドを構築し，経験価値を意識したお店づくりを検討してみては，いかがでしょうか」
「そのとおりですね，越野さん。確かに，低価格化だけが競争戦略じゃありませんね。私たちも新たな価値をもったカラオケ店のあり方を模索してみます。ありがとうございました」

「越野くん，最近，元気なかったけれど，今日のプレゼンはがんばってやり切っ

てくれたな！　田池部長の心も動かす良いプレゼンだったよ。それにしても，
　　最近どうした？　喧嘩でもしたのか」

「そうなんです。自分に自信がなくなってきてるんです。ぼくの価値って一体何
　　なんでしょうか。朝垣にとって，特別な存在ではなくなっているのかも。ぼ
　　くは，差別化要因が失われた"コモディティ化"した男!?（泣）」

「そういうことか。じゃあ気晴らしに今晩，カラオケ行こう！　思い切り"失
　　恋"ソングでも歌うか!?」

「いや，市村リーダー。勝手に"失恋"って決めつけないで下さいよ〜」

【注1】
　　JASRAC 出 2105139-101

らーめん白船

繁忙を安定させよ！

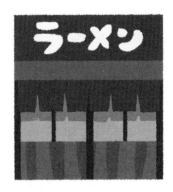

「朝垣さん，昼ご飯食べに行かないか」

「もうそんな時間ですか」

「ラーメン屋だけどいいかい。新しい店ができたらしいんだよ」

「四幸園ですね。あそこは豚骨スープが売りらしいですね」

「相変わらず，食べ物情報に詳しいね。じゃあ，次のプロジェクトは朝垣さんに
　任せるかな」

「ラーメンと関係あるプロジェクトなんですか」

「そうなんだよ。ラーメン屋の稼働率向上のプロジェクトだ」

「あれ，でも，次は越野さんが担当するのかと思ってましたけど」

「いや，アイツ，最近元気ないだろ。失恋でもしたのかな」

「……」

Project　らーめん白船

　らーめん白船は，横浜の石川町駅から徒歩3分の住宅地にあるラーメン屋である。店主の鶴田新太氏が老舗ラーメン屋で5年間修行したあと，今年，独立して開店した。

　生鮮食料品スーパーを中心に数軒の飲食店が集まる地区にあり，店の前には一定の人通りがある。また，目の前に道路が走っていて交通量も少なくなかった。店舗は，客席数20席（4名テーブルが1つ，2名テーブルが4つ，カウンターが8席）と小さいが，道路側の看板が大きく目立っていた。お店のお勧めは鶏白湯スープだが，メニューにはしょうゆ味や塩味もあった。基本メニューの白船らーめん（鶏白湯スープ）は600円で，トッピングに応じて価格が上乗せされている。

　開店から半年経ち，固定客もついてきて，やっと今月は黒字になった。ただ，客の入りが多い日と少ない日，多い時間帯と少ない時間帯にばらつきがあって，店舗前に客の行列ができるときもあれば，がらがらのときもあった。仕入れの在庫が足りなくなり，閉店時刻前に閉店する日もあれば，仕入れた食材が店裏にあふれる場合もあった。また，食べ終えたお客さんがレジ前に並び，店内が混雑することもあった。

　がむしゃらに働いた半年が過ぎ，鶴田氏は，そろそろ店舗運営を安定させ，効率を上げたいと感じていた。とくに繁忙の差を何とかしたかった。あるアルバイトからは，「私は汗だくで働いているのに，数時間ボーッとしているだけのヤツと時給が同じというのは不公平です」と言われてしまった。

　鶴田氏はラーメン作りには自信があったが，店舗経営には不安を抱いていた。そこで，修業していた店によく来ていたマーケティング・コンサルタントの市村氏に相談してみることにした。

「今回のクライアントは，らーめん白船の鶴田さんだ。あの有名な『ラーメン一郎』で修業してたんだよ。繁忙の差が激しいらしいので，需給をバランスさせる手立てを考えてやってくれ」
「わかりました。今週末，食べに行ってみます」
「お勧めの白船らーめんを食べてみてよ。絶品らしいよ」

1 サービスの需給マネジメント

⫸ 需給調整と収益管理

需給のマネジメント

〔需給のマネジメントとは〕

　需給のマネジメントとは，企業が自社の製品やサービスへの需要と供給をバランスするように管理することである。需要は増えたり減ったりするのに対して，企業の供給能力は上限が決まっていることが多い。したがって，需要が供給を大きく上回ることが起きる。逆に，供給能力があり余るほど需要が落ち込むこともある。需要が供給を著しく上回れば，製品やサービスを供給できなかった顧客から苦情を言われるかもしれないし，販売する機会をみすみす失っていることにもなる。需要が供給を著しく下回れば，赤字になるかもしれない。企業は，こうした状況をできるだけ避けるために，需要と供給がうまくバランスするような施策を実施している。

　製造業であれば，需給のマネジメントの要は在庫である。あらかじめ製品を生産しておいて，それを在庫として保管し，需要に合わせて販売することができる。しかし，多くのサービスは在庫をもつことができない。生産と消費が同時に行われるからである。たとえばホテルは，客室数以上に泊まりたい人たちがいても，泊める部屋がない。余った需要は他のホテルに譲らざるをえない。したがって，サービス企業も，製造業にも増して，需給のマネジメントに注力している。

　図13.1は，需要と供給の関係を時系列で示したものである。需要は刻一刻と変化するので曲線で示している。たとえばレストランでは，昼食時間帯と夕食時間帯は需要が多くなり，その合間は少なくなる。日単位でも，土日に需要が増えて，平日は減るかもしれない。月単位であれば，12月や1月は忘年会や新年会のために需要は増えるが，2月や8月は減る傾向にある。

　一方，供給能力は一定であることが多いので，直線で示している。下の破線

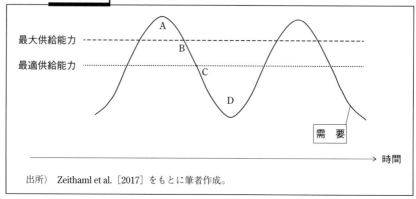

CHART 図13.1 需要と供給の関係

最大供給能力 ------- (破線)
最適供給能力 ……… (点線)

A
B
C
D

需要

時間

出所）Zeithaml et al.［2017］をもとに筆者作成。

は**最適供給能力**で，長期間，無理なく供給できる量である。上の破線は**最大供給能力**で，一時的には供給可能ではあるが，長期間維持するのは難しいレベルである。

需要が最大供給能力を超えている A の状態では，一部の顧客へはサービスを提供できない。また，従業員や施設に過大な負担がかかっており，サービスを提供できた顧客へのサービス品質も低下している。

需要が最適供給能力を超えているが最大供給能力以下の B の状態は，なんとかすべての顧客に対してサービスが提供できている。しかし従業員や施設には負担がかかっているため，サービス品質は低い。

需要が最適供給能力をやや下回る C の状態は，需給が釣り合っていて理想的である。従業員や施設に負担はかかっておらず，休憩やメンテナンスが確保できて，遅延することなく，高い品質のサービスを提供することができる。

需要が供給能力を著しく下回る D の状態は，従業員や施設があまり稼働しておらず，収入が費用を下回るだろう。また，顧客は品質の高いサービスを受けることができるが，自分以外の顧客がほとんどいないと，他にもっとよいサービス提供者がいるのではないかと不安に感じてしまう。

したがって，理想的な C の状態をできるだけ長く維持することが需給マネジメントの目標になる。需要の上下動が小さい市場は，需給のマネジメントはしやすいが，上下動が大きい市場は工夫が必要になる。また，電気やガス，インターネット回線，救急病院などの生活インフラに関わるサービスは，C の状

態をめざしつつも，Aの状態が絶対に発生しないようにしておかなければならない。

〔イールド・マネジメント〕

イールド・マネジメントとは，需給マネジメントに価格設定を加味することにより，制約がある供給能力で最大のイールド（利益）が出るように管理することである。「レベニュー・マネジメント」と呼ばれることもある。

イールド・マネジメントは，基本的に，「実際の収入（実際の供給量×実際の平均価格）÷潜在的な収入（最大供給能力×最大価格）」で効果を測る。分母の潜在的な収入は固定的なので，分子の「実際の供給量」と「実際の平均価格」によってイールドは変化する。つまり，需給のマネジメントと価格戦略を同時に考慮して実施するのがイールド・マネジメントなのである。イールド・マネジメントを実施する際，最大供給能力が小さな企業であれば，人間が手作業で行うこともできるが，大規模な企業であれば，情報技術の支援が必要だろう。たとえば，顧客セグメントごとの過去の需要パターンや他社の価格水準などの情報を使って，数学的モデルにより，今後の需要を予測し，個々のサービス価格を決定する。価格の変更をリアルタイムで刻々と変える仕組みにしている企業もある。

こうした情報システムへの投資に見合うような効果が出るのは，次のような条件に合致したサービスである。①供給能力が固定的，②在庫ができない，③購入や予約のタイミングが異なる顧客セグメントがある，④販売費が低く，供給能力の増減にかかる費用が高い，⑤事前に販売可能，⑥需要の変動が激しい，⑦早く購入や予約する顧客のほうが，遅く購入や予約する顧客よりも価格に敏感。具体的には，航空サービス，ホテル，レンタカーといった業界では，イールド・マネジメントのための情報システムが完備されている。

イールド・マネジメントは，収入を向上することに大きな貢献をするが，リスクや課題がないわけではない。

第1に，他社との競争意識が薄れる可能性がある。イールド・マネジメントは，短期的な利益の最大化に意識を集中しがちであるため，長期的な競争のためのサービス改善や開発に目が向かなくなる場合がある。

第2に，顧客から不信感をもたれる可能性がある。もし，ある顧客が他の顧客よりも高い価格を支払っていたことがわかった場合，その顧客は価格設定が不公正だと感じる。とくに，その理由がわからない場合には顕著になる。

　第3に，顧客ロイヤルティの低下を招く場合がある。イールド・マネジメントではキャンセルを見込んで供給能力以上の予約を受け付けることが多い。しかし，見込みが外れてキャンセルがでない場合，サービスを提供できない顧客が発生し，その顧客は再購買しなかったり，購買量や頻度を下げたりする傾向がある。

　第4に，従業員のインセンティブとイールド・マネジメントとの整合性をどうとるかという問題がある。従業員のインセンティブは，稼働率もしくは平均単価のどちらかに紐づいていることが多い。しかし，どちらか一方だけに紐づいている場合は，イールドは上がらない可能性がある。

　第5は，受注や予約受付組織体制との整合性である。効率的なイールド・マネジメントをするには，専門組織が受注や予約を一元的に受け付けるのがよい。しかし，さまざまな受注窓口や予約窓口がある場合には，供給能力の把握に時間がかかったり，ダブル・ブッキングが生じたり，価格変更の判断が遅れたりする場合がある。組織が分散している場合は，情報システムを整備して，どの組織からでもリアルタイムで状況把握や受注・予約作業ができるようにしておく必要がある。

需要のマネジメント

〔需要のパターン〕

　需給のマネジメントは，需要と供給の両面を調整する必要があるが，まずは需要側をみていく。

　需要の調整をするには，まず，需要のパターンを理解しなければならない。いつ増えていつ減るのか，顧客セグメントごとに異なるのか，そうしたことを把握しておかなければならない。そのためには，取引データや関連データを蓄積しておく必要がある。

　次に，需要がどのようなサイクルで変化するのかを突き止めなければならない。時間，日，週，月，年といった単位ごとにサイクルができていることが多

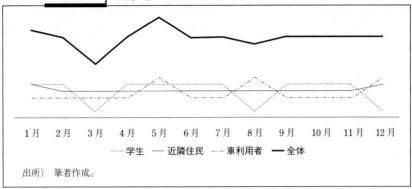

1月　2月　3月　4月　5月　6月　7月　8月　9月　10月　11月　12月

‥‥‥学生　── 近隣住民　‐‐‐車利用者　━ 全体

出所）筆者作成。

い。たとえば，ショッピング・センターであれば，平日は需要が少なく，土日にピークが来るだろう。サイクルを解明できれば，需要の変化を促す理由もおのずと理解できるだろう。たとえば，税理士のサービスは，12月と3月が需要のピークだが，それは納税のスケジュールが影響しているからである。大学の近くの小売店では，8月と3月がオフピークだろう。学生が休みになる時期だからである。

　そうしたサイクルが特定できたとしても，今後もそのとおりに需要が変化するとは限らない。サイクルを崩す要因があるからである。そうした要因も特定する必要があるだろう。たとえば，天気や災害，近隣でのイベント，法律の変更などの要因である。2020年に生じた新型コロナウィルスの感染拡大は，さまざまなサービスの需要サイクルを完全に崩してしまった。

　需要のパターンは，図で示すとわかりやすい。図13.1では，需要は滑らかに上下するように描いているが，実際はもっと複雑な曲線になるだろう。図13.2の需要のパターンは，顧客全体でみるとサイクルがみえづらく，ランダムな動きのようにみえる。したがって，どんな理由でこうしたサイクルになるのかがわかりにくい。しかし，顧客セグメント単位で分析すると，サイクルが現れる場合がある。たとえば，大学の近くの小売店の場合，大学生のセグメントは休みのときに需要が下がるが，近隣住民の需要は安定していて，年末年始に若干上がる程度である。一方，車利用者は行楽シーズンに需要が上がっていることがわかる。

〔需要の調整方法〕

　需要のパターンが理解できたら，自社の供給能力に合うように，需要を変化させる施策を行う。ピーク時には需要を下げ，オフピーク時には上げるような調整ができれば，稼働率が高まる。

　第1の方法は，価格の変更である。ピーク時には高い料金に，オフピーク時には低い料金にするのである。たとえば，ホテルは，年末年始やゴールデン・ウィークは高い価格設定をしているが，年末年始明けの1月後半やゴールデン・ウィーク明けの5月後半は，価格を下げている。居酒屋では，「ハッピーアワー」と称して，客足が増える午後7時以前に来た顧客へ「飲み物半額」といった割引をしているところもある。そうすると，顧客は少し早めに飲み始めようとするだろう。これらは，経済学の法則に則ったシンプルな方法であり，頻繁に利用されている。

　このように動的に価格を変化させていく価格設定方法を**ダイナミック・プライシング**という。高度なものは，過去の取引データなどをもとに需要予測をし，自動的に価格設定ができるようになっていて，分単位で刻一刻と価格が変動する。航空運賃やホテルの宿泊料金などで導入されている。

　東京ディズニーリゾートでも2021年3月から，ダイナミック・プライシングを導入した。混雑が見込まれる時期に価格を引き上げ，入園者数の繁閑の差を小さくしている。

　第2の方法は，インセンティブの付与である。価格は変えないものの，経済的なメリットをオフピーク時に提供するのである。たとえば，フィットネス・クラブでは，オフピーク時のダンス・クラスの時間をピーク時よりも10分間長くしているところがある。また，スーパーマーケットでは，オフピーク時に利用した顧客には，ポイントを2倍付与するといったことをしている。

　第3の方法は，顧客とのコミュニケーションである。ピーク時の需要を減らす場合には，あらかじめ混雑する時間帯を知らせておくとよい。ピーク時には，サービスの遅延が起こる可能性を示唆することでもよいだろう。そうすれば，オフピーク時へ需要を移動させられるかもしれない。そうした情報は，オフピーク時に需要を増やす効果もある。混雑する時間帯を示すことは，空いている時間帯を知らせることでもある。したがって，サービスを受けるために待ちた

くない人は，空いている時間帯にサービスを受けようとするだろう。

　第4の方法は，複数の需要を取り込むことである。たとえば，あるスキー場では，夏の閑散期にはマウンテン・バイクの練習場として利用できるようにしている。昼はカフェだが，夕方からはバーになるという店舗もある。

　こうした方法だけで需要が調整できない場合は，顧客に優先順位をつける方法もある。ロイヤルティの高い顧客や購買量の多い顧客など，企業にとって重要な顧客に対して優先的にサービスを提供するのである。こうした顧客は，オフピーク時にも購入することが多く，そもそも需要が平準化している場合が多い。見方を変えれば，需要の変動の少ない顧客セグメントを選ぶことが有効といえる。

　また，行列で需要を保持する方法もある。人が物理的に行列をつくる場合だけでなく，電話やメールでの待ち行列も含まれる。ウェイティング・リストで需要を保持する方法もある。ただし，待ち時間があまりに長くなると予想される場合は，顧客は行列に並んでくれない。諦めて別の時間帯にくるか，競合する企業のサービスで需要を満たしてしまうかもしれない。したがって，待つことが苦痛にならないような工夫が求められる。

　人が行列で待っているときに，時間を長く感じる要因は次のとおりであり，こうした状態を避ける工夫をすることによって，より多くの人たちを行列で保持することができる。①何もしないで過ごすと時間が長く感じられるので，美容室の待合スペースには，テレビが置いてあったり，雑誌が置いてあったりする。②中心のサービスを待つのは楽しみもあるが，事前や事後に待つのは苦痛である。レストランでは，注文をできずに待つのはいらだつが，注文してから待つのはそう気にならない。したがって，注文を早くとってしまって，それから待ってもらうほうがよいだろう。③不安な心理状態にあるときも待ち時間が長く感じられる。注文が忘れられているのではないかと感じると，じっと待ってはいられなくなる。よって，「今つくっていますので，もうしばらくお待ちください」の一言がとても重要である。④どれだけ待つのかわからない場合も，進み具合を確認したりして，落ち着いていられない。テーマパークでは，「ここから30分」といったプレートをおいて，およその待ち時間を示している。⑤待つ理由がわからない場合も，人は忍耐強く待っていられない。電鉄会社は，

電車が止まった場合，止まった理由をアナウンスするようにしている。⑥不公正さを感じる場合も，待ち時間は苦痛になる。複数の列があった場合，自分の並んだ列の進みが遅いと，怒りの感情がこみ上げる場合もある。窓口は複数あったとしても，列は1列にしたほうがよい。⑦価値を感じるものに対しては長く待つこともいとわないが，価値を感じないものは並ぶまでして購入する気にはならない。病院では1時間以上待てる人であっても，カフェでは10分も待てないかもしれない。⑧1人で待つのも苦痛である。複数人で待つほうが耐えられる。友人と待ち時間に話すことそのものが楽しい時間になることさえある。したがって，1人で並んでいる人が多い場合，他の人と会話が生まれるような工夫があるとよいだろう。

> 「次のプロジェクトはラーメン屋だってな。市村さんに聞いたよ」
> 「そうなんですよ。横浜にある白船っていうんですけれど」
> 「おいしいの？」
> 「まだ食べてないんですよ。週末にでも行ってこようかと思ってます」
> 「一緒に行ってやろうか。女性ひとりでラーメン屋って入りにくいだろ」
> 「大丈夫ですよ。赤川さんが一緒に行ってくれるので」
> 「えっ，てんぷら野郎と行くのかよ！」

供給のマネジメント

〔供給量を決める資源〕

　サービス企業では，サービス供給能力が固定的であるが，その供給能力を決める最も重要な資源が何であるかを認識する必要がある。法律相談やコンサルティングであれば，弁護士やコンサルタントの時間が最も重要な資源であるし，エステティック・サロンやネイル・サロンではエステティシャンやネイリストといった人材だろう。ネットワーク・サービスやフィットネス・クラブは，機器や施設が重要だし，映画館はスペースだろう。このように，サービスの種類によって，重要な資源は異なる。

　したがって，サービス企業は，最も重要な資源の稼働率の向上を経営目標の1つとし，その稼働率のことを示す特別な用語が各業界にある。たとえば，ホ

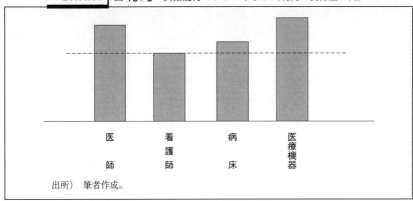

CHART 図13.3 供給能力のボトルネック（病院の資源量の例）

医師　看護師　病床　医療機器

出所）筆者作成。

テルの場合は客室が最も重要な資源であるため，「客室稼働率」を使う。航空サービスでは飛行機が重要なので「機材稼働率」，オフィス・ビルではオフィス・スペースが重要なので「空室率」，タクシーでは車両が重要なので「実車率」という用語を使う。

　ただし，最も重要な資源は，状況によって変化することがある。レストランでは，席数が重要な資源だが，人手不足のときは，アルバイトの人数が重要になることもある。タクシーでも，車両はあってもドライバーがいないこともあるだろう。

　図13.3は，ある病院の資源量を示しており，この病院では医師ではなく，看護師の数がサービスの供給能力を決めている。2020年，新型コロナウィルスの感染拡大時，日本政府は重症者に対応するため，病床数を増加する政策を推進したが，看護師が不足して，重症者を受け入れられない病院が多かった。ボトルネックになっていたのは病床ではなく，看護師の数だったのである。

　したがって，サービス提供のボトルネックになっている資源を特定し，その資源を調整する努力が必要になる。

供給の調整方法

　供給を調整して，需給バランスをとるには，いくつかの方法がある。まず，需要が供給能力を超えている場合の調整方法としては，第1に，資源を一時的に最大能力まで活用することである。たとえば，小売店はクリスマス・シーズ

ンに営業時間を延ばしたり，税理士は税務申告の時期に休みなく働いたりしている。レストランではテーブルやイスを増やしたり，野球場では立ち見を可能にしたりしている。こうした方法は，従業員への負担が増えたり，顧客へのサービス品質が下がったりするので，ごく短期間だけの措置とするべきである。

第2の方法は，一時的に資源を増やすことである。従業員が不足している場合は，アルバイトやパートタイムの従業員を増やせばよい。たとえば，郵便局では，年賀状を配達する正月には配達のアルバイトを雇用している。機器や施設が不足している場合は，レンタルで調達する。運送業者は，配送量が多い時期は，トラックをレンタルで調達して賄っている。

第3の方法は，一部の需要をアウトソースすることである。たとえば，ウェブ・デザインの受注が集中して，自社のデザイナーだけではサービスを提供できない場合，他社に業務を委託する場合がある。あるホテルでは，オーバー・ブッキングが発生して客室が用意できないとき，近隣のややグレードの高いホテルに顧客を案内し，費用の差額を負担するという方法をとっている。アウトソースは，自社で従業員を採用したり，アルバイトを雇ったりするよりも，一時的な措置としては容易に実行できる。

第4の方法は，従業員に複数の業務をこなしてもらうことである。いわゆる多能工化である。たとえば，レストランであれば，キッチンを担当している従業員がホールでの接客もこなすことである。複数の業務がこなせる従業員がいれば，忙しいほうの業務を手伝うことにより，同じ人数でより多くのサービスを提供できる。そうした従業員を確保するには，日頃から，研修をしておく必要がある。

一方，需要が供給能力を下回っている場合の企業の対応としては，第1に，その期間を使って，ピーク時に備えることである。たとえば，施設や機器のメンテナンスを実施したり，改修を行ったりすることである。大学では，夏休みや冬休みの期間に，古い教室の改修や大規模な清掃が実施されている。オンライン・バンキングでは，日曜日の深夜のオフピーク時に，ソフトウェアのアップデートを実施している。また，従業員に長めの休暇を与えたり，研修を実施したりすることもある。

第2の方法は，余っている資源を投入して，サービス内容をグレード・アッ

プすることである。たとえば，ホテルでは，2部屋をつなげてスイート・ルームとして提供したり，航空サービスでは，3席分を使えるようにして，足を伸ばして寝られるようにしたりしている。この方法は，需要を喚起する効果もあるので，需要の調整という側面もある。

第3の方法は，余っている資源を他社に貸し出すことである。他社から業務委託を受けたり，施設を貸し出したり，従業員を出向させたりする場合もある。需要のピーク時にアウトソーシングするのとは逆に，オフピーク時にアウトソース先となるわけである。2020年，新型コロナウィルスの感染拡大時，航空会社の社員は，小売業者や運送業者へ出向していた。

第4の方法は，余っている資源を減らすことである。従業員を解雇したり，施設を売却したりするのである。当然，ピーク時には，それに対応できるだけの資源を揃えておかなければならないので，そうした政策とセットとなっていなくてはならない。たとえば，欧米の夏専用のリゾート・ホテルでは，冬場に従業員をレイオフと呼ばれる一時解雇をすることがある。しかし，そうした従業員は，冬にはスキー・リゾートで働いて，翌年の夏には元のリゾート・ホテルに戻ってくる。彼らは，そうした生活を楽しんでいるようである。

「朝垣さん，白船のプロジェクトは順調に進んでるかい」

「需給マネジメントの知識は整理したんですが，事例でしっくりくるものがなくて」

「需給マネジメントといえば，シネコンだろ。越野くんが，前のプロジェクトでイオンエンターテイメントを調べてたよ。プレゼン資料もあるはず」

「では，越野さんに聞いてみます」

「いや，白船へのプレゼンに越野くんも連れて行こう。朝垣さんは，事例以外の部分を仕上げてくれ」

「はい。わかりました」

事例：イオンエンターテイメント

〔シネマ・コンプレックスのパイオニア〕

　イオンエンターテイメント株式会社は，2021年6月現在，劇場数94，スクリーン数805を運営する映画興行企業である。映画産業は，映画作品をつくる「製作」，映画作品を買い取って映画館へ配る「配給」，劇場で映画作品を上映する「興行」に分かれるが，イオンエンターテイメントはTOHOシネマズとともに映画興行市場を牽引する企業である。名前が示すとおり，流通大手のイオングループに属し，劇場の多くはイオンモール内にある。

　イオンエンターテイメントは，1991年に設立されたワーナー・マイカルと99年に設立されたイオンシネマズが，2013年に統合してできた会社である。ワーナー・マイカルは，アメリカのワーナー・ブラザース・インターナショナル・シネマズとニチイ（のちにイオンが吸収）の合弁会社で，1993年に日本で初の本格的シネマ・コンプレックス「ワーナー・マイカル・シネマズ海老名」（現・イオンシネマ海老名）を開業した。すなわち，イオンエンターテイメントは，日本市場におけるシネマ・コンプレックスのパイオニアなのである。

〔シネマ・コンプレックス〕

　シネマ・コンプレックス（以下「シネコン」）とは映画館の一種だが，次のような特徴をもっている。第1に，同じ施設のなかに複数のシアターがある。少なくとも5つくらいはないとシネコンとは呼ばない。イオンシネマ海老名は7つだが，18シアターを有するところもある。第2に，チケット販売窓口やロビー，売店などの付帯設備は1つで，複数のシアターで映画を見る観客が共通で使う。第3に，完全入替制で立ち見がない。定員以上のチケットは売らない。

　シアターが1つか2つしかない従来型の映画館とあまり変わらないようにもみえるが，シネコンは1993年以降，年々増加し，従来型映画館は減少の一途をたどっている。現在，日本のシアター数の約90％がシネコンである。

　シネコンが，従来型映画館を駆逐した理由はいくつかあるが，最大の理由は

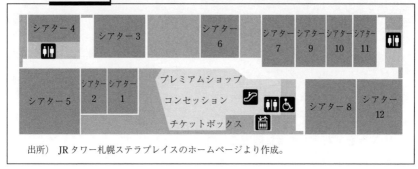

CHART 図13.4 シネマ・コンプレックスのマップ

出所）JRタワー札幌ステラプレイスのホームページより作成。

座席の稼働率が高いからである。映画業界では，座席の稼働率を「座席占有率」と呼び，重要な指標になっている。

〔供給のマネジメント〕

　シネコンの座席占有率が高い最大の理由は，複数のシアターがあることである。それも座席数が異なることが鍵なのである。図13.4は，あるシネコンのフロアマップだが，12のシアターは，それぞれ広さが異なり座席数も違う。一番広いシアター5は座席数541席，一番狭いシアター11は92席である。集客が見込める映画は広いシアターを使い，人気のない映画や封切りから時間が過ぎて集客力が落ちた映画は狭いシアターで上映するのである。封切り作や大ヒット作の場合は，複数のシアターで上映する場合もある。さまざまな座席数のシアターがあるので，組み合わせ方を変えれば，何とおりもの座席数を作り出すことができる。シアターの割り当てや組み合わせで，需要に合った座席数を供給しているのである。

　それ以外にも，供給について工夫がされている。上映期間の柔軟性である。かつては，映画の上映期間は固定的だった。人気があってもなくても，契約期間のみ上映し，次の期間には別の映画を上映していた。しかし，シネコンの場合は，上映期間を柔軟に変更できる契約形態とし，封切りから数週間過ぎても集客が見込める場合は上映期間を延長し，集客が見込めない映画は早めに打ち切ることもある。

〔需要のマネジメント〕

　シネコンでは，需要パターンは情報システムによって把握することができる。チケットの購入は，インターネット予約，劇場での自動券売機で行うので購入履歴が残る。窓口のスタッフを通して購入する場合も，スタッフは情報システムにアクセスしている。映画の場合は，作品によって需要は大きく異なるので，昨年の同じ時期との比較はあまり意味がないが，封切り1週目の需要から，その後の需要を判断することに威力を発揮する。

　また，会員制システムを使って，観賞回数の安定した人を確保している。イオンエンターテイメントでは，「ワタシアター」という会員サービスがあり，無料のワタシアターライト，年間400円のワタシアタープラスの2種類に分かれている。いずれも会員の属性を取得でき，かつロイヤルティを高めたり，需要を喚起したりすることができる。

　需要の調整方法としては，まず価格設定である。需要が少ない曜日，時間帯での割引を行っている。夜8時以降のレイトショー割引は，一般の映画館でもやっているが，イオンエンターテイメントでは，「ハッピーマンデー」や「ハッピーモーニング」など，月曜日と朝という需要が少ない時間帯での割引をしている。

　第2に，イオンエンターテイメントの各劇場ウェブサイトでは，需要をコントロールするためのコミュニケーションも行っている。各スクリーンとも上映時間ごとに「余裕あり」「残り半分」「残席わずか」「完売」といった座席の空席情報が表示されているので，空いている時間帯に需要が移動するわけである。立ち見はできないので，完売の時間帯にあえて行く人はいない。

　第3に，映画の需要が少ない時期や時間帯に，映画以外のコンテンツを提供している。イオンエンターテイメントでは，落語の上演，映画で学ぶ外国文化講座といった教育コンテンツ，企業に対して社内研修の会場としての貸し出しなどを行っている。

〔シネコンの経済性〕

　シネコンは，座席占有率を高く維持することで収益性を上げているが，それ以外にも経済性がある。第1に，全シアターの観客が，ロビーや売店などの付

帯施設を共通で使うので，シアター当たりの付帯施設の運営コストが低く抑えられている。具体的には，スペースの賃借料，売店や入口などで働く人の人件費，電気光熱費などのコストである。

　また，上映開始時間をシアターごとに少しずつずらすことで，ロビーや売店の混雑を緩和している。顧客満足度は下がらないし，売店の売上も増加する。チケットの売上だけでなく売店の売上も大きな収入源である。

　シネコンは，こうした取り組みを通じて成長し，チェーン・オペレーションによる多店舗展開をしている。2000年前後にシネコンが急増し，いったん規模の拡大が収まり，業界再編が起きたが，その後は再び増加傾向にある。イオンエンターテイメントをはじめ各社とも企業規模が大きくなり，配給会社への交渉力も強くなっている。

> 「越野くん，朝垣さん，ちょっと来てくれる？　白船の件だけど，資料はこれでOK。あとはプレゼンの日までに，ホワイトボードに書いてあることをやっておいて」

市村リーダーからのアドバイス

1. 稼働率の高い企業を1社取り上げ，どのような工夫がされているか，調べておくこと。
2. 身近なサービスを取り上げ，何がサービス提供のボトルネックになっているか，考えておくこと。
3. 以下の2冊の本に目を通しておくこと。
   - 山口雄大［2018］『この1冊ですべてわかる　需要予測の基本──SCMとマーケティングを劇的に変える』日本実業出版社
     この本を読めば，需要予測の基礎が理解できる。
   - 佐藤公俊・澤木勝茂［2020］『レベニューマネジメント──収益管理の基礎からダイナミックプライシングまで』共立出版
     この本は，レベニュー・マネジメントについて書かれている。

「われわれからのご提案は以上です」

「市村さん，朝垣さん，越野さん，本当にありがとう。今後やるべきことが明確になって，なんだか気分も晴れやかだよ。もうちょっと時間ある？　特製白船らーめんをつくるから食べて行ってよ。市村さんはビールでしょ。できるまで飲んでてよ」

「鶴田さん，喜んでたなあ。こっちも気分良くなって，飲みすぎたよ。俺はタクシーで帰るから，ここで。朝垣さん，越野くん，じゃあな」
「お疲れさまでした。月曜日に」

「潮風が気持ちいいね。少し散歩して帰ろうよ」
「いいですよ。港の見える丘公園ならこっちのほうが近道ですよ」

「あ，ベイブリッジの色が青くなりましたね」
「うん」
「観覧車も色が変わりましたよ」
「うん。……朝垣さあ，君の気持ちも変わっちゃったのか」
「え？」
「僕の気持ちは変わらないよ。だって，僕らずっと価値共創してきて，ロイヤルティの高い関係性になっているだろう。喧嘩したけどリカバリーもしたよね。そんなプロセスを重ねたからコモディティ化してないんだよ。標準化した部分とカスタマイズした部分をあわせもつ，経験価値の高い2人の人生をデザインするよ。人生は在庫できないだろ。だから，ずっと一緒にいなきゃいけないんだ。きっと君を満足させて，生涯価値を最大にしてみせる。保証するよ。越野ブランドを信頼してくれ。
そう，まさに今が真実の瞬間だ。……結婚しよう」
「はい」

参 考 文 献

〈日本語文献〉

青木幸弘編著［2011］『価値共創時代のブランド戦略――脱コモディティ化への挑戦』ミネルヴァ書房

浦野寛子［2016］「選択と集中による顧客サービス戦略――QB ハウスの事例考察から」『立正経営論集』第 48 巻第 2 号，63-78

恩蔵直人［2007］『コモディティ化市場のマーケティング論理』有斐閣

カサデサス-マサネル，R.＝神野明子［2020］『株式会社オリエンタルランド――東京ディズニーリゾート』ハーバード・ビジネススクール・パブリッシング

楠木建［2006］「次元の見えない差別化――脱コモディティ化の戦略を考える」『一橋ビジネスレビュー』第 53 巻第 4 号，6-24

黒岩健一郎［2006］「苦情対応の顧客満足研究――分配的公正・手続き的公正・相互作用的公正の役割」慶應義塾大学大学院経営管理研究科，博士論文

小宮路雅博［2010］「サービスの諸特性とサービス取引の諸課題」『成城大学経済研究』第 187 号，149-178

近藤隆雄［2010］『サービス・マーケティング――サービス商品の開発と顧客価値の創造（第 2 版）』生産性出版

シュルツ，H.＝D. J. ヤング（小幡照雄・大川修二訳）［1998］『スターバックス成功物語――一杯のコーヒーがいっそう美味しくなります』日経 BP 社

総務省・経済産業省「経済センサス-活動調査（速報値）」

総務省統計局［2016］『平成 27 年国勢調査』

総務省統計局［2020］『サービス産業動向調査年報 2019 年（令和元年）』

武山政直［2017］『サービスデザインの教科書――共創するビジネスのつくりかた』NTT 出版

陳俊甫［2019］「サービタイゼーションの理論的考察――便益，類型と戦略選択」『研究年報経済学（東北大学経済学会）』第 77 巻第 1 号，51-70

外山雅暁［2019］「デザイン経営宣言と特許庁の取組み」特許庁デザイン経営プロジェクトチーム総括担当

中沢康彦［2010］『星野リゾートの教科書――サービスと利益 両立の法則』日経 BP 社

日経情報ストラテジー［2013］「【アメリカン・エキスプレス】本当に好きなら他人に紹介『究極の KPI』でカイゼンを後押し」『日経情報ストラテジー』4 月号，30-32

延岡健太郎［2006］「意味的価値の創造――コモディティ化を回避するものづくり」『国民経済雑誌』第 194 巻第 6 号，1-14

バウムガートナー，P.＝R. ワイズ［2000］「製造業のサービス事業戦略――川下にチャンスあり」『ダイヤモンド・ハーバード・ビジネスレビュー』2000 年 12 月号

深尾京司［2017］「サービス産業の生産性――正確把握へ統計改革急げ」『日本経済新聞』2017 年 2 月 15 日

プラハラード，C. K.＝V. ラマスワミ（有賀裕子訳）［2013］『コ・イノベーション経営――価値共創の未来に向けて』東洋経済新報社

増田貴司［2012］「ブリヂストンのリトレッド事業に学ぶ『モノからコトへ』の発想転換——脱コモディティ化戦略としての『製造業のサービス化』」『経営センサー』2012年11月号

三浦玉緒［2016］「製造企業のサービス化における類型化の試み——サービス化戦略の経路とサービス戦略のパターン」『ビジネス＆アカウンティングレビュー』第18号，39-58

ムーア，J.（花塚恵訳）［2014］『スターバックスはなぜ値下げもテレビCMもしないのに強いブランドでいられるのか？』ディスカヴァー・トゥエンティワン

森川正之［2007］「サービス産業の生産性は低いのか？——企業データによる生産性の分布・動態の分析」『RIETI Discussion Paper Series』07-J-048

山田英夫［2014］『異業種に学ぶビジネスモデル』日経ビジネス人文庫

ライクヘルド，F. F.（伊藤良二監訳，山下浩昭訳）［1998］『顧客ロイヤルティのマネジメント——価値創造の成長サイクルを実現する』ダイヤモンド社

ライクヘルド，F.＝R. マーキー（森光威文・大越一樹監訳，渡部典行訳）［2013］『ネット・プロモーター経営——顧客ロイヤルティ指標NPSで「利益ある成長」を実現する』プレジデント社

ラッシュ，R. F.＝S. L. バーゴ（井上崇通監訳，庄司真人・田口尚史訳）［2016］『サービス・ドミナント・ロジックの発想と応用』同文舘出版

和田充夫［2002］『ブランド価値共創』同文舘出版

和田充夫・梅田悦史・圓丸哲麻・鈴木和宏・西原彰宏［2020］『ブランド・インキュベーション戦略——第三の力を活かしたブランド価値協創』有斐閣

青山ビジネススクール マーケティング・プランニング・プロジェクト はーとチーム［2020］発表資料「自分なくしプログラム」

株式会社ブロックス［2001］『DO IT！「ザ・リッツ・カールトン大阪」（ホテル）感動伝説を生むサービス！——超一流ホテルに学ぶCSとエンパワーメント」』（前編・後編）（DVD）

株式会社ブロックス［2002］『DO IT！「四国管財」（ビルメンテナンス業）クレームが会社を強くする——報・連・相の徹底で感動を創造するビルメン会社』（DVD）

〈英語文献〉

Berry, L. L. and A. Parasuraman［1991］*Marketing Services: Competing Through Quality*, Free Press.

Bitner, M. J.［1995］"Building Service Relationships: It's All About Promises," *Journal of the Academy of Marketing Science*, Vol. 23, No. 4, 246-251.

Bowen, D. E. and E. E. Lawler Ⅲ［1992］"The Empowerment of Service Workers: What, Why, How, and When," *Sloan Management Review*, Vol. 33, No. 3, 31-39.

Bowen, D. E. and E. E. Lawler Ⅲ［1995］"Empowering Service Employees," *Sloan Management Review*, Vol. 36, No. 4, 73-84.

Carlzon, J.［1989］*Moment of Truth*, Harper Collins.（堤猶二訳［1990］『真実の瞬間——SAS（スカンジナビア航空）のサービス戦略はなぜ成功したか』ダイヤモンド社）

Customer Care Measurement & Consulting and the Center for Services Leadership at Arizona State University［2015］"2015 Customer Rage Study".

Design Council［2005］*A Study of the Design Process :The Double Diamond*, Design Council.

Dick, A. S. and K .Basu [1994] "Customer Loyalty: Toward an Integrated Conceptual Framework," *Journal of the Academy of Marketing Science*, Vol. 22, No. 2, 99-113.

Grove, S. J., R. P. Fisk, and J. John [2000] "Services as Theater: Guidelines and Implications," in T. A. Swartz and D. Iacobucci eds., *Handbook of Services Marketing & Management*, Sage Publications.

Gummesson, E. [1999] *Total Relationship Marketing: Rethinking Marketing Management: From 4Ps to 30Rs*, Butterworth-Heinemann.

Henard, D. H. and D. M. Szymanski [2001] "Why Some New Products are More Successful than Others," *Journal of Marketing Research*, Vol. 38, No. 3, 362-375.

Herzberg, F., B. Mausner, and B. Snyderman, [1959] *The Motivation to Work*, 2nd ed., John Wiley & Sons.

Heskett, J. L., T. O. Jones, G. W. Loveman, W. E. Sasser, Jr., and L. A. Schlesinger [1994] "Putting the Service-Profit Chain to Work," *Harvard Business Review*, Vol. 72, No. 2, 164-174.

Heskett, J. L., W. E.Sasser, Jr., and L. A. Schlesinger [1997] *The Service Profit Chain: How Leading Companies Link Profit and Growth to Loyalty, Satisfaction, and Value*, Free Press.

Hunt, B. and T. Ivergard [2014] *Designing Service Excellence: People and Technology*, CRC Press.

Langeard, E., J. E. G. Bateson, C. H. Lovelock, and P. Eiglier [1981] *Services Marketing: New Insights from Consumers and Managers*, Marketing Science Institute.

Levitt, T. [1976] "The Industrialization of Service," *Harvard Business Review*, 54 (September-October), 63-74.

Lovelock, C. H. [1983] "Classifying Services to Gain Strategic Marketing Insights," *Journal of Marketing*, Vol. 47, No. 3, 9-20.

Lusch, R. F. and S. L. Vargo [2014] *Service-dominant Logic: Premises, Perspectives, Possibilities*, Cambridge University Press.

Nelson, E. and S. Ellison [2005] "In a Shift, Marketers Beef Up Ad Spending Inside Stores," *The Wall Street Journal*, September, 21.

Oliver, R. L. [1977] "Effect of Expectation and Disconfirmation on Postexposure Product Evaluations: An Alternative Interpretation," *Journal of Applied Psychology*, Vol. 62, No. 4, 480-486.

Oliver, R. L. [1980] "A Cognitive Model of the Antecedents and Consequences of Satisfaction Decisions," *Journal of Marketing Research*, Vol. 17, No. 4, 460-469.

Parasuraman, A., V. A. Zeithaml, and L. L. Berry [1988] "SERVQUAL:A Multiple-Item Scale for Measuring Consumer Perceptions of Service Quality," *Journal of Retailing*, Vol. 64, No. 1, 12-40.

Pine Ⅱ, B. J. and J. H. Gilmore [1999] *The Experience Economy: Work is Theater & Every Business a Stage*, Harvard Business School Press.（岡本慶一・小高尚子訳［2005］『［新訳］経験経済——脱コモディティ化のマーケティング戦略』ダイヤモンド社）

Reichheld, F. F. and W. E. Sasser, Jr. [1990] "Zero Defections: Quality Comes to Services," *Harvard Business Review*, Vol. 68, No. 5, 105-111.

Schmitt, B. H. [1999] *Experiential Marketing: How to Get Customers to Sense, Feel, Think, Act,*

Relate, Free Press.（嶋村和恵・広瀬盛一訳［2000］『経験価値マーケティング——消費者が「何か」を感じるプラスαの魅力』ダイヤモンド社）

Schmitt, B. H.［2003］*Customer Experience Management: A Revolutionary Approach to Connecting with Your Customers*, John Wiley & Sons.（嶋村和恵・広瀬盛一訳［2004］『経験価値マネジメント——マーケティングは，製品からエクスペリエンスへ』ダイヤモンド社）

Shostack, G. L.［1977］"Breaking Free from Product Marketing," *Journal of Marketing*, Vol. 41, No. 2, 73-80.

Shostack, G. L.［1987］"Service Positioning Through Structural Change," *Journal of Marketing*, Vol. 51, No. 1, 34-43.

Singh, J.［1990］"A Typology of Consumer Dissatisfaction Response Styles," *Journal of Retailing*, Vol. 66, No. 1, 57-99.

Wirtz, J. and C. Lovelock［2016］*Services Marketing: People, Technology, Strategy*, 8th ed., World Scientific Publishing.

Zeithaml, V. A., A. Parasuraman, and L. L. Berry［1990］*Delivering Quality Service: Balancing Customer Perceptions and Expectations*, Free Press.

Zeithaml, V.A. and M.J. Bitner［2003］*Services Marketing: Integrating Customer Focus Across the Firm*, 3rd ed., Irwin Professional.

Zeithaml, V. A., M. J. Bitner, and D. D. Gremler［2017］*Services Marketing: Integrating Customer Focus Across the Firm*, 7th ed., McGraw-Hill.

〈ウェブサイト〉

アメリカン・エキスプレス
　　https://www.americanexpress.com/（2020 年 8 月 1 日アクセス）
イオンエンターテイメント株式会社
　　https://www.aeoncinema.com/company/（2021 年 4 月 4 日アクセス）
株式会社オリエンタルランド
　　http://www.olc.co.jp/ja/index.html（2021 年 8 月 6 日アクセス）
株式会社スターフライヤー
　　https://www.starflyer.jp/（2020 年 12 月 1 日アクセス）
株式会社タニタ
　　https://www.tanita.co.jp/（2020 年 8 月 1 日アクセス）
株式会社タニタ食堂
　　https://www.tanita.co.jp/shokudo（2020 年 8 月 1 日アクセス）
株式会社星野リゾート
　　https://www.hoshinoresorts.com/（2020 年 9 月 1 日アクセス）
株式会社メルカリ
　　https://about.mercari.com/（2021 年 4 月 4 日アクセス）
キュービーネットホールディングス株式会社
　　http://www.qbnet.jp/（2020 年 11 月 1 日アクセス）
札幌ステラプレイス
　　http://www.stellarplace.net/（2021 年 4 月 4 日アクセス）

四国管財株式会社

      http://www.shikokukanzai.co.jp（2021 年 7 月 12 日アクセス）

YAHOO！ファイナンス

      https://finance.yahoo.co.jp/（2021 年 4 月 4 日アクセス）

American Marketing Association, AMA Dictionary.

      https://marketing-dictionary.org/（2021 年 4 月 4 日アクセス）

ITmedia Business Online ［2011］「社食レシピ本が 425 万部！　タニタ・39 歳社長の素顔」

      https://www.itmedia.co.jp/makoto/articles/1112/16/news011.html（2021 年 7 月 12 日
アクセス）

ITmedia Business Online ［2018］「ブリヂストンの変革『タイヤを売らずに稼ぐ』ビジネス
とは？」

      https://www.itmedia.co.jp/business/articles/1804/04/news022.html（2021 年 4 月 4 日
アクセス）

The CIA World Fact Book

      https://www.cia.gov/the-world-factbook/（2021 年 4 月 4 日アクセス）

あとがき

　振り返れば，本書が生まれるきっかけは，2020年1月21日，有斐閣の柴田さんからいただいたメールである。「サービス・マーケティングのテキストの執筆を」とお声掛けいただいた。私が担当している青山ビジネススクールでのサービス・マーケティングの授業では，テキストを指定せずに実施していて，かねがねテキストを書きたいと思っていたので，柴田さんの気が変わらぬよう，その日に「ぜひ，やらせてください」と返事をした。

　テキストづくりでは，『マーケティングをつかむ』（有斐閣，2012年；新版，2018年）を執筆した際に，いろいろな工夫をした。ティーチング・ガイドやパワーポイント資料に加え，フェイスブック・コミュニティもつくった。でも，唯一できていなかったのが，各章につながりをもたせることだった。テレビドラマのように，次回が楽しみになる授業が展開できるようなテキストになるよう企画書をまとめた。

　次にパートナー選びだった。野中郁次郎先生が言う「知的コンバット」ができるように2名での共著にしようと考えた。最初に浮かんだのが浦野先生だった。学術的な基盤がしっかりしているし，慶應ビジネス・スクール博士課程の後輩なので意思疎通もしやすいからだが，一番の理由は，一緒に仕事をして楽しそうだからであった。

　浦野先生と組んでよかった。予想外（？）にしっかり者で，各章の構成リストをつくってくれたり，次回の会議までにやることを整理してくれたり，執筆プロセスをしっかりマネジメントしてくれた（完全に仕切られてしまったが）。こんなにも早く完成に至ったのは浦野先生のおかげである。

　私はもともと原稿を書くのが苦手で，いつも執筆中は苦しい時間なのだが，このテキストに関しては，登場人物のキャラクターを考えたり，会話シーンを想像したりと，とても楽しい時間だった。とりわけ，有斐閣の柴田さん・藤澤さんも加わった4人の編集会議では，本文の検討よりもストーリー展開で盛り上がり，いつも笑いが絶えない会議だった。

　そんな雰囲気で本書はできあがったので，苦労や努力はしていないのだが，

サービス・マーケティングを楽しく学ぶための工夫はされていると思う。読者がワクワクしながら学んでくれると幸いである。

　なお，淑徳大学経営学部の吉田雅也教授には，観光経営を学ぶ学生のニーズを教えていただいた。また，青山ビジネススクールでサービス・マーケティングの授業を履修した曾千さんには，ビジネスパーソンの視点からのコメントをいただいた。お二人に感謝する。

黒岩　健一郎

　私が，本書に携わるきっかけとなったのは，2020年3月26日，青山ビジネススクールの黒岩先生からいただいた「相談があって」という内容の1本のメールだった。大学院博士課程の先輩とはいえ，それほど親しくお話ししたこともなかったため，一瞬戸惑った。しかし，仕事はできるが，どこか「ゆるキャラ風（!?）」で，ニコニコしている黒岩先生とお仕事させていただくのは，楽しくなりそうだと思った。そして，何より素直に，後輩の私を思い出し，声をかけてくださったことがありがたくて嬉しく，「やらせてください」と答えた。

　相談の内容は，有斐閣からサービス・マーケティングの教科書を出版するということであった。私自身，有斐閣から出版された書籍で学ばせていただいたことも多く，しかも内容が以前より書きたかったサービス・マーケティングに関する教科書だったので，これはやりがいのある仕事になるぞと思った。

　企画会議が始まると，すぐに，黒岩先生は「アイデアマン」だとわかった。発想力や感性が豊かで，好奇心旺盛で，良い意味で常識や枠から外れた部分をもっている。そうしたクリエイティブな思考をおもちの黒岩先生とお話しするのは本当に楽しく，執筆はまったく苦にならなかった。

　打ち合わせには，有斐閣の柴田さん・藤澤さんにも加わっていただいていたが，このお二方の存在も大きい。柴田さんは包容力があり，黒岩先生と私が調子に乗って暴走（?）しても，それを楽しんでくれ，いつも「いいですね〜」「面白いですね〜」と言って，執筆を後押ししてくださった。藤澤さんは，クールで真面目で誠実に議事録作成や，次の会議の設定などを行ってくださった。

こうして，すばらしいメンバーに囲まれて，楽しい時間のなかで，このテキストはできあがった。「テキストらしからぬテキスト」で，少し風変わりな仕上がりとなっているかと思うが，楽しい雰囲気のなかで生まれた「ちょっと遊び心のあるテキスト」として，読者の皆様に楽しんでいただければありがたい。

　最後に，このテキストを事前に読んで，さまざまなコメントをくれ，テキストの改良に尽力してくれた立正大学浦野ゼミの学生のみんなにも心より感謝の意を表したい。ありがとう！

浦野　寛子

索　引

【事　項】

【人名・企業名・ブランド名】

著者紹介

黒岩　健一郎（くろいわ　けんいちろう）　【担当：PROJECT No. 1, 3, 4, 9 ～ 11, 13】

　現職：青山学院大学大学院国際マネジメント研究科教授，博士（経営学）

　略歴：2000 年，慶應義塾大学大学院経営管理研究科修士課程修了。2003 年，同大学
　　　　院後期博士課程単位取得退学。住友商事株式会社，武蔵大学経済学部専任講師，
　　　　准教授，教授を経て現職。

　専攻：サービス・マーケティング

　主要著作：

　　　『なぜ，あの会社は顧客満足が高いのか──オーナーシップによる顧客価値の創
　　　　造』（共編著，同友館，2012 年）

　　　『顧客ロイヤルティ戦略 ケースブック』（共編著，同文舘出版，2015 年）

　　　『マーケティングをつかむ（新版)』（共著，有斐閣，2018 年）

浦野　寛子（うらの　ひろこ）　【担当：PROJECT No.2, 5 ～ 8, 11, 12】

　現職：立正大学経営学部教授，博士（経営学）

　略歴：2004 年，慶應義塾大学大学院経営管理研究科修士課程修了。2010 年，同大学
　　　　院後期博士課程単位取得退学。京王電鉄株式会社，立正大学経営学部専任講師，
　　　　准教授を経て現職。

　専攻：サービス・マーケティング，消費者行動

　主要著作：

　　　「消費者ベースの『おもてなし』マーケティング戦略」（立正大学経営学部編『経
　　　　営学研究の新展開──共創時代の企業経営』中央経済社，2018 年）

　　　『1 からのデジタル・マーケティング』（分担執筆，西川英彦・澁谷覚編著，碩学
　　　　舎，2019 年，日本マーケティング本 大賞 2019 受賞）

　　　『ポストコロナのマーケティング・ケーススタディ』（分担執筆，池尾恭一編著，
　　　　碩学舎，2021 年）

有斐閣ストゥディア

サービス・マーケティング
──コンサル会社のプロジェクト・ファイルから学ぶ
Services Marketing:
Learning from a Consulting Firm's Project Files

2021 年 10 月 10 日　初版第 1 刷発行
2024 年 1 月 30 日　初版第 3 刷発行

著　者　　黒　岩　健一郎
　　　　　浦　野　寛　子

発 行 者　　江　草　貞　治

発 行 所　　株式会社　有　斐　閣
　　　　　　郵便番号　101-0051
　　　　　東京都千代田区神田神保町 2-17
　　　　　　https://www.yuhikaku.co.jp/

印刷・萩原印刷株式会社／製本・牧製本印刷株式会社
©2021, Kenichiro Kuroiwa, Hiroko Urano. Printed in Japan
落丁・乱丁本はお取替えいたします。
★定価はカバーに表示してあります。
ISBN 978-4-641-15087-4